UMZUG? ALLES HALB SO WILD!

KARSTEN WOLLNY

UMZUG?

ALLES HALB SO WILD!

EIN RATGEBER IN 55 ANEKDOTEN

SCHWARZKOPF & SCHWARZKOPF

INHALT

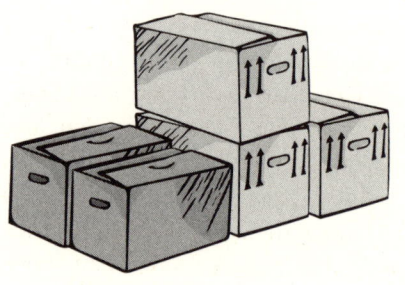

KEIN GRUND, DIE NERVEN ZU VERLIEREN

VORWORT

Mit einem Umzug ist das so eine Sache. Der eine bestellt einfach ein paar Freunde und schmeißt mit denen seinen Krempel auf einen Transporter, der andere durchlebt schlaflose Nächte, weil er nicht weiß, wie er seine fünfköpfige Familie und deren Habe in das neue Heim bringen soll. Dabei ist ein Umzug eine Angelegenheit, die wirklich jeder erledigen kann. Da gibt es keinen Grund, nervös zu werden. Allerdings: Wenn auf einem Umzug mal etwas kaputtgeht, oder vielleicht auch etwas mehr, dann findet sich oft schnell jemand, der sagt: »Tja, dreimal umgezogen ist eben wie einmal abgebrannt.«

Diesen Spruch kennt fast jeder. Dabei stimmt er gar nicht. Der Spruch beschreibt weder die Arbeit der Profis noch die der Amateure korrekt. Einmal abgebrannt ist viel schlimmer.

Aber es gibt sie, diese falschen Sprüche, die sich hartnäckig dem Vergessen widersetzen. Lemminge begehen kollektiven Selbstmord, die natürliche Selektion beruht auf Zufall, der Erdschatten verursacht die Mondphasen, dreimal umgezogen ist wie einmal abgebrannt. Das alles sind Vorstellungen, die auf einem falschen Verständnis der Wirklichkeit beruhen. Und weil es mich bei meiner Arbeit persönlich betrifft, will ich wissen, wo dieser doofe Spruch über das Umziehen herkommt. Zwei Minuten Internetrecherche schaffen Klarheit: Der Spruch wird Benjamin Franklin zugeschrieben. Der Mann hat den Blitzableiter erfunden. Noch Fragen?

Wenn es im 18. Jahrhundert bei Erfinders zu Hause brennt, dann hat das nichts mit den Experimenten des Hausherrn zu tun, dann sind, na klar, die Umzugshelfer schuld. Einigen wir uns doch bitte auf Folgendes: Wir streichen den Spruch aus unserem Repertoire für jetzt und alle Zukunft, und ich erkläre Ihnen, wie Sie Ihren Umzug bewältigen können, ohne dass auch nur das kleinste Glimmen einer Zigarette in Ihnen die Angst vor dem Feuer auslöst.

Ein Umzug mag für viele Leute aussehen wie eine ungeheure Aufgabe, aber eigentlich ist ein Umzug so eine Art Scheinriese, wie Herr Tur Tur aus *Jim Knopf*. Von Weitem sieht er gigantisch aus, aber je näher man ihm kommt, desto kleiner wird er, bis man ihm gegenübersteht, und dann ist er nicht mehr sonderlich beeindruckend. Ich werde versuchen, Sie Schritt für Schritt an den Scheinriesen heranzuführen, bis Sie merken, was für einen Winzling Sie da in Wirklichkeit vor sich haben. Ich kann ja alle verstehen, die einen Umzug für ein großes Unterfangen halten, aber glauben Sie mir: alles halb so wild. Ich habe das jahrzehntelang gemacht und es wurde nicht nur Routine, es wurde sogar stinklangweilig. Sie werden lachen, Ihren Umzug schaffe ich mit den Kollegen zusammen mit links. Mich dazu aufzuraffen, in meiner Küche den Abwasch zu machen, bereitet mir wesentlich größere Schwierigkeiten. Ob Sie eine Spedition engagieren, oder ob Sie Ihren Umzug mit der Hilfe Ihrer besten Freunde erledigen wollen: Es gibt eine Menge an Sachen, die man bedenken muss, damit die ganze Angelegenheit ohne Probleme und ohne Schäden an Mensch und Material über die Bühne geht. Aber das ist keine Wissenschaft, das ist alles eigentlich ganz einfach.

Mit diesem Buch will ich Ihnen zeigen, auf was zu achten ist, wenn Ihr Umzug zu keiner unangenehmen Erfahrung werden soll. Anhand der Geschichten, die ich Ihnen erzähle, werden Sie sehen, dass all das, was auf einem Umzug passieren kann, nicht nur Ihnen passiert, sondern anderen Menschen auch, und dass es aber auch für alles eine Lösung gibt. Anhand der Tipps, die ich Ihnen gebe, können Sie sehen, wie sich Probleme vermeiden lassen. Ja, es geht auch mal was schief, aber das ist meistens weniger schlimm, als es am Anfang aussieht. Darum möchte ich Sie, bevor ich anfange, noch bitten, dass wir uns auf ein Motto einigen. Ein lieber Kollege brachte das immer gerne, wenn er angesichts vermeintlicher Schwierigkeiten gemütlich ins Grinsen kam, er hat den Spruch sozusagen etabliert: Wir dürfen jetzt nur nicht die Nerven verlieren!

Karsten Wollny

1

WER BRAUCHT SCHON EINE SPEDITION!

Als ich vor vielen Jahren an einem Morgen auf dem Weg zur Elbe durch mein Viertel spazierte, begegnete ich in einer Seitenstraße meinem alten Freund Klaas, den ich lange nicht gesehen hatte und der dabei war, ein Lastenfahrrad zu bepacken. Das war so eine Art Dreirad mit einem riesigen Kasten zwischen den Vorderrädern, an dessen hinterem oberen Ende die Lenkstange befestigt war. Klaas hatte darin schon fünf Umzugskartons und ein paar kleinere verstaut sowie einen Rucksack, drei Taschen, Regalbretter, ein zerlegtes Futongestell, Tischbeine und einen Teppich. An der Seite ragten Regalaufsteller schräg nach hinten heraus.

»Willst du umziehen?«, fragte ich, nachdem wir uns begrüßt hatten.

»Das hast du gleich erkannt, was?«

»Klar, ich bin ja vom Fach.«

»Na, dann fass mal mit an.«

Gemeinsam holten wir aus der Wohnung die Reste für seinen Umzug in eine Land-WG, etwas mehr als fünfzig Kilometer entfernt im Norden von Hamburg. Ein paar Holzteile und Taschen stopften wir noch in die letzten kleinen Lücken, dann kam eine Tischplatte auf die Kartons, auf die wir noch einen Sessel und die Futonmatratze packten. Alles festbinden, Plane drüber – fertig. Klaas schob das Rad auf die Straße, lief in eine Toreinfahrt und kam mit einem Anhänger zurück, den er an das Lastenrad hängte. Auf dem Hänger hatte er noch zwei Werkzeugkisten und, ich glaubte es kaum, ein komplettes Schlagzeug (extrem zerlegt), zwei Gitarren und einen kleinen Verstärker. Der Mann hatte seinen Hausstand hochprofessionell in ein kompaktes Format gebracht und verpackt. Besser ging nicht.

Staunend bewunderte ich sein Werk, da befürchtete ich plötzlich, dass er mit dem ganzen Gewicht niemals an einem Tag in der WG ankommen würde. Aber dann bemerkte ich die Gangschaltung: drei Kettenräder und sieben Ritzel. So was hatten damals höchstens Mountainbikes. Aber nicht bei Klaas. Der war Bastler. Als er im Sattel saß nickte er mir zu. »Komm mal vorbei.«

Ich grinste. »Wenn dich unterwegs einer von der *Morgenpost* sieht, dann bringen die morgen dein Foto.«

»Na, wenn sie's brauchen.«

Klaas war es egal, ob irgendwelche Leute das kurios fanden, was er da tat. Leute zum Beispiel, die mit Fahrrädern auf dem Dach Auto fuhren. Klaas war leidenschaftlicher Radfahrer (seine anderen Räder würde er nach und nach abholen), und ein Auto hatte er nie besessen. Er hatte ja nicht einmal einen Führerschein. Da fand ich die Art, wie er seinen Umzug erledigte, nur konsequent. Er selbst sah das wahrscheinlich anders. Auto besorgen, Fahrer besorgen, herumtelefonieren, Termine machen – alles viel zu umständlich. Klaas packte einfach seinen Kram zusammen und fuhr los. Der wäre auch drei- oder viermal gefahren, wenn das nötig gewesen wäre, dessen war ich mir plötzlich bewusst, als ich ihm nachblickte, wie er die Straße hinunterfuhr.

Ein gutes halbes Jahr später rief mich der Vater eines Freundes an, den ich schon seit frühester Jugend kannte. »Du, Karsten«, sagte er. »Ich habe einen Job für dich.« So wie manche Väter eben mit den Freunden ihrer Söhne reden. Umziehen wollten seine Frau und er. Den riesigen Haushalt, den ich seit Jahrzehnten kannte, mit all seinen wertvollen Antiquitäten, wertvollen Bildern an den Wänden und allem teuren Geschirr, das die Mutter seit Ewigkeiten sammelte, wollten die mit mir und »ein paar Freunden« an einem Tag erledigen.

»Natürlich bereiten wir das schon vorher vor.«

Natürlich. Wahrscheinlich hatte er den Freunden gesagt, oder würde das noch tun, dass das alles ganz schnell gehen würde, weil er ja einen vom Fach kennt. In Gedanken lief ich durch das Haus der Familie, in dem eine fünfköpfige Geschwisterschar natürlich zahllose Dinge aus Kindheit und Jugend nach dem Auszug zurückgelassen hatte. Ich schätzte die Menge des Transportgutes aus der Erinnerung auf achtzig bis über hundert Kubikmeter, also zwei bis drei große Lkws voll.

»Das wird nichts«, sagte ich. »Das mache ich nicht.«

»Wieso nicht?«, fragte der Vater des alten Freundes. »So schlimm ist das doch nicht.«

Oh ja, er hatte als Student auch mal bei einer Umzugsfirma gearbeitet, so etwa vor vierzig bis fünfzig Jahren. Das hatte ich mal mitbekommen.

»Also nicht, dass ich Ihnen nicht helfen will, aber das ist zu viel für ein paar Freunde.«

»Meinst du?«

»Da brauchen Sie zehn Profis. Und außerdem ist ja alles, was Sie haben, total wertvoll. Das machen Ihnen Amateure nur kaputt.«

»Ach was!«

»Doch, doch! Wenn sie eine Spedition nehmen, dann ist das alles versichert, und außerdem wissen die, wie das geht«, sagte ich.

Er versuchte noch ein bisschen, mich umzustimmen, aber ich konnte ihm schließlich klarmachen, dass für einen Umzug in dieser Größenordnung eine Fachspedition das Beste ist. Ich erzählte noch ein bisschen über verschiedene Angebote, die er sich einholen solle und anderes, was er beachten solle, dann verabschiedeten wir uns.

Er hat dann zwar nicht die Firma genommen, in der ich arbeitete, weil eine andere ein attraktiveres Angebot erstellte, aber zwei Monate später meldete er sich trotzdem noch einmal, um sich zu bedanken. »Du hast ja so recht gehabt«, sagte er. »Ich hatte das völlig unterschätzt.«

»Na, dann war es doch schön, dass sie jemanden vom Fach kennen.«

ÜBERLEGEN SIE SICH VOR IHREM UMZUG SORGFÄLTIG, ob Sie eine Spedition brauchen oder nicht. Zweihundert Kartons kann man auch mit Freunden transportieren (oder nach und nach auf dem Fahrrad), kommen jedoch teure Möbel und wertvolles Porzellan dazu, dann sollte man zweimal nachdenken.

Holen Sie Angebote ein, selbst wenn Sie eigentlich mit Freunden umziehen wollen. Ein Angebot kostet nichts und verpflichtet zu nichts. Sie wissen dann, was möglich ist. Wenn zwei verschiedene Akquisiteure für Ihren Umzug acht oder zehn Stunden mit fünf oder sechs Mann (Profis!) veranschlagen, dann ist vielleicht der Punkt erreicht, an dem Sie die Idee, nur mit Freunden zu arbeiten, fallen lassen sollten. Wägen Sie ab, Sie kennen Ihre Freunde!

Ist Ihnen Ihr Mobiliar nicht so sehr ans Herz gewachsen wie einem Antiquitätenhändler, betrachten Sie es eher als Gebrauchsgut, dann können Ihre Freunde nicht viel falsch machen.

2

KEINE ANGST VOR FREMDEN MÄNNERN!

Angeblich weiß jeder, was er am 11. September 2001 gemacht hat. Ich weiß sogar noch, was ich gemacht habe, als der erste Teil von *Der Herr der Ringe* ins Kino kam. Ich saß in der allerersten Vorstellung nachmittags um vier im fast leeren Kino um die Ecke und hatte eines der tollsten Kinoerlebnisse meines Lebens. Mit meiner Abscheu vor allem, was mit Fantasy zu tun hat und dem ganzen Quatsch, der damit zusammenhängt, konnte ich mich während des Filmes nicht befassen, denn Peter Jackson und seine Crew haben mich geplättet. Lange Jahre hatte ich beim Betrachten eines Filmes nicht mehr so gestaunt, und es war mir völlig egal, dass ich da nur Blödsinn zu sehen bekam. Was interessierte es mich, wie dämlich Fantasy im Allgemeinen war, wenn jemand die Gesetze des Genres so toll kapiert hatte und mir diesen Meilenstein des Films präsentierte? Nach der Vorstellung ging ich in die Stammkneipe, traf einen filmbegeisterten Freund, erzählte ihm immer noch völlig verstrahlt, wie geil das war, hörte ihn rufen: »Sag nichts, ich will da morgen hin!«, und sagte: »Ich komm noch mal mit.«

Und dann ging irgendwann diese entsetzlich doofe Diskussion los, an welchen Stellen sich Peter Jackson nicht an die Vorlage gehalten hätte. Als könne man Vorlage und Film immer vergleichen!

An einem langweiligen Sonntagmorgen wühlte ich mich irgendwann das erste Mal durch Filmbesprechungen und Kundenrezensionen im Internet. Die Buchfans interessierten sich selten für das filmische Vorgehen, sondern sprachen meistens über das, was sie aus der Vorlage vermissten. Fehlte nur noch, dass jemand schrieb, er hätte das Drehbuch besser gefunden als den Film. Als ich später auf der Internet Movie Database die schlechten Rezensionen zu *Pulp Fiction* las, fragte ich mich, ob diese Leute und ich den gleichen Film gesehen hatten. Da wurde John Travoltas brillante Darstellung auch mal als »überzogenes Grimassieren« bezeichnet, genauso wie Nicolas Cages Leistung in *Adaption* (wo er endlich mal eine andere als immer die gleiche Rolle spielt) als »unbeholfenes Gestümper«.

Während ich noch etwas stöberte und mich wunderte, wie einige Leute Filme sehen, kam mir eine Idee. Ich googelte Kommentare und Besprechungen von Kunden zu Umzugsfirmen, die ich kannte, und plötzlich wurde es sehr interessant, denn jeder Mensch erfährt jedes Geschehen ein wenig anders als andere Menschen, das hatte ich ja schon bei den Filmbesprechungen gelesen, und man kann das auch sehen, wenn man Besprechungen seiner Lieblingsbücher oder seiner Lieblingsmusik liest. Wenn es um Speditionen geht, die man kennt, dann wird es auch mal lustig.

Wenn ein Kunde schreibt, die Möbelpacker hätten ihm »jeden Wunsch von den Augen abgelesen«, dann kann das auch heißen, dass hochprofessionelle Arbeiter sich gerade noch nicht beschwert haben, als sie von einem ewig nörgelnden Kunden zu noch einer und noch einer unvereinbarten Extraleistung genötigt wurden.

»Die Männer der Spedition waren äußerst unhöflich« kann ebenso heißen, dass die Möbler dann eben doch mal in aller Höflichkeit sachlich darauf hingewiesen haben, dass für diese und jene Extraarbeit vielleicht ein Aufpreis anfallen könnte.

Der eine Kunde beschwert sich, dass sein »kleiner« Umzug ganze zehn Stunden gedauert hat, der andere jubelt, wie rasend schnell seiner erledigt wurde, und beide hatten die gleiche Menge.

Der eine Kunde findet es nett, wenn ein Möbelpacker beim Einpacken der Bücher eine Frage zu einem Buch äußert, der andere schreibt dazu, die Möbelpacker hätten völlig indiskret »in den Regalen geschnüffelt«.

Man muss das alles nicht besonders ernst nehmen, was man da liest. Es gibt ja auch Leute (kein Witz!), die bewerten Klopapiermarken im Netz.

Ich amüsierte mich an jenem Sonntagmorgen beim Lesen dieser Texte, weil ich die betroffenen Speditionen kannte, als plötzlich mein Telefon klingelte.

Mein alter Freund Michael war dran, den ich noch aus vormöblistischen Zeiten kannte, in denen wir zusammen durch die Kneipen unseres Viertels gezogen waren.

»Karsten«, sagte er, »du musst mir helfen!«

»Was ist denn los?«, fragte ich.

»Du kennst doch diese nette alte Frau aus dem ersten Stock bei mir. Die ist völlig mit den Nerven fertig, weil die umziehen muss.«

»Ja, und was soll ich da machen?«

»Wir müssen mal zu der hin und mit der reden. Die weiß ja gar nicht, wie sie das wuppen soll.«

»Wie jetzt?«, fragte ich. »Soll ich der ihren Umzug machen?«

»Nee«, sagte Michael. »Die braucht nur mal einen, der mit ihr redet und ihr das erklärt. Die weiß überhaupt nicht, wo ihr der Kopf steht.«

»Und wann soll das sein?«, fragte ich.

»Äh … Nachher irgendwann«, sagte Michael.

»Geht's noch?

»Ach komm, ich geb auch ein Bier aus, oder zwei.«

»Drei«, sagte ich, und dann saß ich eine halbe Stunde später auf meinem Fahrrad und fuhr zu einem alten Freund, um mit ihm zusammen seiner alten Nachbarin bei den ersten Fragen zu helfen, die ihren Umzug betrafen. Ob ich in meinem Leben noch mal was anderes machen würde, fragte ich mich auf dem Weg. Ich verdiente ja schon in meinem Job wenig genug. Und jetzt verschenkte ich auch noch meinen Sonntag, um alten Damen, die ich gar nicht kannte, gratis Rat zu erteilen?

Aber es kam natürlich ganz anders. Nicht im engen, überheizten Wohnzimmer mussten wir bei lauwarmem Kaffee und schrecklich überzuckertem Kuchen sitzen, sondern leckeres Gulasch (»Ich koch uns mal eben schnell was«) und Likörchen gab es als verspätetes

Mittagessen bei Michaels Nachbarin, deren Mann vor so circa zwanzig Jahren verstorben war.

»Damals hat er sich ja um alles gekümmert«, sagte die alte Dame, sinnierend aus dem Fenster schauend. »Ich weiß ja gar nicht, wie man solch einen Umzug organisiert, und ich habe da schreckliche Angst vor.« Solch ein nervliches Wrack, wie Michael gemeint hatte, schien sie mir gar nicht zu sein; dass sie Rat bräuchte, war mir trotzdem klar, schon bevor sie fragte: »Ja, wie macht man das denn nun eigentlich?«

Frau Behrens, so hieß sie, hatte die letzten vierzig Jahre in derselben Wohnung gewohnt, gut die Hälfte davon mit ihrem Mann. Nun war die Miete zu teuer geworden, und irgendwie hatte sie irgendwo eine neue Wohnung gefunden. Sie hatte kein Internet, sie hatte kein Handy, sondern ein altes Telefon mit mechanischer Wählscheibe, und sie hatte fast keine Freunde mehr. Vor allem hatte sie keine Ahnung, wie man eine Umzugsspedition engagiert.

»Wenn mein Herbert noch da wäre«, sagte sie. »Aber so habe ich doch ein bisschen Angst. Man liest ja so viel.«

Inzwischen hatte sie Gulasch aufgetischt, und wir ließen es uns schmecken.

»Vielleicht können wir das einfach so machen«, schlug ich vor. »Ich bringe ein paar Kollegen mit, und dann geht das schon.«

»Nein, nein«, sagte Frau Behrens. »Das muss schon alles seine Richtigkeit haben.«

»Aha«, sagte ich.

Während ich leckerstes Gulasch mampfte, wurde es mir klar. Diese Frau wusste, in welchem Feinkostladen um die Ecke sie am besten bedient wurde. Sie kannte die Läden in ihrer Umgebung, in denen sie sich mit dem Alltäglichen versorgen konnte. Sie hatte auch irgendwann gelernt hinzunehmen, dass die kleine Postfiliale in ihrer Straße geschlossen worden war und dass sie jetzt einen längeren Weg in Kauf zu nehmen hatte, wenn sie ein Paket aufgeben wollte. Wie sie eine Spedition für ihren Umzug finden sollte, hatte sie nie gelernt. Nur mal gelesen hatte sie darüber, in ihrer Zeitung, und hatte im Fernsehen gesehen, was einem Schlimmes passieren konnte, wenn man an Nepper, Schlepper, Bauernfänger geriet. Und natürlich hatte sie Angst, dass ihr die falschen fremden Männer ins Haus kamen, wo sie doch keinen Mann mehr hatte, der sie beschützte.

Im Grunde hatte sich seit ihrer medialen Sozialisation vor vielen Jahren und den Warnungen, die man heutzutage im Internet finden konnte, nichts geändert. Überall hieß es immer: Passt auf, dass ihr nicht beschissen werdet, denn die Welt da draußen ist voller Ganoven.

»Ich habe solche Angst, betrogen zu werden«, sagte Frau Behrens. »Und ich weiß ja auch gar nicht, was so was kostet.«

Ich nahm den Pfefferstreuer, ließ Pfeffer über das leckere Gulasch rieseln und schob mir eine volle Gabel in den Mund. »Haben Sie ein Branchenbuch?«

WENN SIE AUF DER SUCHE NACH EINER GEEIGNETEN SPEDITION FÜR IHREN UMZUG SIND, dann lassen Sie die Bewertungen im Internet außen vor. Nicht einmal die Hälfte von dem, was Kunden da schreiben, ist für Sie brauchbar, denn jeder Depp kann da seinen Senf abgeben. Wer das nicht glaubt, der lese bitte Kommentare auf YouTube.

Auch eine Website ist nicht immer ein Garant für Seriosität, denn einen Auftritt im Netz kann ja wohl jeder hinlegen, und sei es von einem Server in Tuvalu aus. Wenn Sie ernsthaft suchen, dann beziehen Sie das gute alte Analoge in Ihre Suche mit ein. Ein Auftritt in einem Branchenbuch ist teurer als einer im Internet. Wenn Sie zufällig ein Branchenbuch von vor zehn Jahren entdecken, werfen Sie einen Blick rein! Was, die Firma mit dem verlockenden Angebot gab es schon damals? Ein Pluspunkt! Fragen Sie Freunde und Bekannte, deren Urteil können Sie wesentlich besser einschätzen als das von »Zoppelgnu«, »Maneater« und »Dieter 123« aus irgendwelchen Foren im Netz.

Machen Sie niemals, ich wiederhole: niemals, einen Vertrag mit einer Firma, von der sie nur eine Handynummer haben, egal, wie verlockend das Angebot erscheint. Vielleicht gibt es diese Firma gar nicht wirklich und die Adresse, die man Ihnen mitteilt, ist nur ein Briefkasten an einem Baum im dunklen Mittelgebirgswald. Im Ernst: Ohne einen Festnetzanschluss keine seriöse Firma! Sie können die Adresse, die Sie vielleicht erhalten haben, auch googeln. Schauen Sie bei Google Maps oder Google Earth, ob da Lkws rumstehen oder zumindest so etwas wie Bürogebäude (nicht alle Speditionen parken ihre Lkws beim Büro). Machen Sie sich schlau. Zehn, zwanzig Minuten Internetrecherche können eine Menge Ärger ersparen!

3

WIE GROSS IST EIGENTLICH EIN TIER?

Mit zwei alten Freunden saß ich am frühen Abend in der Kneipe. Zwei Bier hatten wir jeder getrunken, das dritte stand vor uns, als uns das Geld ausging. Anschreiben lassen konnte keiner von uns, unsere Zettel waren voll und der Wirt darüber nicht besonders erfreut.

Als ein junger Typ den Laden betrat, hellten sich die Gesichter meiner Freunde auf.

»Hey, Johannes!«, riefen sie. Der junge Typ war ein gemeinsamer Bekannter der beiden und ihren Gesichtern entnahm ich, dass da vielleicht was zu holen wäre. Johannes bestellte sich ein Bier und nahm an unserem Tisch Platz. Sogleich wurde er von Martin und Daniel (so hießen die beiden) ins Gespräch verwickelt. Wie es denn ginge und was denn so liefe und so weiter. Ja, meinte Johannes, den ganzen Tag hätte er gedaddelt, also Computerspiele gespielt, und jetzt hätte er Durst, und sonst sei irgendwie auch alles beim Alten. Im Kino sei er gewesen, um den *Hobbit* zu gucken und außerdem den neuen *Bond* und den neuen *Bourne* »mit diesem Jeremy Renner«, aber der sei doof gewesen, na ja und *Prometheus* war ja auch irgendwie scheiße.

»Ich fand den gut«, sagte Daniel.

»Geht so«, sagte Martin.

»Der hat doch tolle Bilder«, sagte Daniel.

»Aber diese Story«, meinte Johannes. »Das ist doch alles total peinlich.« Ein bisschen diskutierten die drei noch über den Film, dann fragte Johannes, ob einer von uns *The Raid* gesehen hätte. Hatte aber keiner, und Johannes schwärmte uns vor, was für ein Martial-Arts-Kracher das wäre, auch wenn er nicht an den Charme klassischer Kung-Fu-Filme herankäme, wobei besonders die alten Hongkong-Produktionen der Shaw Brothers zu erwähnen seien.

»Gib mal einen aus«, sagte Martin, als unsere Biere alle waren, aber Johannes zierte sich. »Ich muss sparen.«

»Stell dich nicht so an, wir haben Durst«, sagte Daniel, aber Johannes blieb stur, also bearbeiteten die beiden ihn noch ein bisschen, allerdings ohne Erfolg.

»Worauf musst du denn sparen?«, fragte Martin.

»Ich will umziehen«, sagte Johannes. Martin und Daniel sahen mich an. Ich schüttelte den Kopf. »Ich bin inkognito hier«, versuchte ich, mit dem Blick zu sagen.

»Dein Umzug wird ja wohl nicht an ein paar Bier scheitern«, sagte Daniel.

»Nichts da«, sagte Johannes. »Ich brauch das Geld, ich will da raus.«

»Wieso eigentlich?«, fragte Martin.

»Ach, Marcus geht mir immer mehr auf die Nüsse, spielt sich da immer als Chef auf, und außerdem wird mir das da langsam zu eng.«

Plötzlich hatte ich eine Idee. »Wie viel hast du denn für den Umzug schon gespart?«, fragte ich.

»Fünfhundert«, sagte Johannes. Ich unterdrückte ein Grinsen. »Lass uns mal etwas probieren«, schlug ich vor. Ich hatte drei Bier getrunken, ich war in Stimmung für einen Spaß. »Gib mir mal deine Hand«, sagte ich.

»Was?«

»Na, gib mal.«

Johannes reichte seine Hand über den Tisch. Ich griff seinen Handrücken mit meiner Linken, drehte seine Hand nach oben und legte meinen Daumen in ihre Mitte. Dann bedeutete ich Johannes mit einer Geste, etwas nach vorn zu kommen. Ich legte ihm meinen rechten Handballen an die Stirn und Ring- und Mittelfinger auf die Fontanelle. Den Daumen legte ich an seine Schläfe. »Schließ die Augen!«, befahl ich dem Verblüfften, während ich die amüsierten Blicke von Daniel und Martin bemerkte. Dann schloss ich selbst die Augen und gab vor, mich zu konzentrieren. Ja, ein bisschen konzentrierte ich mich tatsächlich.

Ich hatte immer wieder mit Freunden und Bekannten zu tun, die tatsächlich an Wahrsagerei glaubten. »Du, der hat mir Sachen gesagt, die *konnte* er gar nicht wissen!« Leute aus meinem weiteren Bekanntenkreis gingen natürlich nicht auf den Jahrmarkt, die besuchten Schamanen. Der Effekt ist der gleiche, das wusste ich, nachdem ich mich über Cold Reading schlaugemacht hatte. Und selbst wenn meine Fähigkeiten darin auch eher bescheiden sind, brauchte ich bei diesem Typen eigentlich nur zu raten. Die Trefferquote würde deutlich über fünfzig Prozent liegen, schließlich machte ich seit über zwanzig Jahren Umzüge.

Ein Mann Mitte zwanzig, der mit einem anderen zusammenwohnte, der sich als »Chef« aufspielte, das hieß aller Wahrscheinlichkeit nach: Waschmaschine und Kühlschrank sowie das meiste Geschirr in der Küche gehörten dem »Chef«, dem Hauptmieter. Das würde ihm da zu eng, hieß, dass jeder ein Zimmer hat, dass die Wohnung klein ist. In ein Zimmer passt nicht viel persönliches Gut hinein, und wenn einer die alten Klassiker der Shaw Brothers kennt, dann liest er vielleicht auch nicht besonders viel, weil er ja obendrein den ganzen Tag noch Computerspiele daddeln muss, also gibt es auch nicht besonders viele Bücher.

»Hm …«, machte ich. »Ich sehe ein Zimmer mit einem Bett, einem Schreibtisch und einer Kommode. Nein, warte …« Ich zögerte. Das gehört dazu. Unschärfen lassen, sich schwammig ausdrücken, nie sich wirklich festlegen, dann kann man auch nicht festgenagelt werden. »Es könnte auch ein Schrank sein.«

»Ein Schrank«, sagte Johannes.

»Auf jeden Fall etwas für die Klamotten«, sagte ich. Wenn man seinen Gegenüber erst einmal so weit hat, dass er mitmacht, dann verrät er einem alles, was man nicht weiß.

»Ich sehe eine umfangreiche Filmsammlung«, sagte ich, und wenn ich richtig gut, also physisch sensibel gewesen wäre, dann hätte ich Johannes' Zustimmung bis in seine Handfläche hinein gespürt. Ich nahm meine Rechte von seinem Kopf, behielt aber seine in meiner Linken. Ich sah ihn an.

»Du hast ein Bett, einen Kleiderschrank, einen Schreibtisch, einen Computer, eine DVD-Sammlung und kaum Bücher, dazu noch ein bisschen Kleinkram und vielleicht ein Beistelltischchen oder so was. Du wirst etwa zwanzig, höchstens dreißig Umzugskartons brauchen und wir können heute Abend mindestens zweihundertfünfzig Euro versaufen.«

Während Daniel und Martin in Gelächter ausbrachen, starrte er mich entgeistert an. »Woher weißt du das?«

Martin winkte dem Wirt, um bei ihm vier Bier und vier Tequila zu bestellen.

»Wir machen das so«, sagte ich. »Du gibst mir zweihundert Euro, und ich mache mit dir den Umzug, ich bringe sogar den Lkw mit. Vielleicht hast du noch ein, zwei Freunde, die dir helfen, aber die sind nicht wirklich wichtig.«

»Karsten ist nämlich Möbelpacker«, sagte Daniel.

»Und Hellseher«, fügte Martin hinzu.

Zweihundertfünfzig Euro haben wir an dem Abend nicht mehr versoffen, aber die Rechnung ging deutlich Richtung hundert. Als Johannes angeschlagen genug war, um sich von mir über das Cold Reading aufklären zu lassen, war er auch belustigt genug, mit Getränken nicht zu geizen.

Ich habe dann Wochen später mit ihm seinen Umzug gemacht. Das war eine lächerlich geringe Angelegenheit, die kaum bis vierzehn Uhr gedauert hat, und fast schon hätte ich es als zu viel empfunden, zweihundert Euro von ihm zu kassieren. Aber immerhin habe ich ihn ja mit dem Gefühl zurückgelassen, dreihundert Euro gespart zu haben.

»SAG MAL, WAS KOSTET EIGENTLICH SO EIN UMZUG?« Diese Frage musste ich oft in meinem Leben hören, dabei ist sie genauso sinnlos wie die Frage nach den Kosten einer Reise oder wie die Frage: »Wie groß ist eigentlich ein Tier?«

Aus der Bücherhalle habe ich mir mal eine DVD übers Tapezieren geliehen. Im Ernst! Ich fand alleine schon die Idee so komisch, dass ich die einfach mitnehmen musste. Da hieß es dann: »Die Menge der zu verarbeitenden Tapete hängt zunächst einmal von der Größe der Wände ab.« Hammer! Aber es ist wirklich so. Jeder Umzug ist anders, und die Höhe des Preises hängt zunächst einmal von der Menge des Umzugsgutes ab. Aber nicht nur. Viele andere Dinge sind zu berücksichtigen. Ein Umzug vom Erdgeschoss ins Erdgeschoss ist natürlich billiger als einer vom fünften Stock in den fünften. Kann der Lkw direkt vor der Tür geparkt werden, oder müssen da viele, viele Meter Weg zurückgelegt werden? Das alles spielt eine Rolle. Je mehr Besitz Sie angehäuft haben, desto dringlicher wird eine genaue Kalkulation durch einen Profi. Holen Sie also rechtzeitig Angebote ein, und zwar mehrere. Da kommt dann einer und guckt sich das an. Hören Sie niemals auf »Profis«, die meinen, einen Preis nennen zu können, ohne sich einen Überblick verschafft zu haben. Diesen Überblick können die sich natürlich auch verschaffen, wenn Sie am Telefon oder per Internet genaue Angaben über alles machen. Aber immer gilt: je pauschaler, desto unsicherer.

Und selbst wenn Sie nur mit privaten Helfern umziehen, kostet nicht jeder Umzug das Gleiche oder gar »nichts«. Was kostet zum Beispiel der Miet-Lkw? Welches Material wie Kartons und Packseide brauchen Sie? Und müssten nicht eigentlich die Helfer auch ein bisschen verpflegt werden? Das alles sind Kostenpunkte, über die Sie sich rechtzeitig klar werden müssen. Da müssen Sie vorher rechnen, denn es gilt: Jeder Umzug hat seinen eigenen Preis. Pauschale Aussagen gibt es nicht.

4

GESUNDE SKEPSIS IST WERTVOLL

»Ich hatte ja noch ein wesentlich billigeres Angebot als das von eurer Firma«, sagte unsere Kundin, als wir mit ihr in der Sonne auf ihrem breiten Balkon saßen und das Frühstück genossen, das sie uns bereitet hatte. Dazu hatte sie Kirschen vom Markt mitgebracht. »Hier«, hatte sie gesagt und sich selbst eine in den Mund gesteckt, damit in ihren Augen die Lebensfreude aufblitzen konnte. »Die müsst ihr unbedingt probieren. Sind die nicht lecker?« Ich fühlte mich wohl. Eine Kundin oder ein Kunde, die ihre positive Einstellung zum Leben an andere weitergaben, waren immer das Beste, was einem passieren konnte.

»Und wieso haben Sie nicht die billigere Firma genommen?«, fragte Kollege Otis mit einem Hackbällchen in der einen und einem Löffel mit Salat in der anderen Hand.

»Ich weiß auch nicht«, sagte die Kundin.

»Wie viel billiger waren die denn?«, fragte Kollege Sunny, der sorgfältig Kräutersalz über einem Frühstücksei verstreute.

»Das war ja das Komische«, sagte die Kundin. »Ihr wart ja schon billig im Vergleich zu anderen, aber der hat noch mal fünfhundert Euro weniger verlangt.«

»*Fünfhundert*?«, fragte Kollege Ludwig erstaunt. Vier Möbelpacker sahen einander an.

»Ja«, sagte die Kundin. »Irgendwie kam mir das auch komisch vor, aber das ist ja auch eine Menge Geld, die man da sparen kann, und vielleicht hätte ich das sogar gemacht. Aber dann war da noch der Akquisiteur von denen.«

»Was war mit dem?«, fragte ich.

»Also eurer, der kam mir einfach kompetenter vor. Der hat sich das alles angeguckt und mir erklärt, was das alles im Einzelnen kostet und welchen Aufwand das macht und so. Der hat mir haargenau alles erklärt und aufgelistet. Der wusste sogar fast genau, wie viele Kartons ich brauchen würde. Der von der anderen Firma, der ist nur einmal kurz durch die Wohnung gegangen und hat mir dann einen Preis gesagt.«

»Das geht ja gar nicht«, sagte Otis. Ein Akquisiteur, der meint, er kann nach zehn Minuten in der Wohnung einen Komplettpreis ansagen, der kann nicht seriös sein. Dafür gibt es viel zu viele Dinge zu berücksichtigen. Da muss aufmerksam betrachtet werden, da muss geklärt werden, was der Kunde selber machen wird, ob er zum Beispiel Schränke selber auseinanderbauen will oder ob er selber alles verpacken will, da muss ausgerechnet werden, wie viele Kartons und anderes Packmaterial gebraucht werden. Das geht nicht in einer Viertelstunde.

»Und außerdem war mir der Mann von der anderen Firma unsympathisch«, sagte die Kundin.

»Wie, unsympathisch?«, fragte Sunny.

»Ich weiß auch nicht. Nicht, dass der ausgesehen hätte wie der letzte Penner. Und irgendwie war der Preis ja auch sehr verlockend, aber ich mochte den Mann einfach nicht. Keine Ahnung, das war so ein Bauchgefühl.«

»Ich glaube, Sie haben das ganz richtig gemacht«, sagte ich. Ich hatte eine Idee, was sie mit ihrem Bauchgefühl meinte. Ich hatte zwar noch nie in meinem Leben den Akquisiteur einer Möbelspedition bei mir zu Hause, aber ich hatte andere Leute getroffen.

Da war mal ein Typ gewesen, den ich kennengelernt hatte, als er als Aushilfe in den Möbeln gearbeitet hatte. Das war eigentlich ein netter Kerl gewesen, und er hatte mir sogar bei ein paar Problemen mit meinem Computer geholfen. Insgesamt hatten wir uns gut verstanden und zusammen Spaß bei der Arbeit gehabt. Aber dann war er eines Abends bei mir aufgetaucht, weil er wohl gerade in der Gegend war und einfach mal vorbeischauen wollte. Ich wollte am nächsten Tag für zwei Wochen mit Freunden zusammen verreisen, und ich hoffte, dass sich das noch nicht bis zu ihm herumgesprochen hatte, denn er war gerade wohnungslos. Als wir so bei mir zusammensaßen, befürchtete ich plötzlich, er würde mich fragen, ob er in den zwei Wochen in meiner Wohnung wohnen könne. Ich hatte plötzlich eine totale Abneigung gegen die Idee und überlegte, wie ich ihn loswerden konnte. Natürlich fand ich das auch unfair von mir. Er war bei meinen Computerproblemen hilfsbereit gewesen, und ich hatte nichts anderes im Kopf, als ihn für die nächsten zwei Wochen aus meiner Wohnung herauszuhalten. Aber ich hatte es auch, dieses »Bauchgefühl«. Ich wollte nicht, dass der bei mir wohnte. Ich konnte es mir nicht erklären, es war einfach da.

Glücklicherweise tauchte dann eine Exfreundin von mir auf, die um die Ecke wohnte und fragte, ob sie mal schnell bei mir ins Internet könne. Mit dem Rücken zu uns saß sie an meinem Schreibtisch und ich wusste, wie ich den Typen loswerden konnte, bevor er Fragen nach Wohnraum stellen könnte. Mit den Augen deutete ich auf meine Ex, machte anzügliche Gesten und schielte Richtung Wohnungstür. Er begriff genau das, was ich ihm suggerierte, grinste, machte sich auf den Weg und ich war ihn los.

Nachdem ich es der Ex erklärt hatte, sagte sie, es wäre ihr eine Freude, mir behilflich gewesen sein zu können. Ein paar Monate später hörte ich dann, wie der Typ andere so sehr um Geld beschissen hatte, dass er sich auf der Flucht vor denen einen Lebensraum in anderer Stadt gesucht hat, und ich wusste, dass es richtig gewesen war, auf mein Gefühl zu hören.

»Ich weiß ja nicht, ob ich dem Akquisiteur nicht unrecht getan habe«, sagte unsere Kundin. »Es war ja nur so ein Gefühl von mir gewesen. Aber dann habe ich da noch im Fernsehen so einen Bericht gesehen, von Leuten, die von irgendwelchen Billiganbietern bei ihrem Umzug abgezockt worden sind. Die hatten da erst einen total günstigen Preis, und dann haben die Möbelpacker schon vor dem Abladen kassieren wollen, und zwar doppelt so viel. Und wenn die das nicht bezahlt hätten, dann hätten die einfach die ganzen Möbel auf dem Lkw gelassen und wären weggefahren.«

Ja, das gibt es. Jeder Spediteur hat im Prinzip das Recht, vor dem Abladen zu kassieren. Das macht natürlich kaum einer, aber es gibt auch Kunden, die die Spediteure bescheißen wollen, und da ist es für die Spediteure praktisch, ein »Pfandrecht« zu haben. Allerdings sollte so was natürlich von vornherein geklärt sein. Die Leute aus dem Fernsehbericht, von dem unsere Kundin erzählte, hatten keinerlei rechtliche Handhabe und mussten, nachdem sie die überhöhte Rechnung bezahlt hatten, entweder klein beigeben und es dabei belassen oder lange, komplizierte Prozesse führen.

DAS KOMPLEXE NERVENGEFLECHT IN DER BAUCHGEGEND ist entwicklungsgeschichtlich wesentlich älter als die Großhirnrinde oder das Großhirn. Es kann deswegen unter Umständen auch »klüger« sein als das, was sich da in Ihrem Schädel befindet. Hören Sie da auf jeden Fall hin, wenn etwas grummelt und rumort. Ein paar Hundert Euro sind weniger wert als diese gefühlsmäßige Intelligenz in Ihrem Bauch. Es geht um Ihr Hab und Gut, es geht um Ihren Lebensinhalt. Hören Sie auf Ihre Instinkte!

Wenn ein billiges Angebot Sie locken will, der Mensch, der es Ihnen unterbreitet, aber Alarm in Ihrem Bauch auslöst, dann unterschreiben Sie nichts! Erklären Sie, dass Sie sich die Angelegenheit durch den Kopf gehen lassen werden, und führen Sie den Mann zur Tür. Der hat bei Ihnen nichts zu suchen, und wenn er wirklich seriös ist, dann kommt er auch ohne Ihren Auftrag zurecht, weil er ja so viele andere hat. Geben Sie ruhig etwas mehr aus, wenn Sie auf der sicheren Seite sein wollen.

5

AUCH MAL IN DIE FERNE SCHWEIFEN!

Als am Horizont die Kanarischen Inseln auftauchten, fiel mir auf, dass mir dieses Mal kein Alkohol gegen die Flugangst geholfen hatte. Obwohl ich auch dieses Mal das Flugzeug nicht nüchtern betreten hatte, hatte der Alkohol keine Chance, mir zu helfen, denn ich hatte schon zu viele Tage zu viel getrunken, und also hatte ich nach zu kurzem Schlaf in der Nacht keine Chance gehabt, vor dem Flug gegen die Kopfschmerzen anzutrinken.

Normalerweise hätte ich extrem verkatert mit dickem Kopf Panik über den Wolken durchstehen müssen, aber heute spürte ich die meiste Zeit keinerlei Angst. Das lag daran, dass ich genervt war. Von Junior.

Junior ging mir auf die Eier, seit wir uns in Hamburg getroffen hatten, um zum Flughafen zu fahren. Junior war extrem verstrahlt, von einem Mix aus Drogen, den er in der vergangenen Nacht zu sich genommen hatte, und er redete ohne Unterlass auf ein älteres Ehepaar ein, mit dem er sich die Sitzreihe vor mir teilte. Ich konnte es nicht fassen. Der Typ laberte und laberte auf die beiden ein, und die schien das nicht im Geringsten zu stören.

»Ja, nö, Meister, is so, kann's ma sehn«, sagte Junior immer wieder am Ende irgendeiner Erzählung. Und dann sagte der Mann: »Tja, wenn das so ist.« Und seine Frau ergänzte: »Da kann man dann wohl nix machen«, und Junior holte aus zur nächsten Geschichte.

War ich der Einzige, der mitbekam, dass bei Junior nur noch wenig Blut zwischen den Drogen in den Adern unterwegs war?

Steffi, Henning, Leo und König saßen ein paar Reihen weiter und dösten den größten Teil des Fluges. Ich hatte Junior am Hals. Und dabei hatte der eigentlich gar nicht mitkommen wollen, nach La Gomera, wo wir zwei Wochen lang feiern wollten.

Feiern ist ja normalerweise nicht meine Idee von Urlaub. Klar, ab und zu mal, aber ich tue in anderen Gegenden auch gerne mal was anderes. Auch ich hatte zuerst nicht mit den anderen fliegen wollen, aber König hat mich überredet. König war sein Nachname und zusammen mit Leo, Henning und Steffi wollte er auch diesen Winter zum alljährlichen Besäufnis nach Gomera. Steffi hieß eigentlich Stephan, und warum er Steffi genannt wurde, hatte mir noch keiner aus der Gruppe der Kollegen erzählt, die relativ gleichzeitig in unserer Firma angefangen hatten und die sich alle seit Ewigkeiten kannten.

Ein feines Team war das, das da rechtzeitig in den Möbeln auftauchte, in einem Moment, als ich den Eindruck bekommen hatte, dass nur noch Idioten als Möbelpacker anfingen. Mit den neuen hatte es von Anfang an Spaß gemacht zu arbeiten. Und außerdem war mit denen nach Arbeitsende gut zu feiern. Also hat es auch nicht lange gedauert, bis König mich an einem Abend am Tresen überredet hat mitzufliegen, obwohl ich gar nicht wollte. Doch nach genug Bier war ich nicht mehr ganz abgeneigt und außerdem: »Willst du wirklich nur hier in Hamburg abhängen, Alter? Wann warst du das letzte Mal weg?«

Also holten mich die anderen zwei Wochen später bei mir zu Hause ab, wo ich nach viel zu wenig Schlaf in schlechter Stimmung erwacht war. In einem Kleinbus wurden wir zum Flugplatz gebracht, und zwar von Steffis Freundin Ute. Junior war auch dabei. Nach durchfeierter Nacht wollte er mit, um die Freunde zu verabschieden.

Am Flugplatz kam alles ein wenig anders als geplant. Irgendwer hatte plötzlich die besoffene Idee, für ein Ticket für Junior zusammenzulegen, und so wurde, nachdem sich Junior nur kurz geziert hatte, ein Last-Minute-Ticket gekauft.

In Arbeitskleidung, also Sweatshirt mit Firmenlogo, Veddelhose und Sicherheitsschuhen betrat er das Flugzeug. In der Seitentasche seiner Hose steckte ein Zollstock, in der rechten Gesäßtasche

Arbeitshandschuhe. Der Mann war von der Arbeit aus in die Kneipe gefahren und von der Kneipe aus nach La Gomera.

Vielleicht war es ja dieses Outfit, das eine Art von ambulantem Einsatz vermuten ließ, und alle außer mir und den dösenden Kollegen Seriöses über Junior vermuten ließ, obwohl er eigentlich eine Gefahr für die Allgemeinheit darstellen könnte. Jedenfalls wenn man das unter flugsicherheitstechnischen Gesichtspunkten betrachtete. Aber, na ja, das war lange vor 9/11. Und vielleicht war ich auch der einzig Intolerante in diesem Flugzeug. Keine Ahnung.

Als die Maschine über Teneriffa zur Landung ansetzte, war ich froh, dass ich Juniors Gesabbel endlich entgehen konnte. Die Passagiere auf dem Gang drängelten Richtung Tür, und hinter mir stand ein Steward, der mich mit Blick auf Junior fragte: »Seid ihr wirklich Möbelpacker?«

»Klar«, sagte ich.

»Aber ihr seid nicht zum Arbeiten hier, oder?« Ich grinste. Das erste Mal seit Stunden.

Als wir auf das Schnellboot nach Gomera warteten, entdeckte ich im ersten Stock des Fährterminals eine Bar, in der ich gierig zwei Bier trank, ohne den anderen Bescheid zu sagen. Es hätte ja sein können, dass ich dann wieder Junior neben mir hätte.

Im Schnellboot flogen wir nach Valle Gran Rey, warfen unser Gepäck bei einem Bekannten von Steffi ins Zimmer und enterten die nächste Kneipe.

Es wurde ein langer Abend und eine lange Nacht.

Als ich am Strand erwachte, hatte ich keine Ahnung, wie ich da hingekommen war. Von den anderen war nichts zu sehen. Ich latschte los, um ein Café zu suchen, und traf schon eine Viertelstunde später meine Kollegen an einer Eckkneipe, wo sie nicht etwa Kaffee, sondern Bier tranken. Junior schien nüchtern zu sein und stand vor König, der gemütlich grinsend in einem Stuhl in der Sonne saß.

»Gib mal Geld, Alter«, sagte Junior. »Ich muss sofort umbuchen!« Die anderen lachten. »Und außerdem brauche ich ein frisches

T-Shirt, ich stinke wie ein Wiesel. Und Andrea ist stinksauer, ich muss nach Hause!«

Ganz langsam begriff ich, was eigentlich mit Junior los war. Bis er am Morgen aufgewacht war, hatte er nicht wirklich kapiert, was er eigentlich machte. Er war am Abend von der Arbeit aus in die Kneipe gegangen und am nächsten Morgen auf La Gomera aufgewacht.

»Ich muss den nächsten Flieger nehmen«, sagte er und die anderen lachten wieder.

Es ist bestimmt nicht leicht, seiner Freundin, die einen nach der Arbeit zu Hause erwartet, am nächsten Morgen mit einer Ausrede zu kommen, wie: »Äh, du Schatz, ich bin auf Gomera.«

Plötzlich war Junior mir durch und durch sympathisch. Später erzählte man mir, dass er auch schon mal aus New York zu Hause angerufen hatte, aber da war ich skeptisch.

Im Laufe des Tages ist Junior dann verschwunden, um zu Hause die Wogen zu glätten. Wir anderen feierten weiter.

Als ich ein paar Tage später wieder mal verkatert erwachte und mich von meinem Zimmer aus auf die Suche nach den Kollegen machte, traf ich sie vor einer Kneipe, wo sie mit einem Deutschen, der ein Haus auf Gomera hatte, neben einem Kleintransporter standen, in dem sich ein Klavier befand.

»Karsten«, sagte Leo. »Du kommst gerade rechtzeitig.« Ich sah die Kollegen an, ich sah den Deutschen an, ich blickte in den Transporter. »Das ist nicht euer Ernst«, sagte ich.

Den Deutschen hatten die anderen tags zuvor in der Disco kennengelernt, als ich schon schlafen gegangen war. Er hatte sich auf der anderen Seite der Insel, in San Sebastián, ein Klavier gekauft und gedacht, dass er im Valle Gran Rey schon irgendwelche Locals finden würde, die ihm das Teil in sein Haus schleppen würden. Allerdings hatte er am Tag zuvor, als er mit dem Transporter nach La Calera zurückkam, wo sein Haus am Hang lag, niemanden mehr gefunden, und jetzt in der Mittagshitze des nächsten Tages hatte er zwar immer noch keine Einheimischen anheuern können, dafür aber eine Gruppe verrückter Möbelpacker aus der Heimat, meine Kollegen.

»Ich brauch einen Kaffee«, sagte ich.

»Jetzt stell dich nicht so an«, sagte Henning, aber als ich erfuhr, dass das Piano »da drüben am Hang« seinen Zielort hatte, winkte ich erst recht ab. Ich vermied doch im Urlaub nicht das Treppenviertel in Blankenese, um dann in La Calera ein Klavier über endlose Stufen zu wuchten! Ich ließ die Kollegen stehen und latschte nach Vueltas, wo am Hafen ein netter junger Österreicher eine Kneipe hatte, in der es vorzügliche Käsebrötchen gab, von denen ich nach Kaffee und zwei, drei Bieren bestimmt eines brauchen würde.

Wir hatten da schon gesoffen. Der Österreicher hatte uns an einem lustigen Abend immer wieder ironisch »Fischköpfe« genannt und uns alle Ostfriesenwitze erzählt, die er kannte. Das war lustig gewesen, denn auch wenn es sich dämlich anhört, kann so was eine nette Art sein, sich kennenzulernen. Na ja, angeheitert eben.

Ich trank Kaffee, trank Bier und aß Käsebrötchen. Dann pendelte ich zwischen verschiedenen Kneipen und Strand, bis ich wieder beim Österreicher landete. Von meinen Kollegen sah ich den ganzen Tag über nichts. Am Abend tauchten sie beim Österreicher auf. Besoffen, ausgelassen und bester Laune. Wie geil der Tag war und wie sehr sie mit dem Deutschen gefeiert hätten, nachdem sie dem sein Klavier über lange Treppen zum Haus hinauf- und dann ins Haus hineingeschleppt hätten, erzählten sie, und dass ich ja den größten Spaß verpasst hätte. Nach dem Klaviertransport hätten sie nämlich mit dem Deutschen noch ausgiebig gefeiert, und zwar in einer Kneipe, in der vorher die ganze Zeit Einheimische über die blöden Deutschen gelacht hätten, die mittags in knallheißer Sonne Klaviertransporte vornahmen. Und dann hätte aber die anschließende gute Laune der blöden Deutschen dazu geführt, dass in der Kneipe insgesamt die Stimmung endlich mal in Richtung Party gekippt wäre.

Na, solches eben erzählten die Kollegen, und, ja, ich hatte mal wieder das Gefühl, viel zu verschlossen zu sein. Nicht offen, neuen Erlebnissen gegenüber, dass ich also die lustigsten Erlebnisse immer nicht mitkriege. Auch wenn es mir nicht einleuchtete, warum ich einem hier residierenden Deutschen erst sein Klavier ins Haus schleppen muss, bevor der sich auf einen Spaß mit mir, dem »Möbelpacker«, einlässt. Aber vielleicht bin ich einfach insgesamt zu engstirnig.

Schließlich kam auch irgendwann der Österreicher von irgendwelchen Besorgungen zurück und entdeckte uns an unserem Tisch.

»Ah, die Fischköpfe«, und schon begann er wieder, Ostfriesenwitze zu erzählen. Aber diesmal hat keiner von uns mitgelacht. Wir hatten nämlich langsam genug davon. Einen Witz zweimal dicht hintereinander zu erzählen ist fade, und es stellte sich auch schnell das Gefühl ein, dass der Mann den Begriff »Fischköpfe« und seine Ostfriesenwitze nicht aus irgendeinem wirklichen Sinn für Humor heraus benutzte, sondern, weil er so oberflächlich war, dass ihm nichts Besseres einfiel, als immer wieder auf dem ersten gemeinsamen Spaß herumzureiten. Und es war dann Henning auch nicht als der einzige Ostfriese unter uns speziell als Ostfriese genervt, sondern weil er es, genau wie wir anderen, nicht mehr hören konnte, weil es langweilig wurde und zu offensichtlich unbeholfen war.

»Ich kenne noch einen Ostfriesenwitz«, sagte er dann irgendwann lächelnd zu dem Österreicher, der in Erwartung eines tollen Witzes, der sich über andere lustig machte, die Augenbrauen hob. »Was machen Ostfriesen bei Ebbe?«, fragte Henning.

Der Kneipenchef überlegte einen Moment und zuckte dann die Schultern. »Keine Ahnung.«

»Sie verkaufen Land an die Österreicher.«

Dem Kneipwirt fiel die gute Laune aus dem Gesicht, von seiner Freundlichkeit blieb nichts mehr übrig. Fünf deutsche Möbelpacker, die er als alkoholvernichtende Kunden gerne umworben hatte, lagen immer wieder vor Lachen unter dem Tisch. Nicht, weil sie den Witz so toll fanden, sondern weil der Österreicher so konsterniert reagiert hatte. Versteht sich, dass wir für den Typen erledigt waren, und dass wir in den nächsten Tagen woanders gefeiert haben.

SIE MÜSSEN IHRE SUCHE NACH EINER UMZUGSFIRMA nicht auf die alte oder die neue Stadt beschränken. Wenn Sie von Bad K. in W. an der B. nach Hamburg, Frankfurt oder München ziehen wollen, dann wird es selten der Fall sein, dass Sie zufällig auf Möbelpacker aus Ihrem Zielort oder von woanders stoßen. Trotzdem brauchen Sie nicht zu denken, bei dem Spediteur aus dem Kreis den besten Preis zu finden. Suchen Sie ruhig nach Speditionen aus Ihrem Zielort. Da gibt es viele, die vielleicht auch mal in der Gegend von Hintertupfingen unterwegs sind und Sie quasi unterwegs »aufsammeln« können. Vergleichen Sie Preise verschiedenster Speditionen aus dem ganzen Land und holen Sie Angebote ein. Wer leer von Hamburg zurück nach Frankfurt fährt, freut sich, wenn er unterwegs in »Bad Simmerlingen« noch eine Beiladung oder einen ganzen Umzug abholen kann, und macht Ihnen unter Umständen einen guten Preis.

Und wenn Sie selbst mit einem Miet-Lkw fahren, dann suchen Sie sich eine Verleihfirma, die den Lkw auch in anderer Filiale zurücknimmt. Sie müssen da nicht von »Suhrsheim an der Brenz« nach Hamburg fahren und dann den Lkw zurückbringen, wenn der Verleiher Filialen im ganzen Land hat. Hier mieten, dort abgeben. Das ist billiger.

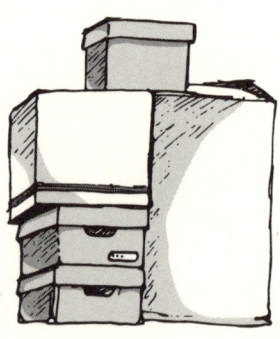

6

NICHT JEDES ANGEBOT, DAS MAN NICHT ABLEHNEN KANN, SOLLTE MAN ANNEHMEN

In einer düsteren Spelunke im Souterrain einer Seitenstraße auf Sankt Pauli, um die selbst die Zuhälter, Prostituierten und Drogenhändler einen großen Bogen machten, saß der junge Möbelpacker Jim zwischen seinen neuen Kollegen in dunkler Ecke am Tisch vor seinem Rum und beobachtete halb ängstlich, halb fasziniert das Treiben der rauen Gesellen im Schankraum. Harte, hochgewachsene Kerle, die beim Trinken keine Zurückhaltung kannten und deren grobe Hände sich schnell in Fäuste verwandeln konnten, schlugen ihre Krüge aneinander und stürzten den Alkohol in ihre gierigen Kehlen, sangen schmutzige Lieder und schimpften auf ihre Kundschaft. Möbelpacker waren sie, aus aller Welt versammelt, die ihre karge Heuer versoffen, hier, an einem der letzten Plätze, an dem noch das älteste aller Gesetze galt, das Gesetz des Stärkeren, das Gesetz des echten Mannes.

Der Vater, ein angesehener Spediteur aus der Hauptstadt, hatte den jungen Jim zur Ausbildung nach Hamburg geschickt. »Wer das Gewerbe nicht von der Pike auf erlernt, hat auf dem Markt heutzutage keine Chance mehr«, hatte er gesagt, und so hatte Jim vor wenigen Wochen die Brücken zur Heimat abgebrochen und sich auf den Weg gemacht, in einer internationalen Möbelspedition fern von zu Hause anzuheuern. Ängstlich und voller Misstrauen war er gewesen, als er an seinem ersten Arbeitstag mit den neuen Kollegen unterwegs war, aber die derben Burschen hatten ihn ohne viel Aufhebens in ihrer Mitte aufgenommen.

Offenbar hatte er sich schnell bewährt, denn schon nach dem zweiten Umzug hatten der Schreckliche Pete und der Stumme Jens ihn aufgefordert, sie zum Besuch des »Knochen« zu begleiten, wo sie dann die Möblertaufe an ihm vornahmen. Der Knochen war die Spelunke, in die sich niemand hineintraute, der nicht in dem Knochenjob arbeitete, der aus Möbelpackern stahlharte Kerle machte. Die Möblertaufe bestand darin, dass der Schreckliche Pete und der Stumme Jens ihre ersten gut gefüllten Bierkrüge über dem ahnungslosen Jim ausleerten und ihm sogleich versicherten, dass sich damit das Ritual schon erschöpft hätte und er nun gewissermaßen offiziell in die internationale Brüderschaft der Möbelpacker aufgenommen war. Allerdings war dieses erste Ausgießen nur das Zeichen für die umstehenden Möbelpacker gewesen, ihre Krüge aufs Neue füllen zu lassen, sodass sich über dem jungen Jim in der zweiten Runde der Inhalt eines guten Dutzends von Bierkrügen ergoss.

Für ein paar Minuten stand er im Mittelpunkt des Geschehens, dann waren der Kundschaft des Knochens wieder andere Dinge wichtiger, wie zum Beispiel die Schlägerei zwischen einem chinesischen Fachpacker und einem venezolanischen Klavierträger, der offenbar des Chinesen Landsmänner beleidigt hatte. Schon wollte der junge Jim um seine Sicherheit bangen, denn fast wäre es zu einer ausufernden Rauferei gekommen, wenn nicht ein mongolischer Hüne sich zwischen die Streithähne geworfen hätte, die wenige Minuten darauf laut grölend miteinander anstießen und ein altes Lied karibischer Möbelpacker anstimmten, in das bald alle Besucher des Knochen einfielen, außer dem jungen Jim, der den Text nicht kannte. Als der Schreckliche Pete ihn in die Seite boxend zum Mitsingen aufforderte, summte er beim nächsten Refrain wenigstens die Melodie.

Der Schreckliche Pete war in Wirklichkeit nicht schrecklicher als andere. Er hieß nur so, weil er schrecklich stark war. Es hieß, er hätte auch schon alleine Klaviere vom Lkw gehoben, und der Stumme Jens war auch nicht stumm, sondern einfach nur wortkarg. Und als der junge Jim gerade überlegen wollte, welchen Spitznamen ihm die Kollegen wohl dereinst zudenken würden, öffnete sich gerade in dem Moment, als der Gesang zu einem neuen Höhepunkt anschwoll, die Tür des Knochen und ein feiner Herr in Schlips und Anzug trat herein. Von einer Sekunde zur nächsten erstarb der Gesang und alle Anwesenden starrten feindselig zum Eingang. Ein Akquisiteur hatte die Spelunke betreten! Ein Ereignis, das nur äußerst selten eintrat, nur, wenn irgendwo wirkliche Not am Mann war, wenn ein echter Notfall herrschte, denn sonst würden sich weder Disponent noch Akquisiteur nach Feierabend trauen, die Möbelpacker mit ihrer Anwesenheit zu behelligen. Aber das ahnte der junge Jim noch nicht. Gebannt beobachtete er, wie der Akquisiteur sich in echter oder vorgegebener Gelassenheit, Jim wusste das nicht zu beurteilen, einen Weg zum Tresen bahnte, einen Drink bestellte, sich locker auf den Tresen lehnte und langsam durch die Runde blickte.

Als er seinen Drink gereicht bekam, deutete er ein Zuprosten an, trank seinen Schnaps in einem Schluck, stellte das Glas auf den Tresen und sagte in den Raum hinein: »Ich suche Männer für einen Auftrag. Full Service. Eins zu eins.« Im Raum war es totenstill. Neben Jim stürzte der Schreckliche Pete einen Schnaps, der Stumme Jens hielt sich an seinem Bierkrug fest.

»Wer hat den Mumm?«, fragte der Akquisiteur, während er die Möbelpacker langsam, einen nach dem anderen, musterte. »Der Lohn ist reich, die Beute riesig.«

Noch immer regte sich niemand.

»Was ist?«, fragte der Akquisiteur. »Habe ich es mit Möbelpackern zu tun oder mit Memmen?« Niemand rührte sich. »Freies Trinken für jeden, der mitmacht!«, rief der Akquisiteur und plötzlich schälte sich ein berserkerhafter Hannoveraner Küchenmonteur aus der Gruppe und baute sich vor dem Akquisiteur auf.

»Man sagt, der einbeinige Kunde sei gesehen worden«, sagte er leise, aber deutlich. Ein kalter Luftzug ging durch den Raum. Die Gäste zuckten zusammen und neben sich spürte Jim seine Kollegen erschaudern.

Der Akquisiteur lachte verächtlich auf. »Der einbeinige Kunde? Ammenmärchen!«, rief er und bestellte einen neuen Drink.

Der junge Jim sah den Stummen Jens fragend an. »Es geht die Sage«, sagte der, »dass einst ein Kunde von einem Akquisiteur übers Ohr gehauen wurde.« Und dann klärte er Jim flüsternd auf.

Vor vielen Jahren hatte ein gieriger Akquisiteur aus dem Oldenburgischen Land einem Kunden ein unwiderstehliches Angebot unterbreitet. Der Kunde könnte in aller Ruhe in seinen Urlaub fliegen und der Spedition schlicht die Schlüssel für das alte Haus und das neue Haus überlassen. Die Fachkräfte würden den gesamten Umzug im Rahmen von Full Service mit allem Einpacken und Auspacken von allem Hab und Gut des Kunden in solcher Art erledigen, dass sich der Kunde nach seinen Ferien in dem neuen Haus sofort zu Hause fühlen würde, weil die Einrichtung im neuen Haus haargenau so aussehen würde wie im alten, dass also in jedem Schrank jede Tasse und jeder Teller, jedes Buch, jedes Handtuch an genau dem Platz liegen würden wie vorher im alten Haus. Als der Kunde allerdings nach seiner Reise in das neue Haus kam, war keine der Versprechungen eingehalten worden. Nicht nur, dass die Inhalte der Schränke allesamt falsch einsortiert worden waren, es standen auch die Möbel fast alle am falschen Platz.

Es sei jedem klar, erklärte der Stumme Jens, dass ein geschäftstüchtiger Akquisiteur die Fähigkeiten seiner Mitarbeiter und den Umfang der ganzen Unternehmung erst falsch eingeschätzt und später der Sache nicht die nötige Dringlichkeit zugestanden hatte, denn man müsse ja auch weiter, zu den nächsten Aufträgen. Der Kunde aber stürmte in der Wut des Betrogenen durch das neue Haus, stürzte, während er mit dem Akquisiteur telefonierte, auf der Treppe und fiel in Ohnmacht. Zu lange hatte er gelegen, bevor man ihn fand. Ein Bein musste amputiert werden, und bevor er seinen inneren Verletzungen erlag, verfluchte er für jetzt und immerdar sämtliche Akquisiteure, die ein Angebot unterbreiteten, das sie nicht einhalten konnten.

Seither durchstreift sein Geist die Welt, immer auf der Suche nach betrügerischen Akquisiteuren, die die Leichtgläubigkeit ihrer Kunden ausnutzten, um das schnelle Geld zu machen, und wenn er von einem ein allzu verlockenden Angebot Wind bekam, dann überreichte er die schwarzen Schlüssel.

»Die schwarzen Schlüssel?«, fragte Jim.

»Nicht so laut!«, mahnte der Stumme Jens. »Die schwarzen Schlüssel, einer für das alte, einer für das neue Heim des Kunden, einmal durch den einbeinigen Kunden übergeben, verpflichten zur absolut akkuraten Erledigung des Auftrags. Wenn auch nur ein Glas im Küchenschrank am falschen Platz steht, eine Hose in der Wäschekammer falsch gefaltet liegt, so sind der Akquisiteur und seine Mannschaft zu ewigem Full Service in der siebten Hölle der Dienstleistungen verdammt.«

Am Tresen hatte der Akquisiteur seinen zweiten Schnaps geleert. »Aberglauben!«, rief er. »Wollt ihr da draußen echtes Geld machen, oder wollt ihr euch ängstlich in dunklen Ecken herumdrücken?« In der Menge begann leise erstes Gemurmel. Mit dem Vorwurf, ängstlich zu sein, durfte man den verwegen Männern nicht kommen.

»Was sind denn die Bedingungen?«, fragte der Hannoveraner Küchenmonteur.

»Sechzehn Möbelwagenmeter vom dritten Stock in den vierten, Hamburg – München, Fahrt über Nacht, am zweiten Tag wird abgeladen und ausgepackt.«

»Ha!«, rief der chinesische Fachpacker. »Unmöglich!«

»Gute Verpflegung, Aussicht auf großzügiges Trinkgeld«, lockte der Akquisiteur.

»Ich bin dabei!«, rief plötzlich ein tätowierter japanischer Fahrer mit der Figur eines Sumoringers. Mit Todesverachtung im Blick baute er sich vor dem Akquisiteur auf, handelte eine Erfolgsprämie aus, und die beiden besiegelten das Geschäft mit einem Handschlag. Nun fanden sich nach und nach andere Unerschrockene und bald hatte der Akquisiteur eine Mannschaft aus acht Möbelpackern zusammen, die wohl auch den Umzug von des Teufels Großmutter erledigt hätten.

»Und jetzt Getränke für diese wackeren Kerle hier!«, rief der Akquisiteur, da knallte plötzlich der mongolische Hüne am anderen Ende des Tresens seinen Bierkrug auf das Holz.

»Hey, Akquisiteur!«, brüllte er. »Fang!« Und bevor er wusste, was er tat, schnappte der Akquisiteur nach dem, was ihm der Mongole zuwarf, um alsgleich starr vor Schreck zu erbleichen. Während der Mongole sich vor aller Augen in einen humpelnden Hausbesitzer aus dem Oldenburgischen Land verwandelte, öffnete der Akquisiteur langsam seine Hand.

»Die schwarzen Schlüssel!«, rief der Hannoveraner Küchenmonteur, während der Schankraum vom hässlichen Hohngelächter des einbeinigen Kunden erfüllt wurde.

»Jetzt aber weg hier!«, rief der Stumme Jens, und gleichzeitig mit dem Schrecklichen Pete packte er den jungen Jim und zerrte ihn durch das Gedränge an der Tür auf die Straße hinaus zu einer hastigen Flucht durch die Nacht.

ICH HABE ES NIE ERLEBT, SONDERN NUR EINMAL DAVON GEHÖRT, dass ein Kunde einfach nur die Schlüssel für die alte und die neue Wohnung abgibt und in den Urlaub fährt, während die Möbelpacker seinen Umzug erledigen. Ob es das wirklich irgendwo einmal gegeben hat, weiß ich nicht. Aber ich habe Full-Service-Umzüge erlebt, die mir vorkamen wie die siebte Hölle der Dienstleistungen.

Überlegen Sie sich gut, sehr gut, ob Sie sich darauf einlassen wollen, wenn ein Akquisiteur anbietet, das Auspacken am gleichen Tag direkt nach dem Abladen zu erledigen. Wenn Sie stressresistent sind und einfach nur so schnell wie möglich alles Packmaterial wieder loswerden wollen, dann wäre das eine Option. Wenn Sie allerdings schwache Nerven haben und Ihr Hab und Gut gerne in aller Ruhe einräumen, dann verzichten Sie auf ein solches Angebot. Möbelpacker, die vielleicht zehn Stunden lang abgeladen haben, wollen nämlich verdammt gerne auch mal nach Hause, und dann wittern die, in welcher Verfassung Sie sich befinden. Schnell werden die Sie dazu überredet haben, zum Beispiel das Geschirr aus der Küche einfach irgendwo abzustellen, weil Sie das ja später am besten in aller Ruhe einsortieren können.

Erklären Sie dem Akquisiteur, dass Sie davon ausgehen, dass ausgeschlafene Möbelpacker am nächsten Tag viel engagierter und sorgfältiger arbeiten und dass Sie gerne in Gelassenheit den Überblick behalten, anstatt in hektischem Chaos einen anstrengenden Tag zu beenden.

Das wird dem Akquisiteur zwar nicht so gut gefallen, als wenn er die Möbelpacker am nächsten Tag schon zu einem weiteren Umzug hetzen könnte, aber schließlich ist es Ihr Umzug.

Eines aber müssen Sie tun: Sie müssen dabei sein und die Regie übernehmen. Kein Möbelpacker hat ein derart fotografisches Gedächtnis, dass wirklich jeder Becher dort landet, wo er vorher auch stand. Das gibt es nicht. Vor allem, weil auch mal andere Möbler auspacken als die, die Kartons gefüllt haben, und weil ja manchmal auch eine neue Küche mit anderen Schränken im Spiel ist. Die neue Ordnung kann immer nur annähernd so sein wie die alte, und je unverbrauchter die Möbelpacker an die Arbeit gehen, desto näher kommt die neue Ordnung der alten.

Wenn Sie mit Freunden und Bekannten umziehen, dann sieht die Sache sowieso ganz anders aus. In dem Fall ist Ihr Umzug wahrscheinlich nicht von so riesigen Ausmaßen, und das Timing ist ein ganz anderes, aber das ist eine andere Abteilung, weil Sie es hier nicht mit Helfern zu tun haben, die unter Zwang arbeiten. Das soll heißen: Wann immer man keine Lust mehr hat, kann man einfach aufhören. Gehen Sie also gelassen Schritt für Schritt vor. Irgendwann ist die ganze Nummer erledigt.

7

VOM VERFALL DER WERTE

An einem freien Nachmittag saß ich in der Kneipe, als ein mir unbekannter junger Mann hereinkam und schräg neben mir, um die Ecke des Tresens herum, Platz nahm. Ich schätzte ihn auf Mitte bis Ende zwanzig und sein locker gepflegtes Äußeres machte auf mich den Eindruck, als handele es sich bei ihm um einen jener jungen Männer, die es im Leben zu etwas bringen wollten, sprich: Karriere machen. Der Begriff »BWL-Student« hakte sich im Reich meiner Vorurteile fest. Im Moment schien sich das große Glück in seinem Leben allerdings zurückzuhalten. Mit betrübter Miene kramte er sein Portemonnaie hervor und entnahm ihm zwei Zwanzigeuroscheine, die er vor sich auf den Tresen legte, glatt strich und mit einem Bierdeckel beschwerte. Dann bestellte er sich einen Tequila und ein Hefeweizen. Als Inge, die Wirtin, ihm die Getränke hinstellte, war mein Hefe gerade alle, also bestellte ich auch noch eins, bevor Inge mich fragte: »Musst du heute gar nicht Möbel schleppen?«

Ich schüttelte den Kopf. »Hab frei.« Der junge Mann sah mich an. »Alles klar?«, fragte ich.

»Du bist Möbelpacker?«, fragte er. Ich nickte. Er grinste und wandte sich an Inge. »Einen Tequila für den Möbelpacker. Und sein nächstes Bier geht auch auf mich.« Dann schüttelte er den Kopf und murmelte: »Nicht zu fassen.«

»Was?«, fragte ich. Er sagte nichts. Inge stellte mir einen Tequila hin, und der junge Mann prostete mir zu. Wir kippten die Drinks, er bestellte nach, wir kippten den nächsten. Dann erklärte der junge Mann, er hieße Thorben, und nahm einen Schluck Bier.

»Karsten«, sagte ich. »Was ist nicht zu fassen?«

»Dass ich ausgerechnet hier und heute auf einen Möbelpacker treffe.« Er bemerkte die Frage in meinen Augen, blickte auf die beiden Zwanzigeuroscheine auf dem Tresen und bestellte zwei Tequila. Nach dem wir die auch gestürzt hatten, begann er zu erzählen, wie es Leute Fremden gegenüber nur tun, wenn der Alkohol bereits zu wirken begonnen hat.

»Als ich noch ein ganz kleiner Junge war, da hat meine Mutter sich ein Sofa gekauft.« Er machte eine Pause, in der er Bier trank. »Meine Mutter war alleinerziehend. Meine Eltern waren geschieden.«

Und dann erzählte er von dem Sofa, das seine Mutter sich damals geleistet hat. Ein schmuckes Zweisitzersofa für fast zweitausend Mark, also etwa tausend Euro. Das war für seine Mutter damals sehr viel Geld. »Und dieses Sofa war extrem gemütlich«, sagte er. Für ihn als Jungen war es natürlich auch noch ziemlich groß, obwohl es nur zwei Sitze hatte. »Wenn ich krank war, dann hat meine Mutter mir darauf ein Bett zurechtgemacht.« Und dann durfte er den ganzen Tag im Wohnzimmer auf dem Sofa liegend Märchenplatten hören. Und überhaupt: Wenn er abends nicht einschlafen konnte, dann hat er sich auf dem Sofa noch an die Mutter angekuschelt, bis er doch eingeschlafen ist und sie ihn ins Bett getragen hat. Das Sofa war für ihn von Anfang an ein Platz der Geborgenheit gewesen. Als er etwas älter war, als die Mutter sich ein neues, größeres Sofa leisten konnte, kam das kleine Sofa in sein Kinderzimmer und wurde seines. Und als er zu Hause ausgezogen ist, hat er es mitgenommen. »Ich habe das immer gepflegt. Das war ein kleiner Schatz, da hing mein Herz dran.« Er nahm einen Schluck Bier und bestellte zwei Tequila. »Und dann bin ich vor ein paar Wochen umgezogen.«

Oha!, dachte ich. Da wird was passiert sein mit des jungen Mannes liebstem Möbelstück. Ich sah ihn fragend an.

»Die haben es versaut«, sagte er. »Die waren ja gar nicht schlecht, deine Kollegen, aber ausgerechnet an diesem Sofa, ausgerechnet da haben sie an der Holzlehne einen fetten Kratzer gemacht.« Er hob seine Hände, um Länge anzudeuten. Ich schätzte zwanzig Zentimeter.

»Und?«, fragte ich.

»Wie, und? Mein ganzes Leben ist das Ding tipptopp gewesen, und dann kommen diese Deppen und machen da einen Kratzer rein.«

»Konnte man da nichts machen?«

Er lachte verächtlich. »Da ist dann so ein Typ von denen beigegangen, der meinte, er könne da was mit Wachs machen. Und dann hat er das Wachs warm gemacht und das blöde da rumtropfen lassen. Da bin ich dann zwischengegangen. Das war ein Dilettant.«

»Und jetzt?«

»Jetzt ist das Ding offiziell durch, mit der Versicherung geregelt.« Er sah mich an. »Und weißt du, was die mir zugestanden haben?« Er brauchte es mir nicht zu sagen, tat es aber trotzdem. Unter dem Bierdeckel zog er die beiden Zwannis raus und hielt sie mir vors Gesicht. »Vierzig Euro, Alter! Vierzig Euro für einen dicken, fetten Kratzer an einem unbezahlbaren Erbstück.«

»Aber den Kratzer kann man doch ausbessern«, sagte ich.

»Welcher Handwerker macht das denn für vierzig Euro?«, fragte er. »Dafür geht der doch nicht mal ans Telefon.« Er schüttelte den Kopf. »Nee«, sagte er. »Irgendwann weiß ich, wer mir das ausbessert, aber vorher versaufe ich erst mal diesen lächerlichen Betrag, und zwar mit dir, du Möbelpacker. Prost!«

»NA JA, SIE SIND JA VERSICHERT.« Wie oft habe ich diesen Satz von Kunden gehört, wenn etwas kaputtging oder eine Schramme abgekriegt hat. Natürlich, kein Möbelspediteur darf Umzüge machen, ohne versichert zu sein. Glauben Sie aber bloß nicht, dass Ihnen deswegen bei kleinen Schäden komplette Möbel ersetzt oder gar neu gekauft werden. Es wird jetzt ein wenig kompliziert. Als Erstes gibt es da die gesetzliche Grundhaftung. Das minimale Pflichtprogramm sozusagen. Das liegt bei 620 Euro pro Kubikmeter. Das heißt, wenn Sie einen Kubikmeter transportieren lassen, dann werden Sie nicht mehr als 620 Euro bekommen, egal, was da passiert. Wenn Sie also unangemeldet eine Antiquität dabeihaben, dann ist das Ihr Bier. Antiquitäten müssen angesagt werden, dann werden die extra versichert. Genauso Klaviere.

Bleiben wir beim Beispiel des Sofas für tausend Euro im Rahmen der vorgeschriebenen Grundhaftung. Diese Grundhaftung ist eine Zeitwertversicherung. Das bedeutet, dass Ihre Möbel mit der Zeit an Wert verlieren, und zwar radikal. Das können nach einem Jahr schon zehn bis zwanzig Prozent sein. Dafür gibt es Listen und Tabellen, nach denen sich die Versicherung richtet. Wenn jetzt der Wert des Sofas aus dem Beispiel ermittelt wird, dann erhält der Kunde die ermittelte Summe, wenn das Sofa auf dem Umzug irreparabel beschädigt wird. Wenn da aber nur ein extremer Kratzer entsteht, der »die Funktion nicht beeinträchtigt«, dann kann es sein, dass man da mit vierzig Euro oder noch weniger abgespeist wird.

Sie können natürlich auch eine »Neuwertversicherung« abschließen. Die kostet ein wenig extra, meint aber auch nicht, dass Sie in jedem Fall ein neues Möbelstück bekommen. Die Neuwertversicherung behandelt den »Wiederbeschaffungswert« Ihrer Möbel. Da müssen Sie dann selber Listen ausfüllen und Preise angeben. Es kann sein, dass Ihr Möbelstück seit der Anschaffung im Wert gestiegen ist, dann gibt es auch mehr Geld. Es kann aber auch sein, dass der Wert gefallen ist, dann gucken Sie in die Röhre. Auch bei der »Neuwertversicherung« gibt es Listen, mit denen der Versicherer hantiert. Und das läuft da alles ganz anders ab als zum Beispiel bei einer Vollkaskoversicherung für Ihr Auto, wo sie jeden Schaden geregelt kriegen, wonach dann aber Ihre Beiträge steigen.

Der Wert, den Sie Ihrem Hab und Gut zumessen, ist nicht der Wert, den andere Ihrem Hab und Gut zumessen. Ich kann Ihnen hier nur eines raten: Machen Sie sich schlau. Verlangen Sie vom Spediteur genaue Aufklärung. Nur so erleben Sie später keine böse Überraschung, wenn mal was kaputtgeht oder beschädigt wird.

8

OHNE PARKPLATZ KEIN UMZUG

Es war an einem Freitagabend im Sommer nach Sonnenuntergang im Schanzenviertel, also zu einer Uhrzeit, zu der es im Viertel nicht nur voll, sondern *richtig* voll wurde. All die Leute, die sich vielleicht tagsüber noch an der Elbe, in Parks oder am Badesee aufgehalten hatten, stießen nun zu den Massen dazu, die sich schon den ganzen Tag um und auf dem Schulterblatt herumtrieben. Tagsüber wird »geshoppt« und Kaffee in allen Variationen goutiert, am Abend und in der Nacht wird gefeiert. Schlimmer ist es dann nur noch auf der Reeperbahn.

Meine Freunde Tom und Dirk hatten mich zu Hause abgeholt, denn bei einem Freund von Tom war Party, in einer Altbauwohnung in einer Seitenstraße, und so kreuzten wir eine halbe Stunde lang durch das Viertel und fanden keinen Parkplatz. Als wir das vierte Mal an einer für einen Umzug freigehaltenen, drei Pkw langen Parklücke vorbeifuhren, sagte Tom: »Jetzt habe ich aber keinen Bock mehr« und bremste. In der Parklücke standen zwei Klappstühle, zwischen die Paketband gespannt war, an dem ein Papierschild klebte, auf dem stand: *Bitte freihalten wegen Umzug am Samstag dem 17.!*

»Willst du da rein?«, fragte Dirk auf dem Beifahrersitz mit dem Türgriff in der Hand.

»Klar«, sagte Tom. »Ich park doch nicht in Barmbek, wenn hier zwei Eingänge vor der Party so ein schöner Parkplatz ist.«

»Das könnt ihr nicht bringen!«, rief ich von der Rückbank aus, denn mir war klar, dass den Leuten am nächsten Tag der Umzug versaut wäre, wenn die in dieser kleinen Straße mit ihrem Lkw nicht parken könnten. Aber da war Dirk schon draußen und verkürzte die Absperrung auf zwei Pkw-Längen. Nachdem Tom eingeparkt hatte, drehte er sich zu mir um. »Ich stell das wieder hin, wenn wir abhauen.«

»Wer's glaubt«, wollte ich noch sagen, aber dann war es mir auch egal. Zwei Minuten später erreichten wir die Party, auf der ich dann auch anderes zu tun hatte, als mich um die Parkplätze anderer Leute zu sorgen. Es gab weiche Drogen in rauen Mengen und ein sehr guter DJ legte Musik auf, zu der ich mich gerne bis in den neuen Morgen hinein auf der geräumigen Tanzfläche gehen ließ.

Wann Tom und Dirk abgehauen sind, habe ich nicht mitbekommen oder vielleicht doch, auf jeden Fall hatte ich es vergessen, als ich am Morgen auf einem Sofa in einem kleinen Nebenzimmer erwachte. Ich blickte in die Augen einer Katze, die einer Sphinx gleich auf meiner Brust saß und mich ansah. In meiner asthmatischen Lunge rasselte es.

»Ich bin allergisch gegen Katzen«, sagte ich und schob das Tier beiseite. Die Katze sah mich an, als wolle sie gleich den Kopf schütteln, und sprang auf den Boden. Ich suchte meine Jacke mit meinem Asthmaspray, inhalierte, bemerkte, dass ich einen entsetzlich dicken Kopf hatte und dass ich einen Kaffee brauchte. In der Wohnung war es still. Zimmertüren waren geschlossen, und es war niemand zu sehen. In der Küche fand ich Wasserkocher, Becher und Kaffee. Kurz darauf saß ich am Tisch und versuchte, wach zu werden. Als ich den Kaffee halb leer hatte, kam der Gastgeber herein, wobei er erst einen Blick drauf hatte, der dem der Katze glich, die auf meiner Brust gesessen hatte. Ich bekam das Gefühl, etwas wäre schiefgelaufen. Dieses blöde Gefühl, dass einem gleich einer erzählen würde, was man alles angestellt hätte.

»Alles klar?«, fragte der Gastgeber.

Ich nickte. »Wieso? War was?«

»Nö«, sagte er und grinste. Er brauchte mir gar nichts zu erzählen, ich hatte von ganz allein das Gefühl, ich hätte es übertrieben.

»Du hast ja ganz schön abgehottet«, meinte er. Das konnte natürlich alles heißen, also wollte ich auch nicht weiterfragen. Solange er grinste, war alles okay. Jedenfalls für ihn. Mit meinem miesen Grundgefühl musste ich allein klarkommen. Kann ja auch nicht sein, dass man sich gute Laune ohne Ende einbaut und nicht dafür bezahlen muss.

Plötzlich hörte ich ein Hupen von der Straße. Ich schaute aus dem Fenster und hatte endlich einen echten Grund für ein schlechtes Gewissen. Schräg gegenüber stand ein Lkw, der keinen Parkplatz fand und hinter dem ein Pkw Durchfahrt begehrte. Tom und Dirk hatten natürlich nicht die Absperrung wiederhergestellt, als sie die Party verlassen hatten. Vor dem Hauseingang neben dem nicht mehr vorhandenen Parkplatz standen offensichtlich ratlose junge Leute herum, die versuchten, mit der Situation zurechtzukommen. Ich kannte das: Man denkt sich, man blockiert in der Not ein bisschen die Straße und lädt mal eben schnell ein bisschen was auf, und dann lässt man mal ein paar Autos durch und macht dann weiter. Aber so geht das nicht, mitten in der Stadt. Bald waren es zwei, dann drei Autos, die hinter dem Lkw nicht aufhören wollten zu hupen. Die jungen Leute hatten keine Chance.

Ich trank einen zweiten Kaffee und rauchte noch eine, bevor ich mich auf den Weg machte. Als ich aus der Haustür trat, spürte ich ihre Blicke auf mir, auch wenn mich in Wirklichkeit niemand beachtet haben mag. Ich bildete mir das nur ein, denn ich erlebte Katerparanoia. »Da drüben, da geht er, das ist eins von diesen Arschlöchern, die gestern unsere Absperrung zerstört haben, greift ihn euch!«

In Sekunden war ich aus der Situation heraus, aber den ganzen Heimweg über bin ich sie nicht losgeworden. Wir hatten diesen Leuten wirklich richtig und total den Umzug versaut. Ich badete im schlechten Gewissen. Erst als ich zu Hause war, fiel es mir ein, mal daran zu denken, dass die ja auch unglaublich doof und naiv gehandelt hatten. Geradezu unverzeihlich bescheuert. Und als ich am Nachmittag das erste Bier trank, schüttelte ich nur noch den Kopf. Wie kann man nur so blöd sein! Aber vielleicht wussten die das auch nicht besser. Logisch, das müsste denen mal jemand erklären!

ES LIEGT AN IHNEN, WIE SIE IHRE NACHBARSCHAFT EINSCHÄTZEN.

Je anonymer die Gegend ist, in der Sie wohnen, desto weniger sollten Sie sich auf selbstgebastelte Absperrungen verlassen. In Ecken wie dem Schanzenviertel geht es natürlich nicht nur um die Nachbarn, aber auch woanders hilft das Pappschild nicht immer. In dünn besiedelten Gegenden braucht man natürlich keinen Parkplatz frei zu halten, aber es ist nicht immer einfach abzuschätzen, wann das der Fall ist.

Wenn Sie sich nicht sicher sind, aber auf Nummer sicher gehen wollen, dann vergessen Sie das Pappschild zwischen den Klappstühlen. Wenn Sie mit einer Spedition umziehen, dann wird der Akquisiteur von selbst davon anfangen, aber auch für Leute, die ohne Umzugsfirma umziehen wollen, gilt: Eine offizielle Halteverbotszone kann jeder einrichten lassen. Das kostet irgendwas um die siebzig Euro. Wenn Sie mit Umzugsfirma arbeiten, erledigen die das natürlich für Sie, aber auch ohne können Sie einfach eine Firma für Baustellenabsicherung beauftragen. Da haben Sie dann zum Umzug die Genehmigung und das Aufstellprotokoll zur Hand, und dann können Sie am Umzugstag die Polizei rufen, und dann wird abgeschleppt.

Glauben Sie mir: Das wird Ihre Stimmung schon zu Beginn des Umzuges heben, wenn da mal so ein Vehikel (das Sie sich nie leisten konnten) eines dieser arroganten Porschefahrer extra und exklusiv für Sie, für Ihren Umzug per Kran auf einen Lkw geladen wird. Da schießt Vati die schönsten Fotos des Jahres oder dreht sogar noch schnell ein Filmchen, denn diese Macht verspürt er ja nicht alle Tage.

9

KARTONS GIBT ES NICHT BEIM BÄCKER

Der Mann neben mir am Tresen wusste einfach alles, und es war durchaus interessant, sich mit ihm zu unterhalten, auch wenn eigentlich nur er es war, der die ganze Zeit redete. Eben noch referierte er über die Entwicklung der Perspektive in der mittelalterlichen Kirchenmalerei und wie die ein neues Konzept vom Raum einführte und somit die Physik revolutionierte, ein paar Minuten später erklärte er schon den Freiheitskampf der indigenen Völker Amerikas. Er war ein Bücherfresser und hatte wohl alles gelesen, jedenfalls war es nicht schwer, diesen Eindruck zu bekommen. Mit seinen über vierzig Jahren Erfahrung als Weltreisender, der alle Länder dieser Welt gesehen hatte, saß der Sechzigjährige über sein Bier gebeugt und sinnierte wissend durch die Weltgeschichte. Sein graues, etwa schulterlanges Haar war zu einem Zöpfchen gebunden. Seine nicht mehr ganz wachen Augen linsten über den Rand seiner Brille.

»Ist dir schon mal aufgefallen, dass all denen, die das Los der Indianer im Wilden Westen beklagen, das Schicksal der sibirischen Völker am Arsch vorbeigeht?« Und schon erklärte er mir die Geschichte der russischen Expansion. Während die westlichen Europäer Amerika überrannten, haben die Russen mal eben das größte Land der Welt gebaut. »Davon wird in unserem Kino und der Popkultur nichts erzählt«, sagte der Mann, während ich zu begreifen begann, welch irrsinnig großer weißer Fleck sich da in meinem Wissen über Weltgeschichte offenbarte. Aber er war schon weiter. Über die russische Revolution kam er zu den Problemen der modernen Welt, den Problemen des Kapitalismus und der Globalisierung, und er erklärte mal eben in zwei Nebensätzen, die ich gar nicht richtig mitbekam, wie man den Hunger auf der Welt abschaffen könnte. Minuten später war er beim laotischen Buddhismus, um kurz darauf die Frühzeit der chinesischen Philosophie zu erklären.

Ich musste pinkeln.

Ich entschuldigte mich und latschte zur Toilette, wo ich zwei Kiffer überraschte, die mich gerne von ihrem Joint ziehen ließen. Und während ich dann pinkelte, flogen mit einem Male in meinem Kopf die Gedanken durcheinander. Durch die Abgründe der Zeit hindurch sah ich Völkerscharen sich bekämpfen, Kriege führen, immer im Konflikt miteinander auf der Suche nach dem El Dorado, nach dem Platz an der Sonne, den besten Weidegründen oder einfach nach der Macht. So wird der Hunger niemals besiegt, dachte ich, bevor ich mich plötzlich fragte, was wohl gewesen wäre, wenn Vasco Da Gama bei seiner Afrika-Umrundung auf die gigantische chinesische Flotte gestoßen wäre, die sich da fünfzig Jahre vorher noch rumgetrieben hatte. Mit dieser Überlegung wollte ich die Fortsetzung unseres Gespräches einleiten, aber der allwissende Weltreisende kam mir mit anderer Frage zuvor.

»Sag mal«, sagte er. »Wo kriegt man eigentlich Umzugskartons her?«

Ich starrte ihn an.

»Is was?«, fragte er. Ich musste kichern, bevor ich in Gelächter ausbrach. »Versuchs doch mal beim Bäcker«, prustete ich.

Während ich mir die Tränen abwischte, bekam ich mit, dass der Mann, dem ich eben noch fast zwei Stunden lang erstaunt gelauscht hatte, dessen Kenntnisse der Welt ich bewundert hatte, sich von mir verarscht fühlte und fast ein wenig sauer werden wollte.

»Entschuldige mal«, sagte ich. »Aber ich finde es ein wenig komisch, wenn jemand, der meint, er wisse, wie man den Hunger auf der Welt abschafft, mich fragt, wo er Umzugskartons besorgen kann.«

Mein Gegenüber guckte doof. War er vielleicht wirklich nur ein völlig unpraktischer Theoretiker? Dann aber würde er es nicht hinkriegen, sich eine Reise zu organisieren, schon gar nicht eine Weltreise. Schließlich kapierte ich es: Ein Umzugskarton ist gewissermaßen ein Spezialartikel, für den außerhalb des Transports kein Bedarf besteht, für den sich aber auch sonst keine Nachfrage, kein Bedürfnis künstlich erzeugen lässt. Deswegen sehen wir Umzugskartons auch eher selten im Werbefernsehen. Hier entsteht Nachfrage erst bei wirklichem Bedarf. Klar, dass intelligenteste, gebildetste Leute von solch Trivialem mitunter keine Ahnung haben, auch wenn mir das Wissen um Kartons so selbstverständlich erscheint und ich mich immer wieder wundere, wenn mir die Frage danach gestellt wird.

Also noch mal ganz langsam und von vorn: Umzugskartons gibt es bei Umzugsfirmen.

SIE MÜSSEN KEINE GEMÜSEKISTEN SAMMELN. Klar, Sie können das tun, wenn Sie nur einen kleinen Umzug haben. Je größer Ihr Umzug aber sein wird, desto sinnvoller sind Umzugskartons. Echte, stabile Umzugskartons, die sich auch stapeln lassen. Sie können den billigen Kram im Baumarkt kaufen, aber der wird Ihnen keine Freude bereiten, denn meistens gehen die Dinger schon beim ersten Tragen kaputt. Jede Umzugsfirma verkauft Kartons. Und jede Umzugsfirma nimmt noch brauchbare Kartons wie Pfandflaschen zurück.

Sie müssen auch gar nicht mit der Firma, bei der Sie kaufen, umziehen. Sie können da hinfahren, abholen und Ihren Umzug ohne die erledigen. Sie können sich sogar Kartons liefern lassen, selbst wenn Sie nicht mit der Firma umziehen wollen. Das kostet dann eben einen Lieferpreis extra. Überlegen Sie gut, ob Sie Kartons brauchen! Gute Kartons schützen Ihr Hab und Gut vor Beschädigungen. Auch oder gerade wenn Sie statt einer Spedition nur Freunde zu Hilfe rufen, kann es sinnvoll sein, wertvolle Sachen bestmöglich zu verpacken.

10

AUCH EINPACKEN
WILL GELERNT SEIN

Am Kopfende des Seminarraumes stand der, ja der was eigentlich? Der Seminarleiter? Der Lehrer gar? Ich habe keine Ahnung, wie man Leute nennt, die erwachsenen Männern beibringen sollen, wie man Geschirr in einen Umzugskarton packt. Bis zu dem Tag, an dem ich von meiner Firma dazu verdonnert wurde, an solch einem Lehrgang teilzunehmen, hatte ich auch keine Ahnung, dass es solche Kurse gibt. Kurs, Kursus, das ist gut, also: Kursleiter.

Der Kursleiter stand am Kopf des Seminarraumes und packte einen Karton mit Geschirr. Er hatte auf seiner Tournee durch das Land immer genug Geschirr dabei, das er verpacken konnte. Das tat er mit höchster Konzentration, und dabei erklärte er uns mit unbegreiflichem Ernst, was er da tat.

Es gibt ja auch Leute, die sich im Klaren darüber sind, dass ihr Job manchmal etwas seltsam sein kann. Die soll es sogar unter Fahrlehrern geben. Das sind dann Leute, die mit ein bisschen Humor bei der Sache sind. Dieser Kursleiter aber, der war bierernst und referierte über sein Thema, als erkläre er uns die Wunder der Quantenmechanik. Aber Moment, das stimmt nicht. Physiker sind im Allgemeinen witziger als Leute, die mir erklären, welche Gefahren beim Einpacken von Cognacschwenkern lauern, als hätte das Ganze mit Erster Hilfe oder mit Katastrophenschutz zu tun. »Wir dürfen auf keinen Fall …«, »Vor allem hinsichtlich der Stabilität ist zu beachten …« und »Besonders gefährlich ist es …«, solcherart begannen seine Sätze, die uns für jedes Risiko sensibilisieren sollten, das mit dem Einpacken von Geschirr zusammenhängt. Wir waren zu dritt aus unserer Firma da und außer uns hörten noch circa fünfzehn Angestellte anderer Firmen gelangweilt dem Mann da vorne zu, der wickelte und wickelte, als gälte es, hochexplosiven Sprengstoff zu verpacken.

Ich hatte seit Jahren auf Umzügen Geschirr verpackt, und mir war nicht bekannt, dass ich je größere Schäden verursacht hätte. Aber offensichtlich musste auch meine Firma nachweisen, dass ihre Mitarbeiter geschult wurden, um im Rahmen des Qualitätsmanagements zertifiziert zu werden. Damit kann man dann werben. Und so verdiente irgendeine Organisation damit Geld, dass sie uns von dem Mann dort erklären ließ, was auch meine Großmutter schon wusste. Allerdings hat man zu Zeiten meiner Großmutter noch Zeitungspapier benutzt. Heute nimmt man Packseide. Das ist zwar fast das Gleiche, aber immerhin fehlt da die Druckerschwärze.

Zum Glück sollte der Kurs aber nicht nur Fähigkeiten im Verpacken vermitteln, sondern auch in Montage, und da war es nun sinnvoll, dass ich teilnahm, denn mit Werkzeug konnte ich noch nie besonders gut umgehen. Im Umgang mit der Bohrmaschine sollten wir unterrichtet werden, und hier hat der Kurs dann insgesamt völlig versagt, jedenfalls, was mich betrifft. Zwar hat der Kursleiter über verschiedene Größen von Schrauben und Dübeln referiert und erklärt, welche Schraubengröße zu welcher Dübelgröße passt, und er hat sogar Kopien verteilt, auf denen das Erklärte noch einmal zusammengefasst wurde, aber eine Bohrmaschine hatte ich den ganzen zweitägigen Kurs über nicht ein einziges Mal in der Hand, geschweige denn, dass ich Löcher gebohrt hätte. »Ich kann ja schließlich keine Wand mit mir herumschleppen«, bemerkte der Kursleiter zu diesem Umstand, über den sich mein Chef später noch einmal mit dem Veranstalter auseinandersetzen wollte.

Als er seinen Karton vollgepackt hatte, führte uns der Wissenschaftler zum Experiment ins Treppenhaus. Er schulterte den Karton und stieg die fünfzehn Stufen zum nächsten Absatz hinauf. Oben ließ er den Karton rückwärts von seiner Schulter fallen, und der Karton kullerte die Stufen hinab vor unsere Füße hin.

Zurück im Seminarraum, packte der Kursleiter den ganzen Kram wieder aus, wobei er genauso sorgfältig vorging wie beim Einpacken. Langsam bekam ich Bock auf eine Zigarette. Wir bekamen die Teilnahme am Kurs zwar bezahlt, wie normale Arbeitszeit, aber während normaler Arbeitszeit konnte ich öfter rauchen, und außerdem konnte ich mich da bewegen. Ich gähnte heimlich in meine Jacke, und endlich war alles Geschirr wieder ausgepackt. Ein einziges Weinglas hatte den absichtlichen Unfall auf der Treppe nicht überstanden. Ein passables Ergebnis, wie ich dachte, denn normalerweise fällt einem natürlich äußerst selten ein Karton von der Schulter, aber der Kursleiter schien trotzdem geknickt zu sein. Na klar, man muss halt immer hundert Prozent geben. Darunter geht es nicht. Ich stellte mir eine Art *Sportschau* vor, in der der Kursleiter zu seinem Versagen interviewt wurde. »… werden wir im Laufe der Saison unsere Leistung auf jeden Fall noch zu steigern versuchen. Von daher sehe ich dem Rückspiel gelassen entgegen«, oder so was würde er sagen.

Aber jetzt waren wir erst einmal dran, das Gelernte praktisch umzusetzen und selber einen Karton zu packen. Der Kursleiter, von seinem Misserfolg mit dem Weinglas angespornt, machte es uns noch einmal vor. Er nahm ein dickwandiges Schnapsglas und wickelte es in eine fußballgroße Wolke aus Packseide, die er sacht zu Boden fallen ließ, und siehe: Das Glas blieb heil! Mir einem zufriedenen So-geht-das-Ausdruck überließ der Kursleiter uns unserer Aufgabe. Mein Kollege Nils stand neben mir und wickelte einen einzigen Bogen Packseide um eine Teekanne, die er kurz darauf auf den Boden schmetterte. Nach kurzem, ungläubigem Staunen erfüllte Gelächter den Raum. Nur der Kursleiter guckte entsetzt. »Diese Kanne war ein Geschenk meiner Frau, die habe ich fünfzehn Jahre mit dabeigehabt.«

Es war ja klar, dass der Depp bei der Veranstaltung wieder ausgerechnet aus unserer Firma kommen musste. Aber so hatten wir wenigstens einen Running Gag für die nächsten Wochen. Einen

Running Gag für die nächsten Jahre habe *ich* mit nach Hause gebracht. Okay, den haben auch die anderen mitgenommen, aber bei mir war er eben lustig, weil ich auch nach dem Lehrgang für sehr lange Zeit bei Montagen nicht zu gebrauchen war.

Alle Teilnehmer haben eine Art Ausweis bekommen, der ein wenig wie der ganz alte, graue Führerschein aussah. Da war sogar ein Passbild mit drin, welches wir zu Beginn des Kurses hatten mitbringen sollen. Ich weiß nicht, wie das Ding wirklich heißen sollte, aber wir nannten es bald Dübelschein. Und so wurde noch Jahre nach dem Kurs sich immer wieder über mich lustig gemacht, wenn eine etwas kompliziertere Möbelmontage zu erledigen war: »Karsten, willst du das nicht machen? Du hast doch einen Dübelschein.«

UND HIER MEIN SENSATIONELL SCHNELLES SEMINAR über das Einpacken von Geschirr: Besorgen Sie sich Kartons, Packseide und Tellerpappe, eventuell Flaschenhüllen und vielleicht für große Vasen noch Luftpolsterfolie, die man sonst eher für Wandspiegel und Bilder nimmt, für die übrigens manchmal auch Bilderecken ratsam sind. Wickeln Sie alles so ein, dass Sie den Eindruck bekommen, das könne gar nicht kaputtgehen. Packen Sie schwere Sachen nach unten in den Karton, leichte nach oben. Gläser, Becher und Teller werden hochkant gestellt. Das hat den Sinn, dass zum Beispiel bei Tellern nicht der unterste vom ganzen Stapel kaputtgedrückt wird. Keramik nach unten, sensibles Glas oben drauf. Den Karton nur so hoch bepacken, das nichts über die Oberkante lugt, das wird dann bei mühsam geschlossenem Karton dem Druck des Kartons ausgesetzt, der unter Umständen im Lkw auf diesen Karton gepackt wird.

Schütteln Sie zwischendurch mal. Wenn irgendwas klirrt oder klackt, dann haben Sie falsch gepackt. Packen Sie einfach aufmerksam, fühlen Sie sich in die Materie hinein, dann kann eigentlich nichts schiefgehen. Wenn mal etwas zu groß ist und man den Karton nicht mehr schließen kann, dann geht das auch in Ordnung. Einen offenen Karton kann man im Lkw nach oben stellen, aber eben nicht alle. So, ich glaube, das war es schon. Ach so: Bücher stellen, und zwar Rücken an Rücken, das schützt die Seiten. Noch ein Kissen oben drauf, voll ist der Karton.

11

MÖBELPACKER SIND KEINE AMEISEN

Ich esse nie Äpfel. Selbst wenn die superlecker aussehen und ich weiß, wie gesund die sind, esse ich die nicht. Ich weiß nicht warum, denn eigentlich schmecken Äpfel. Schon als Kind war es für mich eine Überwindung, wenn meine Mutter erklärt hat, wie wichtig es sei, mal einen Apfel zu essen. Äpfel und ich, das geht nicht zusammen. Eine Ausnahme aber gibt es. Wenn ich im Herbst neben einem Apfelbaum stehe, dann *kann* ich gar nicht anders, als zu pflücken und zu genießen.

Der Herbst ist mir die liebste Jahreszeit, das merke ich jedes Mal. Ich mag einfach alles am Herbst, selbst Regen und Äpfel. Der Herbst ist meine Zeit. Und die des Apfels. Der Herbst bringt mich und den Apfel zusammen. Allein dadurch ist er schon bemerkenswert. Außerdem ist endlich die verschwitzte Sommerhitze der Stadt vorüber und die Luft ist wieder klar. In solcher Atmosphäre gehe ich sogar manchmal gut gelaunt zur Arbeit. In solcher Atmosphäre fahre ich sogar manchmal gerne Kartontouren, auf denen ich den Kunden all das Material bringe, das sie benötigen, um ihren Umzug vorzubereiten. Da muss ich schon auf sehr anstrengende Leute treffen und über Gebühr stressenden Stadtverkehr zu ertragen haben, um schlechte Laune zu entwickeln.

Aber mit etwas Glück habe ich solches an manchen Tagen nicht zu erdulden, wie auch an jenem Tag nicht, als ich einen besonders netten und aufmerksamen Kunden belieferte. Er bekam zwar eine recht ansehnliche Menge an Material, aber er wohnte im Erdgeschoss, ich hatte also keine Treppen zu steigen.

Allerdings waren hundert Meter Weg bis zum Haus angesagt, doch das machte mir nichts, denn die Sonne schien und der Wind blies mir immer wieder Erfrischung zu. Hundertzwanzig Bücherkartons, hundertfünfzig Umzugskartons, etwas Luftpolsterfolie und ein paar Kilo Packseide hatte ich abzuliefern, bei einem älteren Herrn, der mich tatsächlich fragte, wie schwer er denn die Kartons mit seinen Büchern bepacken dürfe. Das fand ich total toll, denn so was erlebte ich viel zu selten. Dummerweise konnte ich ihm aber keine vernünftige Antwort geben, denn ich hatte keine Ahnung von Gewichten. Das mag sich für jemanden, der seit zwanzig Jahren im Job war, etwas dämlich anhören, aber ich kann sie einfach nicht schätzen, die Gewichte. Wenn ich etwas trage, dann wiegt das genauso viel, wie ich es empfinde. Angenehm viel, etwas zu viel, ziemlich leicht oder beschissen schwer. Es ist ja auch nicht jedes Gewicht immer gleich schwer. Ein Karton, bei dem ich am Morgen beim Aufladen noch fast in die Knie gehe, den schleppe ich abends beim Abladen ganz locker weg. Von Kilogrammzahlen habe ich keine Ahnung, weil mich das nie interessiert hat. Wer das seltsam findet, der soll sich mal bitte einen deutschen Muttersprachler greifen und ihn nach den Regeln der deutschen Grammatik fragen. Man kann nicht immer alles erklären, was man tut. Ich kann halt keine Gewichte. Trotzdem weiß ich aber, dass ein Karton deutlich unter einem Zentner wiegen sollte.

»Ich habe auch eine Waage«, sagte der nette Herr.

»Dann können Sie ja mal einen Modellkarton packen«, sagte ich, während ich mich über ihn freute. Wie er mir später erzählte, hatte er schon sehr viele Bücher aussortiert und ganz viele an irgendeine soziale Einrichtung geliefert. Und das hatte er nach und nach in kleinen Mengen auf seinem Fahrrad gemacht, immer wieder, denn ein Auto besaß er nicht. Während er darüber redete, erwähnte er nicht ein einziges Mal, wie umständlich oder gar anstrengend das gewesen wäre. Nee, der war die ganze Zeit total entspannt. So was gibt es nur bei älteren Leuten, die nie Autofahrer waren.

Ich schleppte also weiter Material heran, und er bestückte einen Bücherkarton auf der Waage mit Lexika oder Werken der Weltliteratur. Für solche Kundschaft arbeite ich gerne. Es gibt nämlich auch andere, und einer fiel mir auch ein, während ich mich über diesen freute.

Der andere war ein Kunde auf einer Ferntour gewesen, dem ich morgens, wir begannen gerade, seine Habe abzuladen, einen überschweren Bücherkarton in die Wohnung im vierten Stock Altbau schleppte, und zu dem ich sagte: »Mann, deine Bücherkartons sind aber ein bisschen heftig.«

Und der blöde Kerl hatte nichts anderes zu tun, als zu antworten: »Da warte mal, bis die CD-Kartons kommen!«

Ich war auch noch so doof zu sagen, dass CDs ja wohl leichter seien als Bücher (worauf er nur grinste und »nee, nee« sagte), anstatt, dass ich ihm seine Bücher sofort an den Kopf warf.

Genau das hätte ich tun müssen. Aber so etwas macht keiner, auch wenn da ein Kunde sitzt, den das Leiden des Möbelpackers nicht die Bohne zu interessieren scheint. Wenn wir selber packen, dann haben wir meistens das Gewicht im Auge (ich sage meistens, denn wenn es eine riesige Sammlung von auf dünnem Hochglanzpapier gedruckten Kunstzeitschriften zu verpacken gilt, können wir auch nicht immer zaubern), aber wenn die Kundschaft packt, dann erleben wir oft Fürchterlichstes, wie zum Beispiel jenen Kunden, von dem ich bald den Eindruck hatte, er würde darauf warten, dass der Erste von uns zusammenklappte.

Kennen Sie den Film, in dem Donald Duck im Wald sitzt und bereit ist, sein reich gedecktes Picknick zu genießen, als er plötzlich bemerkt, wie ein Sandwich über die auf dem Boden ausgebreitete Decke davonwandert? Ich weiß nicht, ob es wirklich ein Sandwich war oder vielleicht eine Banane oder ein Apfel, aber das ist auch nicht wichtig. Wichtig ist die Aufmerksamkeit, die Donald dem Vorgang im Folgenden widmet. Als er nämlich feststellt, dass es eine Ameise ist, die das Sandwich geschultert hat und dabei ist, es wegzutragen, verwandelt er sich in einen amüsierten, sadistischen Empiriker, den einzig die eine Frage interessiert: »Was schafft sie noch?«

Und so packt er auf das Sandwich alsbald noch einen Schinken drauf, und nur wenig später noch eine Thermoskanne, einen Käse, diverses Obst, eine Butterdose und was weiß ich nicht alles, bis das Ganze zu einem ansehnlichen Turm angewachsen ist, unter dem die Ameise hin und her schwankend nicht nur versucht, das Gewicht zu halten, sondern auch die Balance. Im Hintergrund sind die riesigen Augen von Donald Duck zu sehen, der dem Bemühen heitere Aufmerksamkeit und Interesse schenkt.

Haha, sehr lustig! Nein, wirklich, ich habe diesen Film früher sehr gemocht und würde das auch heute noch tun, wenn ich ihn noch einmal zu fassen kriegen würde, oder wenn ich nicht mich selbst darin sehen würde. Wie oft habe ich einen extrem dümmlich nicht grinsenden, sondern lächelnden Kunden vor mir gesehen, der meinte: »Also, na gut, die sind nicht ganz leicht, die Kartons, aber ich konnte die hochheben.«

Ja, hochheben, du Depp! Aber nicht zweihundert davon durch die Stockwerke bringen. Ha, dich will ich sehen, wenn du nur zehn davon vier Etagen runtergebracht hast, geschweige denn rauf!

Stellen Sie sich die Zeichnung einer Comicfigur vor, die mit hochrotem Kopf an einem Karton voller Kunstzeitschriften zerrt und ihn nicht zwei Millimeter vom Boden bekommt, ja selbst die Griffe der Kartons dabei auszureißen zu schwach ist:

»Meinst du nicht, Schatz, dass die Kartons zu schwer sind?«

»Ach, was. Die machen das doch mit Technik!«

Manch einer scheint Möbelpacker für so eine Art von Ameisen zu halten, die gerne mal das Hundertfache ihres eigenen Gewichts schleppen.

Kennen Sie eine Technik, die aus einem Zentner dreißig Kilo macht? Ich nicht. Der nette Kunde mit seiner Waage, der sorgsam seinen Modellkarton packte, kannte solch eine Technik offenbar auch nicht, darum gab er sich Mühe.

Als ich das nächste Paket ins Haus schleppte, guckten wir zusammen, ob das Modell in Ordnung war. Das Messgerät zeigte etwas über fünfundzwanzig Kilo an. Ich hob den Karton hoch und wog ihn ein wenig hin und her.

»Fühlt sich gut an«, sagte ich. »Plus minus ein paar Kilo.« Und dann erklärte ich ihm noch, dass man ja, wenn es nicht zu umständlich wäre, verschiedene Bücher mischen könnte. Einen Karton mit Dünndruck vollzuknallen, macht keinen Sinn, wenn man das Wohl der Möbelpacker nicht total ignorieren will. Man kann im Karton Kunstbände auch mit auf grobporigem Papier gedruckten Werken vermischen.

Nachdem wir uns noch ein wenig über ganz andere Dinge unterhalten hatten, verabschiedeten wir uns voneinander. Ich wünschte ihm einen angenehmen Umzug, und dann hatte ich nur noch vier Kunden vor mir, die alle gar nicht mehr so schlimm waren, und schließlich, gegen zwanzig Uhr, hatte ich auch irgendwann Feierabend.

BITTE PACKEN SIE HUMAN. Ja, wir sind starke Kerle, und manch einer trägt auch mal eine Waschmaschine allein. Aber doch nicht den ganzen Tag! Wenn Ihre Kartons gewichtsmäßig nicht die Grenze sprengen, dann haben wir auch für Ihre wirklich schweren Möbel noch Energie parat. Viele Möbelpacker machen das fünf oder gar sechs Tage die Woche. Das kann auf Dauer nicht gut gehen, wenn jeder Karton überpackt ist. Und wenn Ihnen die Möbelpacker egal sind, weil Sie ja alles mit der Hilfe von Freunden selbst erledigen: Sie wollen es sich doch mit Ihren Freunden bestimmt nicht verscherzen.

Machen Sie mal auf einer Party bei sich zu Hause einen Wettbewerb: Sie packen einen Bücherkarton randvoll mit GEO-Heften oder so was, ein paar Leute wuchten das Ding auf die Schulter des Kandidaten, und derjenige Ihrer Gäste, der den Karton am längsten auf der Schulter tragen kann, gewinnt eine Kiste Champagner oder Wein. Sie werden viel Spaß haben!

12

GEHEIMNISSE WOLLEN GEHÜTET WERDEN

In dem Film *Monday* des japanischen Regisseurs Sabu (Hiroyuki Tanaka) gibt es eine schöne Szene, in der der Held Koichi Takagi einer Übermacht aus Polizisten und Yakuza gegenübersteht, die er mit einer regelrecht entwaffnenden Rede gegen das Töten dazu bringt, ihre Werkzeuge niederzulegen. Was wir bräuchten, so Takagi, seien eben nicht Pistolen und Gewehre, sondern mehr Freundschaft und Liebe.

Als er den ersten Polizisten, der in voller Kampfmontur in vorderer Reihe eines Einsatzkommandos steht, dazu bringt, seine Hasskappe auszuziehen, kommt darunter nicht das Gesicht einer bösen Kampfmaschine, die aufs Töten programmiert ist, zum Vorschein. Vielmehr erblickt der Zuschauer das nette Gesicht eines verunsicherten jungen Mannes. Auch die anderen Mitglieder seines Kommandos entpuppen sich, nachdem sie ihre Mützen abgezogen haben, als ganz normale junge Männer, die nur vorher den Eindruck von Killern gemacht hatten, in ihren Mützen, die nur Nase, Mund und Augen frei ließen. Dass sich das Ganze nur in Takagis Fantasie abspielt, ändert nichts an der Aussage der Szene. Aus Menschen mit eigenem Charakter, mit eigener Geschichte werden durch die Uniform, durch die gleichmacherische Verkleidung bedrohliche Gestalten.

Bei sogenannter Berufsbekleidung fällt natürlich meistens das Bedrohliche weg, aber die Funktion ist die gleiche – aus Individuen werden gesichtslose Vertreter eines definierten Gewerbes. Zwar tragen die alle keine Masken, aber es wird durch die Kleidung eine einzige Eigenschaft hervorgehoben. Die Gesellschaft *erwartet* einfach, dass der Klempner in Latzhose herumläuft. Natürlich hat manche Berufsbekleidung ihre Zweckmäßigkeit. Ich würde zum Beispiel inzwischen zweimal darüber nachdenken, ob ich noch einmal einen Umzug ohne Sicherheitsschuhe machen würde, aber wer nur ein einziges Mal mit wachem Bewusstsein einen Schlipsträger im Anzug gesehen hat, der einem Trupp gleich gekleideter Handwerker gegenübertritt, der muss einfach eine Ahnung davon bekommen, dass bei der Bekleidungsfrage auf jeden Fall ein Kastendenken eine Rolle spielt, das dem alten Indien entsprungen sein könnte.

Wenn man mal Umzüge bei großen Firmen außer Acht lässt, oder sich keine Gedanken um das Logo der Umzugsfirma macht, dann gibt es keinen Grund, warum ich genauso gekleidet sein sollte wie mein Kollege.

Was, ich bin ein Repräsentant meiner Firma? Quatsch! Meine Arbeit ist der Repräsentant. Wenn ich bei Ihnen zu Hause im Wohnzimmer mit drei anderen Kollegen die Bücher einpacke, dann spielt es ja wohl keine Rolle, wie wir gekleidet sind. In dem Verlag, in dem dieses Buch erschienen ist, laufen sie ja auch nicht in den Vereinsfarben rum.

Die einen sehen aus wie Schlümpfe, die anderen wie Gartenzwerge.

Schauen Sie sich mal eine Latzhose genau an. Da stellt sich gar nicht erst die Frage, ob Kommunikation im Konflikt unter die Gürtellinie zielen kann. Da gibt es keine Gürtellinie. Männer in Latzhosen sehen nur aus wie Männer. Sie sind keine. Sie sind Gartenzwerge. Sie werden vom Chef und den Kunden entsprechend ernst genommen.

Ich habe es immer gemocht, wenn ich in einer Firma gearbeitet habe, die die Bekleidungsfrage nicht so eng gesehen hat. Und besonders toll fand ich immer Kollegen, die noch mal extra drauf geschissen haben. Vogel war so einer. Ich weiß gar nicht, ob er Vogel mit Nachnamen hieß oder ob Vogel sein Spitzname war, weil er eben, na ja, ein schräger Vogel war.

Der kam zur Arbeit, wie es ihm passte. Stulpenstiefel und Lederhose, dazu eine goldfarbene Weste, aus deren Tasche er gerne

mal die Uhr an der Kette zog, um sich zeitlich zu orientieren, dazu
schwere Silberringe an den Fingern und Geschmeide aller Art, das
er um den Hals trug – das ist das Bild, das mir zu ihm einfällt. Wenn
da die Berufsgenossenschaft mal zur Kontrolle kommt, dann ist natürlich Feierabend, aber das hat er zum Glück nie erleben müssen.
Eigentlich war er ja auch Bäcker, aber in diesem Beruf konnte er
wegen seines Rückens gerade nicht arbeiten, als ich ihn kennenlern-
te. Warum er sich dann ausgerechnet in den Möbeln durchschlagen
konnte, das habe ich nie begriffen. Aber das war mir auch egal, denn
ich mochte ihn und habe gerne mit ihm zusammengearbeitet.

Er trat Menschen unvoreingenommen entgegen. Wenn irgendein versponnener Kollege Mist gebaut hatte, dann regte er sich da
nicht mit den anderen drüber auf, dann schmunzelte er nur entspannt in sich hinein. Wenn er einen ansah, dann sagte sein Blick:
»Ich seh dich, aber mach dir keine Sorgen, es ist alles in Ordnung.«

Bei einem Full-Service-Umzug verpackte ich mit Vogel zusammen die Bücher im Wohnzimmer, als plötzlich ein kichernder Lehrling hereinkam, um die Abwesenheit der Kundschaft zu nutzen,
uns etwas zu zeigen. »Kommt mal mit«, sagte er und führte uns ins
Schlafzimmer, wo er den Kleiderschrank leer räumte. Er deutete auf
die Fensterbank, auf der eine Strumpfhose mit Loch im Schritt lag.
Vogel und ich tauschten einen Blick.

»Na, und?«, fragte Vogel.

»Ja, aber …«, grinste der Lehrling.

»Komm mal mit«, sagte Vogel und zog den Lehrling in den Flur,
wo er auf eine Kommode deutete.

»Ja, und?«, fragte nun der Lehrling.

»Eben«, sagte Vogel schmunzelnd, bevor wir den Lehrling ratlos
zurückließen. Er war jung. Für ihn hatte es noch etwas Sensatio-
nelles, bei den Kunden in der Wäsche auf intime Details zu stoßen.
Mir als altem Hasen war so etwas immer egal, und wie gewöhnlich
das für Vogel war, der ja auch relativ neu im Job war, das sollte ich
erst später erfahren, als wir mal zusammen im Lkw saßen und aus

irgendeinem Grund darauf zu sprechen kamen, wie er sonst noch sein Geld verdiente. Da erzählte er nämlich, dass er auch hin und wieder mal eine Dame verpacken würde.

»Hä?«, machte ich. »Wie, verpacken?«

»Na ja, so SM-mäßig«, sagte er. »Verschnüren eben.« Einen kleinen Moment dauerte es, bis ich begriff, worum es ging, weil SM nicht gerade mein Genre ist, aber da erzählte er schon weiter. Und das angenehmerweise, ohne sich dabei dicke zu tun oder interessant machen zu wollen. Für ihn war das normal, und er erzählte eben einem Kollegen aus seinem Leben. Am besten hat mir von dem, was er in der nächsten Stunde erzählte, die folgende Geschichte gefallen:

Zu Hause bei ihm gab es im ersten Stock einen Raum, der für seine vorpubertäre Tochter tabu war. Die hatte da einfach nichts zu suchen, und so wie er es erzählte, hatte die Tochter das auch begriffen und sich immer an das Tabu gehalten. Das entspannte Modell der Erziehung seiner Tochter habe ich ihm sofort abgekauft. Es war da alles in Ordnung, zu Hause, wo es im ersten Stock den Raum gab, in dem sich die umfangreiche Garderobe mit Fetischkleidung und verschiedenstes Sexspielzeug befanden. Da hatte es nie Probleme gegeben.

Bis die Tochter einmal ihren Geburtstag gefeiert hatte, zu dem nicht nur zahlreiche Freunde und Freundinnen erschienen waren, sondern auch das eine oder andere Elternteil.

Aus irgendeinem Grunde war an jenem Tage die Tür zu dem Tabu-Raum nicht abgeschlossen, und so hat sich die Mutter einer Freundin auf der Suche nach der Toilette dort hinein verirrt.

Alarm hat sie geschlagen innerhalb der Elternschaft, hat sich empört, hat gezetert und geschimpft. Solches in einem Haus, in dem Kinder wohnen! Hat ihre Tochter geschnappt und die Feier verlassen, etwa eine Stunde, nachdem sie die Tür zum Tabu-Raum geöffnet hatte.

Was hatte sie in der Stunde gemacht?

Das erzählte sie natürlich niemandem, denn sie konnte ja nicht ahnen, dass ihr Betreten des Raumes einen Bewegungsmelder ausgelöst hatte, der eine Kamera in Gang setzte. Eine Stunde lang hat sie in den Schränken gestöbert, hat hier mal eine Korsage anprobiert, dort mal eine Latexmaske aufgesetzt und sich dabei im Spiegel betrachtet. Ausgiebig hat sie ihr Interesse befriedigt, bevor sie den »Skandal« publik machte.

Als sie später diskret mit der Videoaufzeichnung konfrontiert wurde, hat ihr Engagement allerdings deutlich nachgelassen.

MAN KANN IMMER ÜBER ALLES REDEN. Man kann immer Geständnisse machen. Wenn man richtig vorgeht, dann kann man jedem gegenüber intime Geheimnisse preisgeben. Was aber meistens gar nicht geht, ist, wenn Freunde oder Bekannte, ja vielleicht der Partner, plötzlich und überraschend mit etwas konfrontiert werden, mit dem sie nie gerechnet hätten. Solches kann schockierend sein und Abwehr auslösen. Verpacken Sie Ihre Geheimnisse zuallererst. Überlegen Sie genau, was ein Freund oder eine Freundin, die Ihnen beim Einpacken helfen, sehen dürfen.

Beim Umzug mit einer Spedition mag ein Lehrling etwas lustig finden oder Ihnen auch mal was peinlich sein, doch das ist vielleicht nicht so schlimm, als wenn Ihre private Umgebung eine Wahrheit erfährt, auf die sie nicht vorbereitet ist. Also überlegen Sie, denken Sie nach, bevor die Vorbereitungen zum Umzug losgehen. Es muss ja nicht immer Zeugnis irgendwelcher Sexpraktiken sein, was andere Leute verstört. Manchmal reicht schon ein altes vergessenes Foto im hinteren Winkel eines Schranks, das Sie Arm in Arm mit einer unwichtigen Urlaubsbekanntschaft zeigt, um den Haussegen schief hängen zu lassen. Das ist es nicht wert.

13

UND AUCH MAL IN RUHE EINEN WEIN TRINKEN!

Wir kamen morgens zu zweit bei unserer Kundschaft an. Blondie, ein angenehmer und ruhiger Kollege, mit dem ich schon viel zusammen gefahren war, und ich. Wir waren auf Ferntour irgendwo in Baden-Württemberg unterwegs und sollten zusammen mit Kollegen aus der Gegend einen Sechzehn-Meter-Umzug (also einen Hängerzug voll) nach Hamburg aufladen. Service war nicht vorgesehen, aber als wir das erste Mal das Haus betraten, bemerkten wir schnell, dass die Kunden so gut wie nichts vorbereitet hatten.

»Wir sind da gar nicht richtig zu gekommen«, sagte eine nette, aber offensichtlich völlig überforderte Kundin. »Möchten Sie einen Kaffee?« Klar wollten wir. Noch bevor unsere Kollegen eintrafen, besahen wir uns die Ausmaße des nicht vorgesehenen Service, den wir nun zu erledigen hatten, telefonierten mit unserem Disponenten, erklärten der Kundschaft die Preiserhöhung, die sich aus dem zusätzlichen Arbeitsaufwand ergeben würde, und tranken unseren Kaffee.

Grob geschätzt würden wir sechs bis sieben Stunden länger in diesem Haus zu tun haben, als vorgesehen war. Das würde uns natürlich völlig aus dem Zeitplan werfen, was normalerweise auch mal in einer Katastrophe enden kann, aber heute hatten wir Glück. Wir mussten anschließend nur nach Hamburg fahren, um den ganzen Kram dort wieder abzuladen, hatten keine anderen Kunden mehr auf dem Zettel und die ganze Nacht Zeit für die Fahrt. Zwar würden wir recht übermüdet in Hamburg ankommen, aber natürlich versprach uns der Disponent, zusätzliche Kollegen zum Abladen zu besorgen.

Die Situation war für uns nicht schön, aber wir hatten schon Schlimmeres erlebt.

Für die Kundschaft sah die Sache ganz anders aus. Das junge Paar hatte überhaupt keinen Plan, keine Übersicht und war ziemlich aus dem Häuschen. Man sah das an den erschöpften und nervösen Blicken, die sie sich gegenseitig zuwarfen. Für die ging es um das ganze Leben, um die Welt, um alles.

»Wir machen das schon«, versuchte Blondie, sie zu beruhigen, als wir zu viert im Wohnzimmer standen. »Wir dürfen jetzt nur nicht die Nerven verlieren.«

Und da lächelten die beiden dann auch kurz. Allerdings nur, bis plötzlich ein kleines Kind im Schlafanzug auf der Treppe stand und nach seiner Mama begehrte, ein anderes rief von oben aus dem Kinderzimmer nach ihr. Die Mutter schnappte sich das Kind von der Treppe und eilte nach oben. Gleichzeitig tauchten an der Haustür unsere drei Ladehilfen auf.

Blondie und ich besorgten in der Küche Kaffee für alle und dann standen wir zu fünft am Lkw und einigten uns darauf, behutsam vorzugehen, um die Leute da im Haus nicht zu überfordern.

Das war aber, wie sich herausstellte, nicht ganz einfach. Denn wann immer sich Möbelpacker im Haus verteilen, um das Hab und Gut zu verpacken, tauchen unweigerlich Fragen auf, die nur von der Kundschaft beantwortet werden können.

»Soll hier alles mit, oder brauchen Sie noch was davon?« ist solch eine Frage, die man stellt, wenn man in irgendeinem Zimmer verpacken will.

»Tja«, sagt dann gerne der Mann. »Da müsste ich noch mal meine Frau fragen.«

Die Frau hat aber gerade keine Zeit, weil sie zwei kleine Kinder reisefertig machen muss, die später von Oma und Opa abgeholt werden – glücklicherweise, denkt man sich, wenn man sich das planlose Paar betrachtet.

Also wird die Antwort auf später verschoben. Eine Frage, die ein Detail in des Mannes Arbeitszimmer behandelte, könnte er beantworten, wenn nicht gerade die Frau nach Hilfe ruft, weil sie nicht Frühstück für die Kinder bereiten und deren Handgepäck zusammensuchen kann.

»Wie ist das eigentlich mit den Büchern im Wohnzimmer?«, wollte dann einer der Kollegen von dem Mann wissen, und ich gab ihm ein Zeichen, sich zurückzuhalten, und dann besprachen er und ich an der Bücherwand die sinnvollste Art, die Bücher zu verpacken.

Irgendwann tauchten Oma und Opa auf, um die Kinder abzuholen, und nachdem die schließlich wieder weg waren, entspannte sich die Situation für eine Zeit, in der es die nette Kundin tatsächlich fertigbrachte, Frühstück für uns zu organisieren.

Ich packte Geschirr in der Küche, als sie dabei war, die gekauften Brötchen auf Teller zu drapieren. Da konnte ich sie gleich fragen, was denn noch als Reiseproviant gebraucht werden würde und was eigentlich mit den ganzen verderblichen Lebensmitteln im Kühlschrank sei.

»Mein Gott, daran habe ich ja noch gar nicht gedacht!«, rief sie, als ihr Mann in der Tür stand und fragte, ob sie wüsste, wo der Schlüssel für den Werkzeugschrank im Keller sei.

»Hä?«, fragte ihr verdutzter Gesichtsausdruck.

»Hast du eigentlich an den Nachsendeantrag gedacht?«, fragte ihr Mann.

»Ich dachte, das machst du«, sagte sie. »Ich habe die Sachen zur Altkleidersammlung gebracht.«

»Na, aber …«, begann der Mann, da fiel sie ihm ins Wort. »Ich kann mich doch nicht um alles kümmern!«

»Scheiße!«, murmelte der Mann, als er sich umdrehte, um irgendwo im Keller nach dem Schlüssel für den Werkzeugschrank zu suchen. Die Kundin sah sich verwirrt in der Küche um, riss den Kühlschrank auf, überlegte einen Moment und lief dann aus dem Haus, um die Nachbarn zu fragen, ob sie irgendwelche Nahrungsmittel gebrauchen könnten. Ich stand in der Küche und wusste wieder nicht, was ich vielleicht nicht einpacken durfte, also ging ich erst einmal nach Erfahrung vor und verpackte von allem Geschirr wie Teller, Becher, Gläser und Tassen etwa neunzig Prozent, die garantiert nicht im Handgepäck oder beim nächsten Abendbrot oder Frühstück gebraucht werden würden.

Es ging den ganzen Tag so weiter. Das erste »Ich kann mich doch nicht um alles kümmern!« der Frau war nicht das letzte, und oft hatten wir Möbelpacker das Gefühl, die Stimmung zwischen den beiden würde gleich explodieren. Aber dazu kam es nicht. Die beiden waren extrem im Stress, aber sie ließen sich davon nie zum Äußersten reizen. Da habe ich ganz andere Sachen erlebt. Vielleicht lag es ja auch ein bisschen an der ruhigen, professionellen Art, mit der wir Möbelpacker bis zum Abend das Verpacken und Aufladen erledigt hatten, dass dem Stress ein wenig die Wucht genommen wurde.

Als gegen einundzwanzig Uhr fast alles aufgeladen war, verabschiedeten sich die Ladehilfen. Nur ein paar Kleinigkeiten waren noch zu verpacken, wie zum Beispiel die Weltkarte, die auf Luftpolsterfolie auf dem Boden im Wohnzimmer lag und die Blondie betrachtete, bevor er sie einwickelte. Ich hatte gerade eine letzte Vase in den Fingern, da trat der Kunde neben Blondie.

»Na«, fragte er, »gucken Sie, wo Sie mal hinwollen oder wo Sie schon mal waren?«

Blondie schüttelte den Kopf. »Ich dachte gerade an was ganz anderes. Wenn nämlich das ganze arktische Eis da weggeschmolzen ist, dann hat sich das aber erledigt mit der Mercator-Projektion.«

»Das verstehe ich jetzt nicht«, sagte der Kunde.

Ich spitzte die Ohren. Wenn Blondie erst einmal anfing, konnte es interessant werden.

»Na ja, gucken Sie mal«, sagte er. »Grönland ist da größer als Australien. Das ist natürlich Quatsch, aber weil die Erde ja nicht flach ist …«

»Schon klar«, sagte der Kunde, bevor Blondie anfangen konnte, ihm die Probleme der Kartenprojektion zu erklären, die Grönland auf unseren Weltkarten viel zu groß erscheinen lässt. »Aber was hat das mit der Eisschmelze zu tun?«

»Tja«, machte Blondie. »Wenn Grönland mal eisfrei ist, und wenn da eine neue unabhängige Nation entsteht, ein neues Land, dann hat doch hier in Europa keiner Bock drauf, da immer so eine Insel vor seiner Haustür zu sehen, die größer ist als Australien. Das muss dann auf die wirkliche Größe zurechtgestutzt werden. Da muss eine neue Projektion her.«

Der Kunde verstand und grinste. »Die machen dann da mit Nunavut eine arktische Allianz«, sagte er.

»Wenn die Kanadier und die Dänen das zulassen«, gab Blondie zu bedenken.

»Wer weiß, ob es Kanada dann noch gibt«, sagte ich. »Wenn die Seperatisten in Québec sich mal durchsetzen, dann sehen die in Nunavut vielleicht auch eine Chance für sich und begehren den ersten Staat der Inuit.«

Und dann standen wir zu dritt vor der Karte und fantasierten uns in eine unbekannte Zukunft.

»Ist ja auch zu blöd, dass man nicht lange genug lebt, um das alles mitzukriegen«, sagte der Kunde. »Ich finde das so spannend.«

»Ich hab ja mal gelesen, dass Grönland in ein paar zig oder hundert Millionen Jahren irgendwo am Äquator ankommt«, sagte Blondie.

»Ob es dann noch Inuit gibt?«, überlegte ich laut.

»Oder Menschen überhaupt?«, fragte der Kunde, da stand plötzlich seine Frau im Zimmer.

»Na, wo denkt ihr euch denn gerade hin?«, fragte sie, inzwischen etwas entspannt, während ich ihr aber noch die Erschöpfung des Tages ansah. Endlich ging das Aufladen seinem Ende entgegen, und die Gestressten hatten einen Moment Luft, an etwas anderes zu denken. Zum Beispiel an die unermessliche Größe der Welt, die ihnen ihren Umzug für einen Augenblick recht klein erscheinen ließ. Mit dem Glimmer von Erdzeitaltern im Blick schaute der Kunde für einen Sekundenbruchteil durch seine Frau hindurch, bevor er sie richtig wahrnahm und sich erinnerte, wo er sich befand. Der Hauch der Jahrmillionen, der ihn für ein paar Minuten umweht hatte, hatte ihn endgültig aus dem Arbeitsrhythmus gebracht, und so kam er auf eine Idee, und zwar auf die richtige.

»Ich mache uns mal eine Flasche Wein auf«, sagte er und verschwand zu seinem Auto, wo er eine der zahlreichen Kisten aus seinem Keller verstaut hatte.

In der Ecke vom Wohnzimmer stand ein tragbarer CD-Player, aus dem die meiste Zeit am Tag leise Radio gedudelt hatte. Ich hatte eine Idee. Und kurz nachdem Blondie und ich die letzten Reste auf den Lkw geschafft und die Türen des Containers verschlossen hatten, kramte ich eine CD aus dem Fahrerhaus hervor.

Als wir zu viert im Wohnzimmer auf dem Boden saßen und Wein aus den letzten unverpackten Kaffeebechern genossen, schob ich unauffällig die CD *Ella Fitzgerald Sings Cole Porter* in das Musikabspielgerät, und schon nach wenigen Minuten machte sich die erste echte Ruhe des Tages im Raume breit. Schweigend nippten wir am Wein und lauschten. Ella streichelte uns das Gemüt und irgendwann bedankten sich die Kunden bei uns, dass wir das hingekriegt hatten, was sie vorher nicht für möglich gehalten hatten. Und dann schwiegen wir noch weiter und entspannten uns noch mehr. Eine verträumte Atmosphäre herrschte, und nachdem der Kunde seine Frau gefragt hatte, was sie denn mal von einem Urlaub in Kanada halten würde, gab Blondie mir unauffällig ein Zeichen. Es war Zeit für uns aufzubrechen.

MACHEN SIE DAS VIEL FRÜHER! Nehmen Sie sich Zeit für eine Pause. Ob Sie mit Freunden umziehen oder mit einer Firma. Fangen Sie rechtzeitig mit den Vorbereitungen an. Eine der allerersten Sachen, die Sie unbedingt tun sollten, ist, eine Checkliste, eine To-do-Liste zu machen. Da gehört alles drauf. Egal ob es die

Adressänderung ist, die Sie allen Bekannten und Freunden sowie Ihrem Stromanbieter, Ihrer Zeitung oder sonst wem mitteilen
müssen, oder ob es nur um Kleinigkeiten geht, wie, den Kühlschrank rechtzeitig zu leeren. Auf diese Liste gehört alles drauf,
was Ihnen einfällt. Unwichtiges gibt es auf dieser Liste nicht. Das
sortiert sich von alleine aus. Gehen Sie die Liste in den Wochen
vor dem Umzug regelmäßig durch und haken Sie ab, was Sie
erledigt haben.

Alles, was Sie sowieso nie brauchen, können Sie in den Wochen
vorher nebenbei mal verpacken. Aber vor allem: Wenn in den
letzten Tagen mal der Eindruck aufkommt, die ganze Angelegenheit würde Ihnen zu viel werden, dann nehmen Sie sich felsenfest
vor, mindestens einmal am Tag für mindestens eine Stunde eine
Pause zu machen, in der Sie an nichts denken, was mit dem Umzug zu tun hat. Machen Sie sich einen Wein auf, wenn die Kinder
im Bett sind. Lehnen Sie sich zurück und denken an alles, was es
gibt, nur nicht an den Transport von Möbeln. Lauschen Sie einer
Ella-CD. Das hilft. Immer. Ich schwöre es!

14

DAS LETZTE HEMD HAT KEINE TASCHEN, DIE LETZTE WOHNUNG KEINEN KELLER

Wenn der Akquisiteur mal schätzt, dass die Kundschaft zweihundert Kartons brauchen wird, und wenn der Kundschaft vor dem Umzug hundert Kartons geliefert werden, weil sie schon mal einen Großteil einpacken will, und wenn man dann zum Umzug noch mal hundert plus (zur Sicherheit) fünfzig Extrakartons mitbringt, weil man den Rest verpacken soll, dann weiß jeder, dass das ein langer Tag werden kann. Wenn man dann allerdings im Laufe des Vormittags langsam mitbekommt, dass man mit den Kartons lange nicht auskommt und, na, so etwa hundertfünfzig Kartons zusätzlich brauchen wird, dann steht man erst einmal da und weiß nicht weiter. Natürlich hat der Umzugsleiter irgendwann das Telefon am Ohr, um im Büro Alarm zu schlagen. Material! Lkws! Verstärkung, die Kavallerie!

Unser Kunde war ein Messie, einer jener, die wirklich alles sammelten und sich von nichts trennen konnten. Wie seine Frau das ausgehalten hat, habe ich nicht begriffen. Wahre Liebe musste das sein. Oder Resignation. Keine Ahnung. Irrsinnige Zustände herrschten da in der Wohnung. Alle, aber auch alle Wände waren vom Boden bis zur Zimmerdecke mit vollgestopften Regalen bedeckt. Im Wohnzimmer blieb gerade mal ein Weg von der Tür zum Sofa. Alles andere war voll mit Stapeln von Büchern, Zeitschriften und elektronischen Teilen, wie alten Tonbandgeräten und Kassettenrekordern. Eine kleine Kammer im Flur war nicht zu betreten, weil einem beim Öffnen der Tür die Dinge entgegenkamen, wie in jener Szene bei Loriot, wo die Familie nach der Bescherung meint, man könne ja den ganzen Verpackungsmüll einfach ins Treppenhaus werfen, was aber schon alle anderen Nachbarn getan hatten. Es war der nackte

Wahnsinn, und an einem normalen Tag hätten wir alle die Nerven verloren, aber dieser Tag war nicht normal. Das Ganze war uns allen zu absurd, als dass wir noch schlechte Laune hätten entwickeln können. Zwei Kollegen machten sich daran, in der Wohnung alles in Kartons zu verpacken, die anderen schafften nach draußen, bis genug Platz war, dass noch mehr Kollegen verpacken konnten.

Wir haben Verstärkung und einen zusätzlichen Siebeneinhalbtonner bekommen und auch von denen, die später kamen, entwickelte niemand schlechte Laune. So was hatte eben noch keiner erlebt. Da staunt man dann eher, und dann beißt man sich da durch.

Glücklicherweise mussten wir abends nicht auspacken, denn das hätte eine wirkliche Katastrophe gegeben. Wie die Kunden das später geschafft haben, will ich gar nicht wissen. Die neue Wohnung war noch einen Tick kleiner als die alte, und vielleicht haben die nie alles ausgepackt, denn in Kartons ist das ja alles schon sehr praktisch verpackt, und dann hat man mehr Platz für Neues.

Jetzt würde jeder denken, so würde es nur bei Messies zu Hause zugehen, aber das stimmt nicht. Bei viel zu vielen Leuten habe ich diese Unmengen an überflüssigem Kram gesehen. Das ist ganz normal. Es kommt oft genug vor, dass wir zu wenig Bücherkartons dabeihaben, weil der Akquisiteur nicht auf die Idee gekommen ist, dass sich hinter den wohlsortierten Reihen von Büchern in den Regalen noch eine zweite Reihe befindet. Wer braucht denn das alles wirklich? Wozu werden billige Taschenbuchkrimis aufbewahrt, die niemals wieder jemand lesen wird?

Das ist aber auch manchmal lustig. Wenn ich bei Kunden Bücher verpacke und dann auf zwei Regalmeter mit Lebensratgebern stoße, die das »Loslassen-Können« behandeln, dann komme ich gerne mal ins Grinsen. Bei mir stehen nur Bücher im Regal, von denen ich weiß, dass ich sie noch mal lesen werde, oder Nachschlagewerke. Alles andere wird verschenkt. Genauso mit meinen Filmen. Viel zu viele DVDs habe ich mir in den letzten Jahren gekauft. Irgendwann musste ich mal umbauen, und da wurde dann der Platz zu eng. Etwa vierzig DVDs hatten keinen Platz mehr. Da musste ich aussortieren. Das ging aber ruck, zuck. Und dann freut sich jemand anders, der die Filme geschenkt bekommt. Das macht Spaß.

Ich liebe Bibliotheken, aber das Wort »Bibliothek« sollte dabei in seiner Altehrwürdigkeit erhalten bleiben und nicht einen Sammelplatz für billige Trivialliteratur bezeichnen, die dann die Erben an der Backe haben, wenn man selbst zur letzten Lesung antritt.

Genauso im Keller. Mein Gott, wozu stopfen die Leute immer ihren Keller voll?

Ich hatte mal eine Wohnung, in der ich nacheinander mit fünf verschiedenen Freunden wohnte. Ich habe nie etwas in den Keller dieser Wohnung gestellt, aber die Freunde haben. Als ich, nachdem ich ein paar Monate alleine da gewohnt hatte, ausgezogen bin, musste ich den Keller räumen, in den ich nie etwas reingestellt hatte und der trotzdem voll war. Was soll das? Wozu trägt man Sachen da hinunter, wenn die später wieder hochgetragen werden müssen? Raus damit und weg!

Es wäre mal interessant, wie viel potenzieller Wohnraum im Souterrain für Wohnungslose frei würde, wenn die Leute nicht mit ihrem Leben an jeder vergammelten Dachlatte und jeder zerkratzten Schallplatte hängen würden. Das mag sich übertrieben anhören, aber wenn man es hundertmal erlebt hat, wie der Inhalt eines Kellers, so wie er war, im neuen Keller wieder abgestellt wird, wenn man alte, nicht ausgepackte Kartons vom letzten Umzug im neuen Keller abstellt, auf dass die da auf den nächsten Umzug warten können, dann stellt man sich Fragen.

Ein Kunde hat mal das Problem mit seinem Sperrmüll auf ganz besonders elegante oder auch besonders absurde Art erledigt. Das war vor Jahren irgendwo zwischen Hamburg und Hannover. Wir hatten einen Siebeneinhalbtonner vollzuladen und das Ganze in ein anderes Bundesland zu transportieren. Ich weiß nicht mehr in welches. Wir waren schon gut zwei Stunden dabei aufzuladen, und ich machte mich im Wohnzimmer daran, ein Sideboard sorgfältig in Decken und Folie zu verpacken, als der Kunde meinte: »Ach, das brauchen Sie nicht. Das ist Sperrmüll.« Und dann erklärte er uns auf unsere Nachfrage hin, was denn alles Sperrmüll sei. Ein ganzes Drittel des Umzuges nämlich. Warum er denn den ganzen Müll überhaupt mitnehmen würde, fragten wir ihn, und er erklärte, dass der Transport ins andere Bundesland billiger sei als die Entsorgung in Niedersachsen, weil nämlich im neuen Zuhause die Sperrmüll-abholung umsonst sei. Da konnte ich nur noch den Kopf schütteln. Das war mal wieder alles nur noch Schwachsinn.

Immerhin hatten wir aber einen Job, der uns Geld brachte, weil es da in einem Bundesland Leute gab, die umsonst erledigten, wofür im anderen Bundesland Geld gefordert wurde. Und natürlich war es für uns bequemer, im neuen Zuhause die Sachen nicht in die Wohnung schaffen zu müssen. Wir brauchten den Kram nur vom Lkw runterzunehmen und in die Garage zu werfen. Toll! Toll bescheuert.

Ein Freund von mir erzählte mal, er hätte vor seinem letzten Umzug bei jedem, aber wirklich jedem Teil überlegt, wann er es das letzte Mal benutzt hatte. Alles, was er im letzten halben Jahr nicht gebraucht hatte, war rausgeflogen.

SORTIEREN SIE AUS! Ein Umzug ist *die* Gelegenheit, sich von alten Lasten zu befreien. Alles, was man noch gebrauchen kann, nehmen Ihnen soziale Einrichtungen ab. Verschaffen Sie sich Luft. Fangen Sie rechtzeitig an. Erkenn dich selbst!, heißt es ja gerne. Erkennen Sie, woran Sie wirklich hängen. Nostalgie kann ein schönes Gefühl sein, ist aber falsch verstanden, wenn die alten Bücher im Keller Feuchtigkeit ziehen. Wollen Sie sich an verschimmelten Erinnerungen weiden? Die Vergangenheit ist vorbei und lässt sich nicht konservieren. Ja, ich habe auch mal ein altes, längst vergessenes Buch aus meinen Kindertagen in einer Neuauflage entdeckt und es sofort gekauft. Zwei Tage habe ich mich an den Erinnerungen erfreut, dann stand es wieder unbeachtet da, von wo es vor vielen Jahren aussortiert worden war, im Regal.

Der Zauber, der einer plötzlichen Erinnerung innewohnt, lässt sich nicht aufbewahren, weil dieser Zauber immer von der zufälligen Entdeckung lebt. Und da erscheint es mir wie ein Glück, dass wir den elementarsten Sinn für Erinnerungen nicht konservieren können, sonst würde ich in meinem Job auch noch Geruchsbibliotheken transportieren ... Ach, und übrigens: Wann genau noch mal haben Sie zuletzt Ihr Raclette-Set benutzt?

15

DRUCKERTINTE IST VIEL ZU TEUER

Ich hatte den Wecker nicht gehört, also hatte ich verschlafen. Das fand ich mal wieder interessant. Normalerweise hört man ja doch ein bisschen was, und dann wird das Geräusch vielleicht in die Träume eingearbeitet, aber diesmal hatte ich absolut nichts gehört. Wahrscheinlich war mein Schlaf zu wichtig. Das Ohr macht ja nie Pause, und so wird irgendein Schlaferhaltungseffekt die Nervenübertragung unterbrochen haben, damit nichts aus der Außenwelt meine gesunde Erholung störte. Nur das Telefon drang zu mir durch, aber auch erst beim dritten Anruf, wie ich feststellte, als ich den Anrufbeantworter abhörte, während das Kaffeewasser im Schnellkocher erhitzt wurde. Der erste Text war noch recht nett.

»Karsten, wo steckst du? Es ist kurz nach acht.«

Beim zweiten wurde der Ton schon etwas rauer. »Sieh zu, dass du herkommst, ich habe keine Fahrer!«

Beim dritten Anruf sagte der Disponent schon nichts mehr. Nur im Hintergrund hörte ich kurz vorm Auflegen noch ein gemurmeltes »blödes Arschloch«.

Schnell goss ich Kaffee auf und rief zurück. Ich müsse mich beeilen, hieß es gleich, denn zu einem Umzug, bei dem die Kundschaft viele private Helfer hätte, sei der Kollege Gregor schon mit dem ersten Siebeneinhalbtonner vorgefahren, und das wäre ja nun nicht gut, denn Kollege Gregor hätte nicht gerade viel Ahnung davon, wie man einen Umzug mit vielen privaten Helfern über die Bühne bringt. Da hätte ich mich doch am liebsten gleich wieder hingelegt. Mit einem nicht wirklich kompetenten Kollegen und einer ganzen Anzahl Amateuren einen Umzug von etwa zehn bis zwölf Möbelwagenmetern zu erledigen gehörte nicht zu den Dingen, die mir Aussicht auf einen erträglichen Tag machten.

Ich lief zur Katzenwäsche ins Bad, nippte zwei, drei Mal am Kaffee und hetzte aus dem Haus.

An der Art, wie der Disponent den Anrufbeantworter vollspricht, kann man schon erkennen, wie die Situation am Tage ungefähr ist. »Sieh zu, dass du herkommst, ich habe keine Fahrer!«, lässt schon das Schlimmste befürchten. Da würden noch andere verschlafen haben. Wenn man der einzige Unpünktliche ist und die Arbeit für den Disponenten nicht schon am Morgen purer Stress ist, dann kann da auch mal Humor durchscheinen. An einem Morgen vor vielen Jahren, als ich das Telefon gehört und abgenommen hatte, hieß es am anderen Ende nur: »Ja, wir wären dann so weit, du kannst jetzt kommen.« Da denke ich gerne mal dran zurück.

Nachdem ich den zweiten Siebeneinhalbtonner abgeholt hatte, erreichte ich drei Stadtteile weiter den Umzug, eine Stunde nach dem Kollegen Gregor. Er stand auf seinem Lkw und versuchte, etwa dreißig Plastiksäcke mit Geschirr und anderem Inhalt zu einem Stapel aufzuschichten, um da dann obendrauf noch ein paar Stühle zu packen. An der Ladekante standen drei Kartons.

»Bin ich froh, dass du kommst«, sagte Gregor, während sein Haufen aus Säcken auseinanderrutschte.

»Wieso fängst du nicht mit Kartons an?«, fragte ich, und er guckte doof. Ein Helfer des Kunden kam mit einer Schranktür an, und ich wusste, dass ich mal ganz dringend in die Wohnung musste, um da oben eine Reihenfolge zu erklären. »Du kriegst jetzt erst mal Kartons«, sagte ich zu Gregor, »da kannst du dann die ganzen Säcke raufpacken. Ich mach dann später weiter, aber jetzt muss ich mal gucken gehen.«

Den Helfern erklärte ich, dass sie jetzt erst mal nur noch Kartons bringen sollten, dann lief ich in den zweiten Stock in die Wohnung der Kundin, deren Sohn, wie ich etwas später erfuhr, die Organisation des Umzuges übernommen und Freunde zum Helfen überredet hatte.

Die Kundin, eine Dame Mitte vierzig, lief aufgeregt durch die Wohnung und begrenzte im Stress ihr Vokabular auf »Passt doch bitte auf!« und »Seid vorsichtig damit!«.

Ein schneller Überblick machte mir klar, dass wir nicht wirklich zwei Lkws brauchen würden, dass aber auch schnelles Übernehmen der Regie von höchster Not war. Als im Wohnzimmer zwei Helfer einen Schrank in die Schräge kippten, um ihn rauszutragen, polterten in seinem Inneren die Einlegeborde und vergessenes Porzellan schepperte. Die Dame zuckte zusammen, die Helfer stellten den Schrank wieder hin. Ich bedeutete den beiden, den Schrank stehen zu lassen, weil jetzt sowieso nur Kartons dran seien, und fragte den Sohn, wo denn der Schlüssel vom Schrank sei.

»Den habe ich irgendwo verpackt«, sagte er, und ich erklärte, dass ich mich später darum kümmern würde. In der Zimmerecke stand ein junger Mann, dessen ruhige Ausstrahlung den Eindruck machte, er würde angesichts der Situation gleich beginnen, den Kopf zu schütteln. Ich bat ihn, zum Lkw zu gehen und meinem Kollegen bei Bedarf zur Hand zu gehen. Dann schnappte ich mir die Kundin und zog mich mit ihr in die Küche zurück, wo ich sie zuerst einmal zu beruhigen versuchte und ihr erklärte, dass jetzt, wo ich endlich da sei, alles gut werden würde. Und natürlich entschuldigte ich mich für mein Zuspätkommen, aber mein bester Freund hätte gestern seinen vierzigsten Geburtstag gefeiert.

Dann zückte ich mein Handy. Vor vielen Jahren habe ich mir schon oft gewünscht, dass wir auf Umzügen mit Sprechfunk ausgerüstet wären, damit man immer einen Kontakt zwischen Lkw und Wohnung herstellen könnte, so würden nämlich Informationen auf ihrem Weg durchs Treppenhaus nicht verloren gehen. Die Flatrate machte solches endlich möglich.

Ich rief Gregor an und erklärte ihm, wie er jetzt weiterpacken solle, dass wir ausreichend Platz hätten und er sich nicht zu stressen bräuchte. Außerdem hätte ich ihm einen Helfer geschickt. Ich bat ihn, mir Decken, Binder und Stretchfolie heraufzuschicken, und dann machte ich mich daran, mit der Kundin bei einem Rundgang durch die Wohnung die restlichen Details zu besprechen. Nebenbei behielt ich immer im Auge, was die Helfer so veranstalteten.

»Was machen wir denn mit meiner Matratze?«, fragte die Kundin, die den Freunden ihres Sohnes nicht mehr allzu viel zutraute.

»Da haben wir natürlich eine Hülle für«, sagte ich, und die Kundin entspannte sich ein wenig, angesichts der Möglichkeit, dass ihr Bett unverschmutzt in der neuen Wohnung ankommt.

Als Decken und Stretchfolie in der Wohnung auftauchten, machte ich mich daran, die empfindlichsten Möbel einzuwickeln, und noch ein paar mehr. Die Mutter war nicht die Einzige, die an den Freunden ihres Sohnes zweifelte. Es konnte mir zwar egal sein, was die alles kaputt machten, aber ich wollte, dass mich die nette Frau, die jetzt in der Küche ein Frühstück bereitete, in guter Erinnerung behielt.

Warum er eigentlich so viel Geschirr in Plastiksäcke verpackt hätte, fragte ich den Sohn. Die Kartons hätten nicht gereicht, erklärte er, als ich im Flur einen DIN-A4-Zettel liegen sah, an dem ein Streifen Tesafilm klebte. *Wohnzimmer-Geschirr* stand darauf in fetter Schrift aus dem Drucker. Ich schaute mich um. Auf allen Kartons klebte solch ein Zettel, mit einem Streifen Tesafilm befestigt. Da war es wieder, dieses Phänomen: Wer einen Computer hatte, der wollte ihn auch benutzen, anstatt zur einfachen Methode zu greifen und einen Stift zu nehmen. Von diesen Zetteln würde kaum die Hälfte in der neuen Wohnung ankommen. Und so war es dann auch beim Abladen so, dass nur wenige der Kartons am richtigen Platz landeten. Immer wieder versuchte die Mutter zu dirigieren, aber dazu hätte sie in jeden zettellosen Karton hineinschauen müssen, doch dazu ging das Abladen ins Erdgeschoss hinein einfach zu schnell.

Bei vielen Umzügen war mir das schon auf die Nerven gegangen, wenn die Kunden nicht anständig beschriftet hatten und mich bei jedem Gang in die Wohnung aufhielten, um den Karton, den ich in den Armen hielt, zu öffnen und dann ewig zu überlegen. Heute tat mir nur die Mutter leid, die ihren Umzug den Fähigkeiten ihres Sohnes anvertraut hatte. Sie saß am Ende des Umzugs erledigt im Wohnzimmer und schien nicht zu wissen, wie sie das Auspacken ihrer etwa achtzig bunt in der Wohnung verstreuten Kartons bewältigen solle.

»Dabei helfe ich dir natürlich«, sagte der Sohn, und sie sah ihn stumm an. Ich konnte nicht einschätzen, was sie wohl dachte. Entweder »Da kannst du aber Gift drauf nehmen, dass du mir dabei hilfst!« oder »Du wirst hier gar nichts mehr anfassen!« – beides schien mir möglich.

Den Schrank aus dem alten Wohnzimmer, in dem es am Morgen gerumpelt und gescheppert hatte, haben wir nicht mehr aufbekommen, um ihn leer zu räumen. Ich habe ihn sorgfältig in Decken gepackt und mit Folie umwickelt, und dann haben Gregor und ich ihn sehr vorsichtig zum Lkw gebracht. Immer möglichst hochkant, damit es nicht wieder rumpelte und schepperte.

»Wenigstens zwei, die was davon verstehen«, hatte die Mutter gesagt, und am Abend versicherte sie, dass, sollte sie jemals wieder umziehen müssen, sie auf jeden Fall nur noch Profis bestellen würde.

JE GRÖSSER IHR UMZUG IST, desto eher müssen Sie möglichst viel in Kartons verpacken. Sie können immer welche nachbesorgen. Geschirr hat in Plastiksäcken nichts zu suchen, da kann man mal Bettwäsche und Klamotten drin verstauen. Auch die beliebten Obstkisten eignen sich nur für kleinere Umzüge, deswegen heißen Sie ja auch Obstkisten und nicht Umzugskisten. Der Karton ist das Umzugsgerät schlechthin, in jahrzehntelanger Entwicklung von den besten Spezialisten dieser Welt immer wieder verbessert.

Aber auch ein Umzugskarton geht irgendwann kaputt, und deswegen brauchen Sie sich nicht zu scheuen, den Karton mit einem fetten Edding zu beschriften. Die Aufschrift beschädigt den Karton nicht, und der nächste Kunde, der einen gebrauchten Karton kauft, muss nur die alte Aufschrift durchstreichen und eine neue anbringen. Jede Spedition nimmt gebrauchte Kartons zurück, auch wenn sie beschriftet sind. Hauptsache, der Karton ist noch heil. Zettel fallen vom Karton ab, es sei denn, Sie kleben die da mit Sekundenkleber drauf, aber der hinterlässt schlimmere Spuren als ein Stift.

Schließen Sie Ihre Schränke nicht ab, wenn Sie die leergeräumt haben, das nützt eh nichts, weil die Schlösser auch gerne mal versagen, wenn der Schrank in die Schräge kippt. Jeder, der einen Schrank tragen will, soll sich selbst überzeugen, dass der leer ist, dass alle losen Teile wie Bretter draußen sind. Dann kann man die Türen zubinden und alles ist gut. Sammeln Sie alle Schlüssel an einer Stelle, manchmal braucht man sie, manchmal nicht, aber immerhin wissen Sie nach dem Abladen, wo die sind, und haben Sie schnell zur Hand.

16

NEUES LEBEN, NEUES GLÜCK?

Im Garten traf ich Niklas, den fünfjährigen Sohn meiner Nachbarn. Er saß auf dem Rand der kleinen Sandkiste und stocherte lustlos mit einem Stock im Sand.

»Alles klar?«, fragte ich, als ich mich zu ihm setzte.

»Ich will nicht umziehen«, sagte er. »Bloß weil Papa eine neue Arbeit hat, muss ich nach Berlin. Ich will da nicht hin.«

Das konnte ich verstehen. Keine zehn Pferde hätten mich nach Berlin gebracht. Das lag nicht daran, dass ich langsam alt wurde, das war schon immer so. Eher würde ich nach Flensburg ziehen. Aber hier ging es nicht um mich.

»Vielleicht ist Berlin ja auch ganz nett«, sagte ich.

»Aber da kenne ich doch keinen«, sagte Niklas.

»Hm«, machte ich. »Als du in den Kindergarten gekommen bist, kanntest du da ja auch keinen. Und dann hast du da Freunde gefunden.« Ich hätte mir auf die Zunge beißen können. Die Freunde aus dem Kindergarten würden natürlich nicht mit nach Berlin gehen. Niklas schaute traurig auf seinen Stock. »He!«, sagte ich. »Wenn du in Berlin in die Schule kommst, dann lernst du neue Freunde kennen.« Ich wusste, dass das für ihn im Moment ein schwacher Trost war, darum erzählte ich ihm, wie ich als kleiner Junge von Süddeutschland nach Hamburg gezogen war, und dabei versuchte ich, es zu vermeiden, ihm zu erzählen, wie schnell ich die alten Freunde vergessen hatte. Das hätte jetzt überhaupt nicht gepasst. Ich erzählte ihm, wie aufregend die neue Umgebung in Hamburg für mich gewesen war, aber auch das half ihm nicht weiter.

»Du bist wenigstens nach Hamburg gezogen«, sagte er. »Ich muss nach Berlin. Da kann man ja nicht einmal an die Elbe gehen.«

»Aber in Berlin gibt es auch so was wie die Elbe«, sagte ich.

»Echt?«

»Ja, da gibt es die Spree und die Havel, und ganz viele Seen. Da kann man auch baden gehen und segeln. Und wusstest du, dass man mit dem Boot von Berlin nach Hamburg fahren kann?«

»Wirklich?«

»Na klar.«

Niklas dachte einen Moment nach. »Aber das ist doch so weit weg.«

»Mit dem Boot vielleicht. Aber mit dem Auto fährt man nicht so lange. Da kannst du bestimmt mal schnell nach Hamburg zu Besuch kommen.«

»Und du?«, fragte er.

»Ich?«

»Kommst du uns auch mal besuchen, in Berlin?«

»Wer weiß?«, sagte ich. »Wenn ich mal da bin, dann guck ich bestimmt vorbei.«

»Bist du oft in Berlin?«, fragte er, als glaube er mir dieses »wenn ich mal da bin« nicht ganz.

»Na ja«, sagte ich. »Ich mache ja nicht nur euren Umzug dahin.« Niklas' Eltern hatten sich natürlich an mich gewandt, als sie wussten, dass sie umziehen würden, und ich hatte in meiner Firma für einen anständigen Preis gesorgt. »Ich mach das ja noch für andere Leute. Manchmal bin ich jede Woche einmal in Berlin. Und wenn ich dann Zeit habe, dann besuche ich euch.«

»Versprochen?«

»Klar.«

Niklas hat sich während des Umzugs gut gehalten und hat fleißig mit angepackt. Weil er eingebunden wurde und mitmachen durfte, hat er über die Aufregung viel vom Abschiedsschmerz vergessen. Er hatte Glück. Er kannte einen der Möbelpacker, also durfte er einen Großteil der Strecke ins neue Heim im Lkw mitfahren. Das war spannend. Nicht alle Kinder können ihren Umzug so erleben. Aber allen kann man über die Angst vor dem Neuen hinweghelfen.

MACHEN SIE IHREN KINDER RECHTZEITIG KLAR, was auf sie zukommen wird. Ein Kind, das umzieht, verliert von einem Tag auf den nächsten seine vertraute Umgebung. Bereiten Sie Ihr Kind oder Ihre Kinder auf die neue Stadt vor. Versuchen Sie nicht, Ihr Kind zu »überreden«. Machen Sie vielmehr Ihrem Kind die neue Stadt schmackhaft. Suchen Sie die tollen Seiten der neuen Stadt, und erklären Sie die Ihrem Kind. Sorgen Sie dafür, dass Ihr Kind gespannt ist auf die neue Umgebung.

Aber nehmen Sie trotzdem die Angst des Kindes nicht auf die leichte Schulter. Keine Werbung für das Neue kann wirken, wenn Sie die Angst vor dem Verlust der alten Freunde nicht ernst nehmen. Bügeln Sie das nicht ab. Erklären Sie, wie leicht es sein wird, sich gegenseitig in den Ferien oder an Wochenenden zu besuchen, und stehen Sie zu Ihrem Wort, das auch zu tun. Das ist eine wichtige Stütze für das Kind, dieses Vertrauen, die alten Freunde wiedersehen zu können, auch wenn die Kinder sich in der neuen Welt dann schneller einleben als Sie, ihre Eltern.

17

WIE ICH EINMAL WEGEN ARBEITS-VERWEIGERUNG MEINEN JOB VERLOR

Auf unserem Weg zum Umzug hatten wir gute Laune. Es war ein Samstagmorgen im Mai mit heiterem Wetter und heiteren Kollegen. Sunny war dabei und Otis sowie ein Lehrling, eine Aushilfe und ein Zeitarbeiter. Lediglich dreißig Kubikmeter sollten wir aus dem Erdgeschoss zwei Straßen weiter in den vierten Stock bringen. Zwei oder drei Schrankmontagen waren angesagt, aber die würde Sunny locker erledigen, während wir anderen schleppten.

Dass kein Akquisiteur vor Ort gewesen war, um sich die Sache anzugucken, dass der Kostenvoranschlag per Internet aufgrund einer Liste erstellt worden war, das erfuhren wir erst so nach und nach, als wir bei der Kundschaft angekommen waren. Bevor wir jedoch die Kundschaft trafen, traf uns der Schock: Zwischen Straße und Haus, in dem die Kunden im Erdgeschoss wohnten, befand sich eine Treppe mit etwa hundert Stufen. Das Haus lag am Hang. Eine andere Zufahrt gab es nicht. Das Ganze sah ungefähr so aus wie in dem Film mit dem Klaviertransport von Stan Laurel und Oliver Hardy, nur war die Treppe bei denen nicht so lang.

Während ich den Lkw abstellte, wussten wir, dass uns der Samstag versaut war. Zumindest Otis, Sunny und ich wussten das. Was Aushilfen, Lehrlinge und Zeitarbeiter in solchen Momenten denken, ist mir nicht immer klar.

Als wir uns an den Anstieg zum Haus machten, hatte Otis, der heute der Umzugsleiter war, schon das Handy am Ohr, um Verstärkung zu bestellen. Natürlich würde der Disponent sagen, wir sollten doch erst einmal gucken. Aber es war Samstag, und da wollte Otis so früh wie möglich Alarm schlagen, denn am Samstag Verstärkung aufzutreiben ist nicht gerade einfach. Da musste verhaftet werden, wer sich da vielleicht zufällig noch auf dem Firmenhof herumtrieb oder wer nur einen kurzen Umzug hatte, und zwar am besten, bevor er zu intensiv Pläne für seinen frühen Feierabend geschmiedet hatte.

Im Haus ereilte uns der nächste Schock. Es waren fast nur schwere Zweierteile zu transportieren. Möbel also, die man nur zu zweit tragen konnte. Außerdem waren nicht »zwei oder drei« Schränke zu montieren, sondern noch etliches mehr, wie komplizierte Regalsysteme, Wandaufhängungen für drei Flachbildfernseher in verschiedenen Zimmern, ein riesiger Wandspiegel im Flur und verschiedene Deckenlampen. Und natürlich musste das alles wieder aufgebaut und angebracht werden. Mit anderen Worten: Wir waren hoffnungslos unterbesetzt. Und wahrscheinlich würden wir sogar zweimal fahren müssen, weil noch gar nicht raus war, ob das alles auf unseren Lkw passen würde.

Für diesen Umzug würden wir neun oder zehn Profis brauchen, schon allein, weil Sunny mit den Montagen niemals an einem Tag fertig werden konnte.

Aber wir waren nur drei Profis. Dazu ein schwerhöriger Aushilfsmöbelpacker, der sein Hörgerät nicht dabeihatte, ein Zeitarbeiter, der »auch schon zwei oder drei« Umzüge gemacht hatte, und ein sechzehn- oder siebzehnjähriger Lehrling, der sowieso nur acht Stunden arbeiten durfte.

Ich musste aus diesem Haus raus. Ich wollte das nicht sehen, wollte nicht fühlen, was uns bevorstand, auch wenn es meine Knochen schon sehr genau fühlten.

Wir gingen zum Lkw, um, wie wir den Kunden sagten, »Material zu holen«. An der Ladekante glotzten wir uns ratlos an.

»Und jetzt?«, fragte Otis.

»Ich geh da nicht mehr rein«, sagte Sunny.

»Was?«

»Das mache ich nicht mit. Ich habe keinen Bock mehr, mich verarschen zu lassen.«

»Lass mich doch erst mal telefonieren«, sagte Otis. Und kurz darauf erklärte er dem Disponenten, dass der Umzug abgebrochen werden müsse, dass man an einem anderen Tag mit anständiger Besetzung kommen müsse. Der Disponent telefonierte nun seinerseits mit den Kunden, dann rief er wieder Otis an. Der Umzug müsse auf jeden Fall heute über die Bühne, die Kunden hätten sich darauf verlassen und wären dem Vermieter und dem Nachmieter gegenüber in der Pflicht. Aber er, der Disponent, würde sich um Verstärkung kümmern. Das hieß letztlich, dass er andere Kollegen nach deren Umzügen vorbeischicken würde.

Mir war das egal. Ich sah nur die Quälerei, die mir für den Rest des Tages bevorstand.

»Wieso streiken wir nicht einfach alle?«, fragte ich. »Das wäre vollkommen rechtens, denn das hier, das ist ja wohl eine grob fahrlässige Verletzung der Fürsorgepflicht seitens des Arbeitgebers.«

Sunny nickte. Otis guckte verzweifelt, denn sein Job stand wegen einiger Verfehlungen in den letzten Monaten, wie häufigem Zuspätkommen, sowieso auf der Kippe. Die anderen drei guckten, als hätten sie nicht recht verstanden, was ich gemeint haben könnte. Es gibt ja Leute, die »Arbeitsverweigerung« für einen Begriff aus einem merkwürdigen Paralleluniversum zu halten scheinen, wo andere Gesetze herrschen als in unserem, wo Arbeitsverweigerung schon rein von der Physik her gar nicht möglich war. Irgendwie so.

Sunny wusste genau, wovon ich redete, und darum ist er dann auch abgehauen. »Passt auf mein Werkzeug auf«, hat er noch gesagt, als er sich auf den Weg zur S-Bahn machte.

Otis rief im Büro an. »Sunny hat sich verpisst«, sagte er, und dann lauschte er nur noch, wobei er extrem erschöpft aussah. Erschöpft von seinem Job, erschöpft vom Leben, erschöpft von seiner Ausweglosigkeit.

»Also«, sagte er nach dem Gespräch mit dem Disponenten. »Blondie kommt nach seinem Umzug und noch ein Zeitarbeiter.«

»Toll«, sagte ich trocken.

»Das ist ja noch nicht alles«, sagte Otis. »Er will ja noch mehr besorgen.«

Die vier schnappten sich Material und machten sich auf den Weg. Otis drehte sich noch einmal um. »Und, haust du auch ab?«

»Ich weiß nicht.« Ich zögerte noch. Meine Lage war genauso aussichtslos wie die von Otis. Wenn ich ginge, würde ich meinen Job verlieren, und wer verliert als Ungelernter heutzutage schon gerne seinen Job. Aber wahrscheinlich würde ich meinen Job nur für ein, zwei Wochen verlieren, weil die Firma ja eh immer Leute brauchte, die was vom Möbelpacken verstehen und obendrein noch einen Lkw-Schein haben. Das war alles gar nicht mein Problem. Mein Problem war ein ganz anderes. Das merkte ich, als ich mir an der Ladekante eine Zigarette ansteckte. Wenn ich heute nicht nach Hause ginge, dann würde ich das niemals tun. Dann würde ich mir alles gefallen lassen, für immer. Darum ging es. Oft schon hatte ich an meinem Job und den Umständen verzweifeln wollen. Aber wenn ich heute dabei bliebe, dann würde ich jeden letzten Gedanken an Flucht begraben haben. Das war mir klar.

Sunny wusste genau, dass die ihn in der Firma brauchten, und Sunny hatte sich auch vorher noch nie vom Acker gemacht. Es würde Ärger geben, aber vielleicht auch für den Disponenten, der diesen Job geplant hatte. Sunny haute mit seinem Abhauen sozusagen mal auf den Tisch. Wenn ich ginge, dann wäre ich weg. Das wusste ich, und es machte mir die Entscheidung nicht leicht.

Nach zwanzig Minuten kam Otis zum Lkw. »Ich mach Schluss, wir brechen ab!«, sagte er. Beim Versuch, mit dem Lehrling ein schweres Sideboard zu tragen, hatte er sich die Brille verbogen. »Wie soll das denn gehen? Der Typ kann das nicht!« Und schon hatte er wieder das Telefon am Ohr. »Ich kann nicht mehr!«, rief er in den Hörer. »Ich kann einfach nicht mehr!« Aber dann hat der Disponent noch einmal auf ihn eingeredet, und Otis hat sich noch einmal in die Umstände gefügt.

Er grinste sogar, als er das Handy ausknipste. »Sunny ist gefeuert«, sagte er. »Und du auch, wenn du gehst.« Ich nickte. Für Sunny war das ein Witz, für mich ein Angebot, das mir gerade recht kam. »Ihr macht das genau richtig«, sagte Otis. Dann schaute er zu Boden und schüttelte langsam den Kopf. »Ich kann das nicht. Wenn ich den Job verlier, verliere ich meine Wohnung. Dann bin ich der letzte Penner.«

Ich habe dann am Sonntag telefoniert, denn ich bin ja neugierig. Der Umzug hat bis abends halb elf gedauert, und die Kunden waren am Ende genauso fertig wie die Möbelpacker. Ja, es waren noch einige andere Kollegen gekommen. Sogar der Disponent war erschienen und außerdem hatte er einen Kollegen aus dem Urlaub geholt. Er hat sich also wirklich ins Zeug gelegt. Das war sehr anständig, und außerdem war er ja nicht der Idiot gewesen, der den Auftrag angenommen hatte. Der Idiot, der das getan hatte, hatte seinen freien Samstag in aller Ruhe genossen.

Aber das war mir auch alles egal. Ich hatte an jenem Samstag einen Punkt erreicht, an dem mir meine Knochen und mein eigenes Selbstverständnis wichtiger waren als alles andere. Manchmal muss man einfach gehen.

WENN SIE MIT EINEM AKQUISITEUR TELEFONIEREN und der Sie fragt, in welchem Stockwerk Sie wohnen, dann bedeutet diese Frage: Wie viele Stufen sind es bis zu Ihrem eigenen Eingang, bis zu Ihrer Haus- oder Wohnungstür? Im Blankeneser Treppenviertel würde niemand auf die Idee kommen, schlicht von »Erdgeschoss« zu reden, wenn man erst einmal hundert Stufen hinter sich bringen muss, um das Haus überhaupt zu erreichen. Aber wenn der Disponent »Treppenviertel« hört, dann ist er eh alarmiert. Bei anderen Gegenden ist das nicht so.

Seien Sie ehrlich, wenn Sie einen Kostenvoranschlag telefonisch oder per Internet erstellen lassen. Machen Sie richtige

Angaben. Es ist kein Vorteil für Sie, das eine oder andere Möbel-stück zu verschweigen, oder gar die hundert Stufen vor Ihrem Erdgeschoss. Wenn der Akquisiteur Sie fragt, ob man vor dem Haus mit dem Lkw parken kann, dann meint er direkt vor dem Haus und nicht »Ja, da unten, am Fuße des Hangs«.

Sie haben nichts davon, wenn Sie Dinge verschweigen, denn erstens kann sehr viel nachberechnet werden, schließlich gelten Ihre Angaben als Grundlage des Vertrags, und zweitens haben nicht nur die Möbelpacker Stress, wenn sie unterbesetzt bei Ihnen auftauchen. Den Stress werden auch Sie selbst zu spüren bekommen. Aber hallo!

Und wenn Sie ohne Spedition umziehen, dann erzählen Sie Ihren Freunden, die Ihnen helfen wollen, ja auch nicht »Och, das ist ganz einfach, wir wohnen ja im Erdgeschoss«, auch wenn Ihr Haus am Hang liegt.

18

PREIS UND LEISTUNG

Stellen Sie sich einmal vor, Sie gehen zum Schlachter und hören folgenden Dialog: »Was kosten bitte hundert Gramm von dem Rinderhack?«

»Eins fünfzig.«

»Gut, dann nehme ich zweihundert Gramm.«

»Hier. Das macht dann drei Euro, bitte.«

»Aber Sie haben gesagt eins fünfzig!«

»Ja, für hundert Gramm. Sie wollten aber zweihundert.«

»Eins fünfzig! Sie haben gesagt eins fünfzig!«

»Sie verstehen nicht. Eins fünfzig ist der Preis für hundert …«

»Sie haben gesagt eins fünfzig!«

»Ja, für hundert Gramm.«

»Reden Sie sich nicht heraus! Wir hatten eine klare Absprache, ich bezahle eins fünfzig, basta!«

Das geht jetzt zehn Minuten so, bis der Schlachter entnervt aufgibt, das Hack für den halben Preis verkauft und minus macht.

Sie meinen, das klingt absurd und solches würde man nie erleben? Ja, beim Schlachter natürlich nicht, aber wenn man Möbelpacker ist, dann kann man so etwas immer wieder erleben. Und viel zu oft kommen die Kunden damit auch noch durch, wobei das dann natürlich immer die sind, die sowieso die meiste Kohle haben.

Es war vor ein, zwei Jahren, als ich mit Sunny und einem sechzehnjährigen Lehrling einen Umzug von zwei oder drei Möbelwagenmetern zu erledigen hatte, also zehn oder fünfzehn Kubikmetern. Gar nicht mal so viel eigentlich, wenn man bedenkt, dass die ganze Angelegenheit aus dem ersten Stock heraus und ins Erdgeschoss hineingehen sollte. Es könnte also ein früher Feierabend werden oder zumindest einer zu angemessener Zeit.

Einzig wegen des jugendlichen Lehrlings hatte ich Bedenken. Nicht, dass ich etwas gegen Jugendliche hätte, ich war ja schließlich selbst mal einer, aber ich fand es einfach skandalös, wie da so ein junger Kerl, der sich noch im Wachstum befand, im Rahmen einer »Ausbildung« zum Möbelschleppen gezwungen wurde. Die lernen da irgend so einen Mix aus Möbelmontage, Lagerarbeit, Küchenmontage und Umzugsarbeit und gehen auch zur Schule, und zum Schluss werden sie mit der Bezeichnung irgendeines »Berufes« etikettiert dem Markt zur Verfügung gestellt. Da schleppt dann der Sechzehnjährige aus Billstedt für den Sechzehnjährigen aus Harvestehude die Möbel ins Zimmer, und beide lernen schon einmal, wo ihr Platz in unserer Gesellschaft ist. Der eine gibt Anweisungen, der andere befolgt sie. In zwei, drei Jahren ist die Zeit reif und ich schreibe ein Remake von Mark Twains *Der Prinz und der Bettelknabe* oder eine moderne Fassung von *Oliver Twist*.

Klar, natürlich muss nicht jeder seine Teenagerjahre bekifft in der Ecke verbringen, wo ich als junger Mensch viel Zeit verbracht habe, aber zu sehen, wie eines der reichsten Länder der Welt seine Jugendlichen verheizt, das will mir nicht in den Kopf. »Geil: Billige Arbeitskraft. Ab auf die Treppe mit dem!« Das habe ich oft genug mitgekriegt, und da habe ich Sachen erlebt, wo ich doch erst mal lieber meinen Anwalt frage, bevor ich die aufschreibe.

Immerhin: Eine Möglichkeit haben die Minderjährigen. Die können immer, wenn sie keinen Bock mehr haben, sagen: »Nö, jetzt ist es sechzehn Uhr. Ich gehe nach Hause.« So ein bisschen passt die Handelskammer oder wer auch immer auf die, die sich trauen, ja noch auf. Und die, die sich trauen, die gefallen mir dann besonders, wenn sie uns andere Möbelpacker mitten in riesigem Umzug hängen lassen und in den Feierabend gehen. Das meine ich ganz im Ernst. Die lassen ja nicht uns hängen, die nehmen ihre Rechte wahr. Geile junge Leute!

Wie auch immer: Der Junge, den Sunny und ich an jenem Tag dabeihatten, der hat an jenem Tag mal auf seine Rechte geschissen und ist bis zum Ende geblieben, und das war dann auch klasse. Als wir morgens zum Aufladen bei der Kundschaft ankamen, hatte ich sofort das Gefühl, dass das heute länger dauern würde, obwohl wir ja gar nicht so wirklich viel zu transportieren hatten, aber manchmal riecht man es einfach.

In einer kleinen piekfein eingerichteten Wohnung empfingen uns eine ältere Frau, die jeden von uns einzeln mit skeptischem Blick von oben bis unten musterte, und eine alte Dame: die Kundin und ihre Schwiegermutter, welche diejenige war, die heute umziehen sollte, und zwar ins Altersheim. Und kaum hatten wir kapiert, worum es heute gehen sollte, kramte ich aus meinem inneren Lager der Vorurteile das passende heraus: eine humorlose, verkniffene Frau, die die Operation des Umsiedelns der Mutter ihres Gatten, mit der sie im Folgenden recht herrisch zu sprechen pflegte (»Du setzt dich jetzt mal hier hin!«), möglichst schnell hinter sich bringen wollte.

Es war ein kleiner Haushalt einer alleinstehenden Frau und mir war schnell klar, dass die Menge des Transportguts tatsächlich dem Kostenvoranschlag zu entsprechen schien. Der Kostenvoranschlag war nämlich aufgrund telefonischer Ansagen der Kundschaft erstellt worden, und da kann das Ganze auch schon mal in die Hose gehen, weil Kunden das alles nicht immer wirklich genau nehmen. Das Einzige, was mich etwas schreckte, war der Umstand, dass wir nur Möbel zu transportieren hatten, und das waren fast alles Zweierteile, also Möbel, die man zu zweit tragen musste. Das entsprach zwar der Zusammenstellung unseres Teams, denn Sunny würde die ganze Zeit montieren müssen, aber des Lehrlings war ich mir nicht sicher. Zum Glück hat er den ganzen Tag nicht schlappgemacht.

Das Ganze sah so aus: Eine Stunde Geschirreinpacken war nach den Angaben der Kunden kalkuliert worden. Es wurden drei daraus. Zwei Stunden Möbelmontage waren vorgesehen, es wurden sechs, und das war nicht Sunnys Schuld. Es kamen nämlich noch ein paar Deckenlampen dazu, die die Kunden unserem Akquisiteur verschwiegen hatten, sowie eine Vitrine, die so instabil, wie sie in der Ecke stand, unmöglich schadensfrei transportiert werden konnte. Und dann war da noch eine andere Vitrine, die an eine zweite Abladeadresse geliefert werden sollte, wovon im Kostenvoranschlag auch nicht die Rede war. Na gut, das war relativ um die Ecke, das konnte man schon mal nebenbei machen, schließlich ist der Kunde ja König (als wäre die Monarchie nicht abgeschafft).

Wir standen also in diesem Haushalt, in dem ich mich von Anfang an wie ein nur unter schwerster Anstrengung tolerierter Fremdkörper fühlte (ich schnüffelte sogar unwillkürlich, ob ich nicht zufällig etwas muffeln würde – und überhaupt: Hatte ich beim Duschen auch den Hals nicht vergessen?), und beratschlagten, wie wir vorgehen sollten. Klar: Als Erstes würden wir das Geschirr einpacken und die Kartons aufladen, dann ein paar Möbel dazu, damit Sunny Platz hatte zu montieren, und ich würde zwischendurch die Vitrine an der anderen Adresse abliefern, zusammen mit dem Lehrling, den ich jetzt der Einfachheit halber mal Shorty nenne. Zum einen war er wirklich etwas kurz, zum anderen höre ich beim Schreiben gerade Trombone Shorty und irgendwo muss man seine Ideen ja hernehmen.

Sunny begann, das Schlafzimmer zu zerlegen, Shorty packte Geschirr ein und ich machte mich daran, das antike Sideboard und andere Möbel in Decken zu hüllen und mit Stretchfolie zu umwickeln. Hier musste extrem sorgfältig vorgegangen werden, das hatte ich gleich zu Anfang kapiert. Die alte Dame saß auf dem Sofa, ihre Schwiegertochter lebte Ungeduld und telefonierte zwischendurch immer wieder, ich glaube mit ihrem Mann. Sie wirkte, als wollte sie die Großmutter genauso schnell loswerden wie uns Möbelpacker.

Schließlich beluden Shorty und ich den kleinen Lkw, mit dem wir gekommen waren, und als er halb voll war, packten wir noch die Vitrine für die zweite Adresse drauf und fuhren erst mal los. Die Atmosphäre bei der zweiten Abladeadresse war das Piekfeine der Wohnung der Schwiegermutter zu einer höheren Potenz erhoben.

Natürlich mussten wir den Weg von der Haustür bis zum Standort der Vitrine im Wohnzimmer mit Bodenschoner auslegen, obwohl es draußen trocken war und wir auch schlicht am Eingang unsere Schuhsohlen hätten kontrollieren können. Aber wahrscheinlich dachte die Frau daran, die Kosten des Dekontaminationsteams, das uns folgen würde, so gering wie möglich zu halten.

Nie habe ich ein einziges Möbelstück so langatmig und pingelig irgendwo hineintransportiert. Eine Dreiviertelstunde für eine Vitrine ins Erdgeschoss! Und dann musste die Vitrine noch mal ein Stück nach links, dann wieder nach rechts, und nein, so passt es dann doch noch nicht, also wieder nach links. Alles so perfekt, auf den Millimeter genau, wie es einer leblosen Vorstellung von Wohnen entsprach. Das war wie bei Luis Buñuel. Ich glaube, es war in *Das Gespenst der Freiheit*, wo da dieser Typ auf dem Sofa sitzt und auf den Kamin blickt, der sich im Off befindet. »Also nein«, oder so was Ähnliches sagt er. »Das ertrage ich einfach nicht länger. Diese ewige Symmetrie!« Und dann steht er auf, geht zum Kaminsims und rückt einen einzigen der Gegenstände, die da stehen, ein paar Zentimeter aus der Ordnung heraus. »So ist es besser.«

Das war die Stimmung, die im Haus unserer Kunden herrschte, allerdings hatten die das noch nicht begriffen. Während wir mit Hilfe ausgeklügeltster Technologie die Vitrine auf ihren richtigen Standpunkt transferierten, sagte die Kundin immer wieder: »Und seien Sie bitte vorsichtig mit der Wand.« Einen Kontakt mit der Schulter eines Möbelpackers hätte die Wand nämlich nicht überstanden, und die Leute hätten ihr Haus wohl verkaufen müssen, allerdings wäre der Preis dann aber schon im Keller, wegen der Verunreinigung. Der alte Otto-Sketch fiel mir ein, wo eine Hausfrau endlich das beste aller Reinigungsmittel gefunden hatte, sodass am Ende nur noch ein einziger Keimherd in der Küche übrig blieb: sie selbst. Ich wusste nicht, ob unsere Kunden Kinder hatten, aber manchmal frage ich mich, wie solch aseptische Leute sich fortpflanzen. Wahrscheinlich möglichst vollbekleidet, Handschuh an, Licht aus, und dann Kondome benutzen, in die vorher ein Loch gepikst wurde. Ist ja sonst alles voll eklig!

Schließlich konnten wir aber doch zu Sunny zurückfahren, und der hatte dann auch gerade alle Montagen erledigt, sodass wir den Rest aufladen und zum Altersheim, dem neuen Zuhause der Schwiegermutter, fahren konnten. Und da fing dann der Blödsinn erst richtig an.

Wenn ein Akquisiteur hört, ein Umzug solle in ein Altersheim ins Erdgeschoss hinein abgeladen werden, dann fragt er gerne mal nach den Wegen, die innerhalb des Altersheimes anfallen, schließlich können die alten Leute nicht alle neben dem Eingang wohnen. Da werden die Wege dann in den Transportpreis eingearbeitet. Wir Möbelpacker sind aufgrund unserer Erfahrung sowieso vorbereitet.

Was Sunny, Shorty und mir aber an jenem Tag geboten wurde, das hatte ich wieder einmal noch nicht erlebt. Wir sollten zum Abladen hintenrum fahren und durch die Einfahrt zur Tiefgarage die Möbel ins Haus schaffen. Das ist vielleicht noch nicht unbedingt ungewöhnlich, aber wenn man erst einmal zehn Minuten lang immer wieder auf die Klingel gedrückt hat, ohne eine Reaktion zu erhalten, dann merkt man langsam, dass da irgendwas nicht stimmt.

»Das ist mir hier zu doof«, sagte Sunny, und latschte davon, um durch einen anderen Eingang in das Heim einzudringen und die Kunden zu suchen. Und kaum war er die kleine Straße hinab und um die Ecke verschwunden, öffnete sich plötzlich das Tor zur Tiefgarage. Shorty und ich stürmten hinein und gingen von einem Ende der riesigen Tiefgarage zum anderen, an dem sich eine Tür befand, die Zugang gewährte zu den unterirdischen Betriebsräumen, wie Wäscherei, Versorgungslager und solchen Sachen. Außerdem entdeckte ich einen Pausenraum für Angestellte, in dem sich eine Thermoskanne mit Kaffee befand. Klar, dachte ich. Ich hatte ja den ganzen Tag noch keine Pause gehabt. Also suchte und fand ich einen Angestellten, der mir erklärte, dass ich mir auf jeden Fall einen Kaffee nehmen könnte, und da war dann auch Shorty schon in den Abgründen des Gebäudes verschwunden. Scheiß drauf!, dachte ich und setzte mich, um eine Zigarette und einen Kaffee zu genießen. Und das war nett, fühlte ich mich doch von allen, die zufällig vorbeischneiten, hier unten in den Gesinderäumen einfach so akzeptiert, wie ich war, und nicht von oben herab angeschaut wie von unserer Kundin.

Nach ein paar Minuten war Shorty zurück.

»Ist Sunny schon hier gewesen?«, fragte er.

»Nö«, sagte ich. Ich drückte meine Zigarette aus und machte mich mit Shorty zusammen auf die Suche. Mit dem Fahrstuhl fuhren wir ins Erdgeschoss, wo wir nach wenigen Minuten Sunny fanden, der uns zeigte, wo das Zimmer der alten Dame war. Inzwischen war auch ihr Sohn dabei, der allerdings die ganze Zeit ein Handy am Ohr hatte (wobei ich ihn immer wieder was über Aktienkurse murmeln hörte) und somit keine große Hilfe war. Die Regie lag also weiterhin bei seiner Gattin, der immer mehr anzusehen war, wie sehr ihr die ganze Angelegenheit missfiel und wie sehr sie uns gerne zur Eile gedrängt hätte. Immerhin sind Peitschen nicht mehr oder auch noch nicht wieder in Gebrauch.

Schnell ging sowieso erst einmal gar nichts. Sunny besprach kurz die anfallenden Montagen und dann machten wir uns auf den langen Rückweg zum Lkw. Und lang war er wirklich, der Weg. Etwa 170 Meter. Zwar hatte ich kein Maßband dabei, aber ich zähle die Meter im allgemeinen recht verlässlich, denn ich habe meine Schritte in langen Jahren an Gehwegplatten geschult. Ein gedehnter Schritt von mir sind zwei Platten, und die sind jeweils 50 Zentimeter lang.

»Das wird hier gleich noch richtig scheiße«, sagte Sunny.

»Wieso?«

»Ach, was die alles wollen. Hier noch ein kleines Regal anbringen, da noch einen Spiegel und ein Bild. Das wird dauern.«

»Hm«, machte ich. »Achte mal auf den Weg hier. Das dauert sowieso.«

Im Keller fanden wir dann eine Art Hausmeister, der uns erklärte, wenn das Tor zur Tiefgarage zu sei, dann müssten wir einfach klingeln, dann würde uns geöffnet werden. Den Einwand, dass wir das schon zehn Minuten vergeblich getan hatten, tat er mit kurzer Geste ab. »Da war keiner im Büro.«

Am Lkw kramte Sunny sein Werkzeug raus, packte es auf einen Hunt und verschwand durch die Garage. Hinter ihm schloss sich das Tor. Ich klingelte und stellte mit Shorty zusammen eine kleine Kommode auf einen Hunt. Dann klingelte ich noch mal. Shorty und ich sahen uns an.

»So wird das bis morgen nichts«, sagte ich. Da ging das Tor auf. »Geh schon mal vor, wir treffen uns auf halbem Weg«, sagte ich, und Shorty schob los. Ich stapelte ein paar Kartons auf einem dritten Hunt, packte ein Nachtschränkchen obendrauf und klingelte. Nichts geschah. Ich klingelte noch mal. Wieder nichts. Ich steckte mir eine Zigarette an. Als ich sie fast aufgeraucht hatte, öffnete sich das Tor und ich rollte los. Am anderen Ende der Tiefgarage traf ich Shorty. Er gab mir seinen leeren Hunt und rollte mit dem vollen zum Fahrstuhl. Am Lkw bepackte ich den nächsten Hunt und klingelte. Nach dem zweiten Klingeln ging das Tor auf. Diesmal traf ich Shorty, nachdem ich mit dem Fahrstuhl das Erdgeschoss erreicht hatte.

Wieder am Lkw, klingelte ich dreimal, ohne dass sich etwas tat. Ich warf einen Blick in meine Zigarettenschachtel, um zu sehen, ob die Rauchware für den Rest des Tages reichen würde, da kam plötzlich Sunny aus der Tiefgarage. »Ey«, sagte ich. »Lange mache ich den Scheiß hier nicht mit.«

»Ich hab 'ne Idee«, sagte Sunny. Er zeigte einen Plattenweg hinab, der an der Seite des Gebäudes entlanglief. »Wir reichen die Sachen da hinten durchs Fenster. Da sind wir gleich im Zimmer.« Eine gute Idee, die uns nicht nur den Fahrstuhl ersparte, sondern auch eine ganze Menge an Laufweg, denn bis zum Fenster waren es nur noch 110 Meter. Wir luden also ein paar Sachen durchs Fenster ins Zimmer und bald bemerkten wir auch schon die Nachteile, die das hatte. Wenn wir nämlich etwas Schweres reinzureichen hatten, dann mussten das drinnen eigentlich zwei Leute in Empfang nehmen. Das heißt, dass Shorty immer rein und raus springen musste und dass Sunny sich nicht auf seine Montagen konzentrieren konnte. Dadurch schlich sich langsam Chaos im Zimmer ein, und das offene Fenster bereitete der alten Dame in ihrem neuen Zimmer wegen Kälte sichtbares Unbehagen. Ihr Sohn hatte weiter nur sein Handy am Ohr, um wichtige finanzielle Transaktionen zu besprechen. Sein Frau versuchte, die ganze Angelegenheit zu delegieren, und ich merkte, dass es in meinen Schuhen zu dampfen begann. Ein untrügliches Zeichen sich ankündigender Erschöpfung, nicht nur körperlicher, sondern auch nervlicher Art. Irgendwas würde hier bald aus dem Ruder laufen. Das wusste ich plötzlich.

Irgendwann stand ich auch im Zimmer, merkte, dass ich mal pinkeln musste, und machte mich auf den Weg. Als ich aus der Toilette wieder herauskam, erblickte ich den Haupteingang. Neugierig trat ich aus der Tür und traute meinen Augen nicht. Direkt vor dem Eingang befand sich auf dem Gelände des Heimes ein kleiner Kreisverkehr, auf dem ich mit unserem Lkw wunderbar parken könnte. Nicht zu fassen!, dachte ich. Ich drehte mich um und zählte meine gedehnten Schritte auf dem Weg zurück zum Zimmer. 60 Meter!

»Ich dreh gleich durch«, sagte ich zu Sunny, während die Schwiegertochter der alten Dame neben uns stand. Ob der Blick, den ich ihr zuwarf, ein giftiger war, weiß ich nicht, aber zumindest in Gedanken habe ich Gift versprüht. Du miese Schabracke!, habe ich vielleicht gedacht. Die hatte uns zum Lieferanteneingang geschickt, zum Dienstboteneingang! Leute wie wir hatten ja wohl am Haupteingang nichts zu suchen, die können auch den fast dreifachen Weg gehen, die werden ja schließlich bezahlt.

Nachdem ich den Lkw vor dem Haupteingang abgestellt hatte, brauchten wir tatsächlich nicht mehr lange, bis wir den Rest abgeladen und zum Zimmer geschafft hatten, wo wir allerdings noch nicht einräumen konnten, weil Sunny noch einige Extramontagen zu erledigen hatte, wie zum Beispiel einen großen Spiegel an der Wand anzubringen, an der dann auch das Sideboard stehen sollte. Man kennt das. Alte Leute ziehen aus ihrer Wohnung aus und sollen dann ihr ausgesuchtes Hab und Gut in ein einziges Zimmer im Heim quetschen. Das geht dann schon mal langsamer voran als sonst, aber hier verzögerten die nicht angesagten Montagen den Ablauf über Maß. Ich merkte also langsam, dass ich telefonieren musste, bevor ich mich daranmachen konnte, mit der Schwiegertochter an die Rechnung zu gehen. Ihr Mann war irgendwann in den letzten Minuten verschwunden.

»Hör mal«, sagte ich ein Stück weg vom Zimmer den Gang runter ins Telefon zum Disponenten. »Das ist hier ein bisschen schwierig, ich weiß nicht, wie ich das abrechnen soll.« Und dann erklärte ich ihm die Situation mit dem ewig langen Laufweg und den nicht angesagten Extramontagen. Für den überlangen Laufweg nannte er eine Zahl, die ich vergessen habe. »Die Montagen rechnest du nach Aufwand ab.« Klar, so hätte ich es sowieso gemacht, aber manchmal ist es einfach besser, sich schon mal vorab Rückendeckung aus dem Büro zu holen, denn eines ist meine Aufgabe auf keinen Fall: das Verhandeln irgendwelcher Preise mit den Kunden. Ich nahm also all mein Vermögen zur Selbstbeherrschung zusammen und versuchte, obwohl ich sie inzwischen hasste, mit der Kundin ein sachliches Gespräch zu führen, versuchte, ihr klarzumachen, dass der Laufweg unangemessen lang gewesen wäre, dass zu den angesagten Montagen unvorhergesehene gekommen waren, dass die zweite Abladeadresse nicht vorgesehen war und dass das Ganze also einen kleinen Aufpreis ergeben würde.

»Aber nein«, sagte sie in kalter Ruhe. »Wir haben einen Festpreis.« Ich merkte sofort, dass ich mir an der die Zähne ausbeißen würde, also telefonierte ich gleich noch mal. »Ich ruf die mal an«, sagte der Disponent, und kurz darauf klingelte ihr Handy. In die letzte Ecke des Zimmers zog sie sich zurück, um sich Luft zu machen darüber, wie wir, die Möbelpacker, ihr und ihrem Mann den Tag versaut hätten, ohne dabei einzusehen, welche Schuld sie vielleicht treffen könnte. Der Disponent hat es mir später erzählt: »Wissen Sie eigentlich, was mein Mann verdient?«, hat sie ihn am Telefon gefragt. Und damit meinte sie nicht, dass der kleine Mehrpreis doch kein Thema wäre, damit meinte sie, dass es ja wohl ungeheuerlich sei, dass ihr Mann sich den halben Nachmittag um den Umzug seiner Mutter kümmern musste, anstatt noch mehr Kohle ranschaffen zu können. Zum Kotzen, solche Leute.

»Ich habe das mit Ihrem Chef geklärt«, sagte sie, als sie aus ihrer Zimmerecke wieder heraus war.

»Na, dann ruf ich ihn noch mal an«, sagte ich und schlenderte den Gang hinunter, während ich wählte. Sie setzte an, mir zu folgen. Ich drehte mich um und sah sie an. »Ich schaff das schon«, sagte ich und bemerkte das Blitzen in ihren Augen. Ungeheuerlich, das Personal wagte es zu widersprechen!

»Rechne einfach den ursprünglichen KV ab«, sagte der inzwischen selbst nervlich erledigte Disponent. Ich verstand ihn sofort. Fünf Minuten am Telefon mit dieser Kundin hatten ihn geplättet.

Das sind sie. Das sind die Leute, die beim Metzger zweihundert Gramm Rinderhack für den Preis von hundert kriegen. Es gibt sie immer wieder, und sie kommen damit durch. Geld wie Heu, Kohle ohne Ende, aber für etwas mehr Arbeit etwas mehr bezahlen, das ist auf keinen Fall drin. Das wäre ja noch schöner!

SIE KÖNNEN FESTPREIS AUSMACHEN, SOVIEL SIE WOLLEN, wenn es mehr wird, wird es teurer. Das sollte eigentlich jeder kapieren. Ihr Festpreis bezieht sich auf die vereinbarte Menge. Sie können nicht einen Preis für einen Transport von einem Sofa von München nach Hamburg vereinbaren und dann drei Sofas losschicken. Na gut, einige kriegen das hin, aber Sie gehören ja hoffentlich nicht zu denen, die das probieren wollen.

Wenn Sie einen Festpreis für Service wie Montage oder Einpacken ausmachen, dann hat das für Sie den Vorteil, dass es Ihnen relativ egal sein kann, wie lange die Möbelpacker dafür brauchen. Es bezieht sich dieser »Festpreis« aber nur auf die vereinbarte Arbeit. Muss ich das wirklich noch weiter ausführen? Ich bin plötzlich so müde.

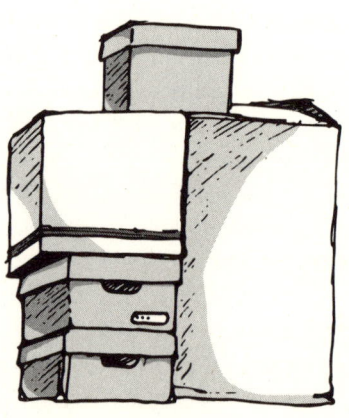

19

WER MESSEN KANN,
VERSCHÄTZT SICH NICHT

An einem Dienstag sollte ich eine Kartontour fahren. Ich hatte schon am Montag eine Stunde vor Büroschluss am Telefon gefragt, wie viele Kunden ich haben würde. »Sechs«, war die Antwort. Das war mal gar nicht so viel. Natürlich wusste ich noch nicht, wo diese sechs Kunden wohnten, welche Entfernungen zwischen denen lagen und in welche Stockwerke ich mich würde hinaufquälen müssen, aber sechs Kunden Material für ihren Umzug zu liefern, das dauerte fast nie zu lange. Ich rechnete also mit einem relativ frühen Feierabend.

Als ich am Dienstagmorgen ins Büro kam, waren aus den sechs Kunden allerdings neun geworden, denn da hätten abends noch zwei angerufen, und einen hätte er schlicht übersehen gehabt, erklärte der Disponent. Na, Klasse!, dachte ich, als Blondie ins Büro gelatscht kam. Er sah verheerend aus. Früh am Morgen war er von einer Ferntour zurückgekehrt, die er allein gefahren war. Aus verquollenen Augen heraus blickte er müde in die Runde, bevor er zu husten begann. Der Mann war nicht nur völlig übernächtigt, er war auch noch erkältet, und er sah haargenau so aus wie einer, der sofort, ohne Wenn und Aber, in den Feierabend gehen würde, obwohl er noch ein Sofa auf dem Lkw hatte, das ausgeliefert werden musste.

In Bremen hatte er das Teil abgeholt, das unser Kunde in Hamburg bei ebay ersteigert hatte.

»Das musst du dann wohl ausliefern«, sagte der Disponent, und ich fragte, wie ich denn allein ein Sofa abladen sollte. »Ich denke mir was aus«, sagte der Disponent.

So war das. Man konnte sich nie darauf verlassen, wie eine Kartontour am Ende wirklich aussehen würde. Alles, was irgendwie

nebenbei erledigt werden konnte, wurde dem Kartonfahrer auf-
gebrummt.

Ich schnappte mir meinen Tourplan, um vom Lager aus Kartons
und Material aufzuladen und Blondies Sofa von seinem Lkw auf
meinen Sprinter zu ziehen. Das Ding war in Decken und Stretchfolie verpackt und schweinemäßig schwer. Ein Funktionssofa. Eines
zum Ausklappen. Eines mit Metallrahmen im Inneren und Federn.
Eines dieser Teile, die Leute kaufen, weil die so »irrsinnig praktisch«
sind, und die dann in Gästezimmern stehen, wo sie nie benutzt, also
ausgeklappt werden, weil Gäste viel seltener sind, als die meisten
sich eingestehen wollen. Aber davon mal abgesehen, gibt es auch
tolle Schlafsofas, die nur aus Polstern bestehen und fast nichts wiegen. Ich hasse Funktionssofas, und ich hasse den Menschen, der
sie erfunden hat.

Als ich fertig aufgeladen hatte, ging ich ins Büro, um die Papiere
für das Sofa zu holen.

»Wo soll das überhaupt rein?«, fragte ich.

»Einzelhaus«, sagte der Disponent. »Du machst das vor dem
letzten Kunden, wenn du aus Blankenese nach Eidelstedt fährst.
Dann kannst du Sunny von seinem Umzug in Lurup abholen und
dann liefert ihr das aus.«

Na dann, dachte ich und machte mich auf den Weg. Natürlich
jagte mich der Plan der Kartontour von einer Ecke der Stadt in die
nächste, und für die ersten acht Kunden brauchte ich bis sechzehn
Uhr. Und natürlich war ich dann auch schon gestresst. So ruhig ich
als Fahrer normalerweise bin, so sehr mich der ganze Quatsch auf
der Straße nicht kümmert, nach sechs Stunden im Stadtverkehr
mit Terminen, die eingehalten werden müssen, werde ich aggressiv.
Dann will ich nur noch raus aus dem Lkw, aber das geht nicht,
denn ich muss ja noch Kunden beliefern. Um mal von A nach B
zu kommen oder um mal gemütlich über Land zu fahren, nehme
ich das Autofahren in Kauf, aber den Fahrersitz als Arbeitsplatz im
Stadtverkehr zu haben, das macht mich immer wieder fertig. Man

will ja fahren und nicht bremsen, Gas geben, bremsen, Gas geben, bremsen, Gas geben, und dabei irgendwann mal in den Feierabend kommen. Das ist was ganz anderes, als auf Ferntour über die Autobahn zu gleiten und dabei in Gedanken abzuschweifen, mit dem Wissen, dass man halt in ein paar Stunden irgendwann in München oder Frankfurt ist. Nee, das ist purer Stress.

Ich freute mich also, mit Sunny einen abzuholen, mit dem ich diesen Stress teilen konnte. Aber Sunny wollte auch seinen Stress mit mir teilen. Sunny hatte schlechte Laune.

»Mann«, sagte er, als wir zusammen im Sprinter saßen. »Was bin ich froh, dass ich da weg bin.« Streit zwischen den Kollegen hatte es gegeben und der Kunde war auch doof, und dann hatten sich die Kollegen auch noch gegenseitig angeschrien. »Das war so was von peinlich«, sagte Sunny. Aber jetzt war ja alles vorbei. Für ihn und für mich. Schnell noch ein Sofa rausschmeißen und einen Kartonkunden anfahren, und schon wäre Feierabend.

Als wir beim Sofakunden klingelten, öffnete uns ein freundliches älteres Paar.

»Moin, wir bringen das Sofa.«

»Das ist aber schön!«, strahlte uns die Dame des Hauses an.

»Wo soll es denn hin?«

»In den zweiten Stock, bitte«, sagte der Herr des Hauses.

War ja klar, dachte ich, während ich Sunny einen Blick zuwarf. Sunny sah auf die Treppe rechts hinter den Kunden. »Das passt schon«, sagte er. Und dann ächzten wir und stöhnten unter dem Gewicht des drecksschweren Möbelstückes, während wir es vom Lkw ins Erdgeschoss schleppten, wobei wir keinen Hunt benutzen konnten, denn der Weg zur Haustür wurde dreimal von Stufen unterbrochen.

Als wir das Sofa hochkant vor der Treppe in den ersten Stock stehen hatten, pflückte Sunny erst einmal die kleinen Bilder von der Wand, die da an ihren Nägeln hingen, und überreichte sie der Kundschaft. Dann ging er in Position, um das Sofa oben an dem engen Sturz vorbeizuführen, während ich unten anhob und drückte.

Der Arbeit des Möbelpackers haftet ja im Allgemeinen das Bild des Grobmotorischen an, aber mit welcher Feinfühligkeit in manch enger Situation ein Möbelstück um Ecken gedreht werden muss, um auf keinen Fall einen Kratzer in der Tapete oder am Sturz zu hinterlassen, davon macht sich kaum jemand einen Begriff. Zum Glück hatte ich Sunny dabei. Sunny war ein Künstler, mit dem ich einem eingespielten Ablauf folgen konnte. Wir mussten nämlich mit dem Sofa fast senkrecht unter dem Sturz hindurchtauchen, dann ein wenig drehen, wobei es jetzt auf den ersten Stufen stand, die sich nicht unter dem Sturz befanden, und dann musste ich irgendwie zusehen, wie ich es schaffte, mich wieder so am Sofa zu positionieren, dass ich es auch richtig greifen konnte. Normalerweise fasst man ja einfach links und rechts an, während man das Möbelstück »mittig« vor sich hat. Das ging jetzt aber auf der Treppe nicht, denn an der Wand war kein Platz für mich, um richtig am Sofa stehen zu können. Ich musste da mit einer Hand drum herum greifen, hatte da also keine echte Kraft, keinen Hebel, was auch immer, aber irgendwie musste das funktionieren.

Und das tat es auch, allerdings war ich, als wir das Sofa endlich auf der Geraden der Treppe hatten und ich da richtig drunterstand, auch schon ziemlich erledigt. Ich keuchte und erbat mir eine kurze Pause, in der wir das Sofa auf unseren Knien abstellten. Dann ging es weiter, und Sunny stemmte an der nächsten Kurve das Sofa mit gestreckten Armen hoch, während er »Druck!« rief, und ich drückte, während wir das Sofa wieder gleichzeitig mit Kraft und Feinfühligkeit an allen Wänden, Stürzen und Treppengeländern herumfummeln mussten. Im Flur des ersten Stocks, der kaum breit genug war, das Sofa dort stehen zu haben, gönnten wir uns die nächste Pause, und dann warfen wir den ersten Blick auf die Treppe in den zweiten Stock, wobei in mir wieder einmal der Hass auf Architekten hochkam. Die Treppe in den zweiten war noch enger als die in den ersten Stock, über die wir das Sofa gerade eben noch hatten transportieren können.

»Das wird ja wohl nichts«, sagte Sunny, und die Kunden, die uns die ganze Zeit bei der Arbeit zugeschaut hatten, guckten überrascht.

»Wieso wird das nichts?«, fragte der Mann.

»Die Treppe ist ja noch enger als die andere«, sagte Sunny.

»Aber das Sofa muss da hoch«, sagte die Frau. »Wo sollen wir das denn sonst hinstellen?«

Tja, dachte ich. Hättet ihr euch das mal vorher überlegt. Aber wie schnell hat man »3, 2, 1, meins!« am Rechner auf irgendeiner Plattform im Netz was ersteigert, ohne nachzudenken.

»Das passt«, sagte der Mann, und dann mussten wir etwas machen, was ich besonders hasse: Wir mussten es den Kunden *zeigen*. Selbst, wenn wir als Profis wussten, dass das unmöglich passen kann, müssen wir es den Kunden immer wieder zeigen. Wir müssen also unsere Knochen in kräftezehrender Anstrengung für ein sinnloses Unterfangen hergeben. Sunny und ich mussten das Sofa so weit hochheben und stemmen und drehen und versuchen, es doch über die Treppe zu kriegen, dass der Kunde *sah*, dass es nicht weiterging. Einfach geglaubt hätte er uns das nicht. Und dann mussten wir das Ding in aller Vorsicht wieder kräftezehrend an der Tapete vorbeidrehen, um es zurück auf den Absatz zu bringen.

»Und jetzt?«, fragte die Frau.

»Vielleicht kann man ja die Füße abschrauben«, schlug der Mann vor und ich sah meinen Feierabend in weite Ferne rücken, während Sunny die Verpackung an einem Fuß aufzerrte, um sich ein Bild zu machen.

»Alles klar«, sagte er und verschwand nach unten, um im Lkw nach Werkzeug zu suchen. Ich eilte ihm nach. Unten sprang ich auf den Lkw, schnappte mir Sunnys Werkzeug und versteckte es hinter einem Stapel leerer Umzugskartons, bevor ich ein paar Umzugsdecken darüberwarf. Nur für den Fall. Es könnte ja sein, dass der Kunde irgendwann doch noch an der Ladekante stehen würde.

»Wenn du auch nur ein einziges Werkzeug außer diesem einen Schraubenzieher mit reinnimmst, dann spreche ich die nächsten

Wochen kein Wort mit dir«, sagte ich zu Sunny. Ich kannte ihn. Der würde es fertigbringen, auf Wunsch der Kundschaft das Haus umzubauen, damit das Sofa die Treppe hoch passte.

»Nur die Füße«, sagte er, und ich nickte. Schließlich hatten wir noch mehr Kundschaft, und eigentlich hatten wir ja nur mal eben nebenbei ein Sofa ins Haus schaffen sollen.

Sunny riss an den vier Ecken die Folie und die Decken beiseite, und ich hielt dem Kunden einen Zettel mit einem Haftungsausschluss vor die Nase, den zu unterschreiben ich ihn bat. Erst guckte er doof, aber ich erklärte es ihm. Wir haben ihn darauf hingewiesen, dass die Treppe zu eng sei, wenn er also darauf bestehen wollte, dass wir das Sofa trotzdem nach oben brächten, dann hätte er keine Ansprüche gegen unsere Firma oder deren Versicherung, wenn etwas schiefgehen würde.

»Ja, aber wenn die Füße ab sind, dann passt es doch«, sträubte er sich.

»Wenn die Füße ab sind, dann ist das immer noch eng«, sagte ich. »Und wenn dann was passiert, dann habe ich den Ärger.«

Verzögerungen, Verzögerungen, Verzögerungen. Inzwischen war es fast achtzehn Uhr, ich war also seit fast elf Stunden auf Arbeit, aber das interessierte den Kunden berechtigterweise nicht. Mich aber. Ich sollte ein Sofa abliefern. Das tat ich, und für die Umstände vor Ort konnte ich nichts. Nachdem der Kunde unterschrieben hatte, keulten Sunny und ich das Sofa in den zweiten Stock, wobei wir tatsächlich zwei fette Kratzer in der Tapete hinterließen, aber das war mir wurst. Im zweiten Stock standen wir dann vor der Tür des Gästezimmers, die allerdings (war ja klar) nur eine Breite von sechzig Zentimetern hatte. Sunny und ich tauschten einen Blick. Niemals würde das Sofa dort hindurchgehen. In dem Blick, den Sunny und ich tauschten, spielte das Entsetzen darüber eine Rolle, dass wir beide zu doof gewesen waren, uns mit den Gegebenheiten vertraut zu machen, bevor wir das Sofa überhaupt ins Haus gebracht hatten. Wenn wir nämlich die kleine Tür zum Gästezimmer gleich zu Anfang gesehen hätten, dann hätten wir dem Kunden sofort erklärt, dass das nichts werden würde. Doch wir waren beide zu gestresst, zu schlecht gelaunt, zu sehr auf Feierabend erpicht gewesen, um daran auch nur zu denken. Vermutlich hätte es aber auch gar nichts genutzt, dem Kunden zu erklären, dass die Tür zum Gästezimmer zu eng wäre. Er hätte es, wie in den meisten Fällen, die ich erlebt habe, garantiert *sehen* wollen. Wir wären also nicht darum herumgekommen, das blöde, scheiß schwere Möbelstück über zwei enge Treppen in den zweiten Stock zu wuchten.

»Und jetzt?«, fragte die Kundin. »Vielleicht doch lieber ins Wohnzimmer?« Ich wollte ihr gerade einen vernichtenden Blick zuwerfen, als ihr Mann sagte: »Das muss da rein.« Und dann hatte er die quirlige Idee, dass man das Sofa doch vielleicht auseinanderbauen könnte. Und ob mir das jetzt einer glaubt oder nicht, es gibt Kunden, die meinen, dass der Lieferant auch dazu verpflichtet wäre.

Zum Glück hatte aber Sunny kapiert, wie ernst es mir gewesen war, als ich gesagt hatte, dass ich kein anderes Werkzeug als den einen Schraubenzieher in dem Haus sehen wollte. Er packte das Sofa aus, entfernte alle Decken und erklärte dann den Kunden, wie sie den Klappmechanismus ausbauen könnten, in welche Teile sie das Sofa zerlegen konnten, und machte ihnen dann klar, dass wir heute nicht das richtige Werkzeug dabeihätten, dass sie aber gerne einen neuen Termin mit unserem Büro absprechen könnten, an dem dann jemand vorbeikommen würde und das Sofa fachgerecht zerlegen und wieder aufbauen würde, wenn sie selbst sich das nicht zutrauen würden. So hatte ich Sunny lange nicht erlebt, denn meistens las er den Kunden jeden Extrawunsch von den Augen ab, weil er gerne mal mit Trinkgeld rechnete, aber heute war er wohl einfach zu erledigt und genervt.

Wir haben dann das Sofa tatsächlich im zweiten Stock im Flur unter der Klappe zum Dachboden stehen lassen. Ob die Kunden das irgendwann selber geregelt haben, oder ob da noch mal ein Kollege hingefahren ist, das weiß ich nicht mehr. Ich weiß nur eines:

Eine Aktion, für die man eine halbe Stunde veranschlagen würde, hat uns insgesamt zweieinhalb Stunden aufgehalten. Wenn das bei zwei, drei oder gar vier Kunden auf einer Kartontour passiert, dann komme ich vor zweiundzwanzig Uhr nicht nach Hause, und das nur, weil die Leute nicht sehen, ob das, was sie unbedingt haben wollen, was sie sich ohne Nachdenken mit wenigen Klicks bei ebay ins Haus bestellen, auch wirklich in ihr Leben passt. Und dann denken die, es sei ja wohl naturgegebenerweise meine Aufgabe als Möbelpacker, ihren Fehler zu korrigieren.

MESSEN SIE AUS! Was immer Sie sich an Möbeln für das neue oder das alte, das aktuelle Heim kaufen oder bestellen: Es muss da reinpassen! Messen Sie aus! Zweimal, dreimal, viermal. Seien Sie sich sicher! Es geht ja nicht immer nur um den Transport. Wie oft schon habe ich Kunden erlebt, die sich von einem neuen Möbelstück oder von einem alten Möbelstück im Zimmer in neuer Wohnung erdrückt fühlten, weil sie sich vorher nicht genug Gedanken gemacht hatten.

Wenn Sie sich vergrößern, dann ist das mit der Enge natürlich nicht das Problem. Dann haben Sie vielleicht im neuen, riesigen Wohnzimmer einen antiken Bauernschrank, der da völlig verloren allein an einer Wand herumsteht. Das ist nicht schlimm. Da können Sie im Laufe der Zeit noch ordentlich was drum herum gruppieren. Aber wenn Sie in eine kleinere Wohnung ziehen oder nur für die alte etwas Neues kaufen, dann seien Sie wachsam! Messen Sie aus! Und dann gleich noch mal. Messen Sie aus! Sie ersparen sich so einiges, wenn Sie das tun.

20

ES FÄHRT EIN ZUG NACH NIRGENDWO

In einem Sommer vor vielen Jahren, als wir noch keine Handys hatten, und als wir uns noch hauptsächlich an Stadtplänen aus Papier orientierten, war ich einmal mit meinem Kollegen Kümmel auf Tour in Süddeutschland. Kümmel hatte seinen dämlichen Spitznamen aus einer Zeit, in der er für Wochen am liebsten Kümmelschnaps getrunken hatte, etwas, was ich niemals verstehen werde.

Ich arbeitete gerne mit Kümmel. Er war ein versierter Monteur, und das Schleppen mit ihm machte Spaß. Mit ihm herrschte im Lkw nie Langeweile, weil er immer was zu erzählen hatte, und außerdem ließ er sich so gut wie nie aus der Ruhe bringen.

Irgendwo bei Nürnberg hatten wir einen Full-Service-Umzug abzuladen, den wir tags zuvor in Hamburg aufgeladen hatten. Sechzehn Möbelwagenmeter, also einen ganzen Hängerzug voll.

Als wir morgens an unserer Abladeadresse ankamen, bemerkte ich noch, wie eng und klein dieser Vorort von Nürnberg eigentlich war, und ich fragte mich, wie wir da wohl mit unserem Lkw plus Anhänger wieder rauskommen würden, denn enge Verhältnisse waren mir als Anfänger mit Anhänger nicht geheuer, und auch Kümmel war kein Genie auf dem Bock. Aber als die Kunden aus dem Haus traten, um uns zu begrüßen, verschob ich den Gedanken an schlimmes Rangieren auf später.

Wir hatten Glück. Vor dem Haus fand sich genug Platz, den Zug zu parken, und so machten wir uns ans Abladen, bei dem uns drei Möbelpacker einer Firma aus Nürnberg halfen.

Es wurde ein netter Tag, ein gewöhnlicher Tag, an dem alle gute Laune hatten und nichts schiefging. Als die Kollegen sich am späten Nachmittag schon verabschiedet hatten, erledigte ich mit dem Kunden zusammen den Papierkram, während Kümmel sein Werkzeug auf dem Laster verstaute, und dann standen wir alle irgendwann auf der Straße, und ich wandte mich mit einer letzten Frage an den Kunden.

»Sagen Sie mal, wie kommen wir denn am besten auf die nächste größere Straße aus dem Dorf raus? Das ist ja alles ein bisschen eng hier.«

»Ach, da fahrt ihr einfach da vorne rechts und dann hinterm Sportplatz lang. Da fahren auch die Busse.«

»Na, dann«, sagte ich. Kümmel setzte sich in den Lkw, und wir koppelten an, wobei Kunde und Kundin uns noch zuguckten, und dann bedankten sich alle gegenseitig für alles, und wir verabschiedeten uns voneinander und wünschten uns Glück.

»Immer wieder herrlich«, sagte Kümmel, als wir im Lkw saßen.

»Da vorne rechts«, sagte ich. Wir tuckerten die kleine Straße entlang und waren uns sicher, nach der nächsten oder übernächsten Kurve auf eine größere Straße zu stoßen, die uns aus dem kleinen Dorf herausführen würde. Nach der dritten Kurve wurde unsere Straße allerdings erst einmal noch etwas enger. »Das sieht mir aber nicht so aus, als ob hier die Busse fahren würden«, sagte Kümmel.

»Hm«, machte ich, während ich Befürchtungen verspürte. Nach der nächsten Kurve hatten wir das Ende des Dorfes erreicht.

»Kann es sein, dass wir da hinten falsch abgebogen sind?«, fragte Kümmel.

»Da war doch gar nichts zum Abbiegen«, sagte ich, während wir beide nach vorne starrten. Da führte unsere Straße auf die Auffahrt eines kleines Hauses mit einem kleinen Garten zu. Allerdings machte die Straße kurz davor auch noch eine Kurve nach links.

»Passen wir da rum?«, fragte Kümmel, und ich wusste es nicht. Ich wusste nur, dass weder Kümmel noch ich echte Trucker waren. In dieser Situation gab es nur eines: Entweder würden wir es gleich um die Kurve herum schaffen, oder wir würden aus dieser Geschichte nicht herauskommen.

»Ich gehe mal gucken«, sagte ich und sprang aus dem Wagen. Im Zwielicht der letzten Dämmerung und im matten Schein der letzten Straßenlaterne betrachtete ich die Angelegenheit. Hinter der Kurve führte die Straße auf ein Feld oder eine Wiese, so genau konnte ich das nicht mehr sehen. Aber hinter dem Feld sah ich hinter einem Knick Autolichter über eine Landstraße huschen. Na immerhin!

»Und?«, fragte Kümmel, als ich an seinem Fenster stand.

»Tja«, sagte ich. »Vielleicht. Wenn du weit genug ausholst.«

»Wir dürfen jetzt nur nicht die Nerven verlieren«, sagte Kümmel. Ich war heilfroh, jetzt nicht am Steuer zu sitzen. Kümmel rollte langsam in die Kurve, holte dabei aus, soweit es ging, und drohte schließlich mit dem linken Hinterrad des Hängers einen Grundstückspfeiler mitzunehmen.

»Du musst noch mal ein Stück zurück!«

»Da geht aber nicht viel«, sagte Kümmel. »Nicht dass ich noch die Deichsel verbiege.«

»Ich gucke«, sagte ich. Kümmel fuhr noch mal zurück, lenkte, kurbelte, drehte und ich weiß nicht, wie er das gemacht hat, aber am Ende hat er den Zug um die Kurve gekriegt. Allerdings haben wir beide, während ich links guckte, nicht bemerkt, dass sich rechts eine mittelgroße Birke mit einem dicken Ast zwischen Fahrerhaus und Container verfangen hatte. Als ich wieder vorne stand, um an beiden Seiten zu gucken, wie der Zug es in den Weg schaffte, bemerkte ich es. Zu spät allerdings, denn Kümmel gab schon Gas.

»Stopp!«, rief ich, da war es schon geschehen.

»Was ist denn?«, fragte Kümmel aus dem Fenster gelehnt.

»Du hast gerade eine Birke gefällt.« Kümmel hielt sich die Hand vor den Mund und ließ ein damenhaftes »Huch!« hören. Dieser Mann verlor nie seinen Humor.

»Und jetzt?«, fragte ich.

»Wie, und jetzt?«

»Na, der Baum.«

»Was macht er denn, der Baum?«

Ich schaute an die Seite. »Der liegt da im Knick.«

»Na, dann würde ich vorschlagen, dass wir weiterfahren. Oder willst du irgendjemanden anrufen?«

»Äh, nö.«

Langsam rollten wir über den Weg, der ungefähr so breit war wie der Abstand unserer Räder, auf die Landstraße zu, als wir plötzlich mitten auf der Wiese an der nächsten Kurve standen, die im rechten Winkel nach links abbog. Die Landstraße, die ich etwa hundert Meter vor uns ahnte, erschien mir unerreichbar.

»Wieso passiert eigentlich immer mir so eine Scheiße?«, fragte ich. »Was machen wir denn jetzt?«

»Jetzt biegen wir ab«, sagte Kümmel. Er gab Gas und zog das Steuer herum. Mir war klar, dass er dabei links mit beiden Achsen des Hängers über die Wiese furchen würde.

»Was machst du eigentlich, wenn du mal einsackst?«, fragte ich.

»Ist doch nur der Hänger«, sagte Kümmel. »Den zieht man einfach weiter.«

Klar, so machte man das. Nach dreißig Metern standen wir vor einer T-Kreuzung. Links oder rechts war keine Frage, denn rechts lag die Landstraße, die mir plötzlich wieder erreichbar erschien. Kümmel bog ab, matschte mit dem Hänger natürlich wieder durch die Wiese und rollte noch vierzig Meter weiter, als uns beiden gleichzeitig klar wurde, dass wir uns total in die Scheiße geritten hatten. Etwa zwanzig Meter vor uns bog vor einem Gebüsch unsere Straße nach links ab, um sich nach einer weiteren Kurve an der Landstraße entlangzuwinden, wobei sie allerdings mehr von den Dimensionen eines Wanderweges war, der auch noch etwa hundert Meter weiter in einen Wald hinein führte.

»Tja«, machte Kümmel.

»Das glaube ich einfach nicht«, sagte ich.

»Dies ist zugegebenermaßen eine nicht ganz gewöhnliche Situation«, sagte Kümmel.

»Weißt du, was du jetzt tun musst?«, fragte ich.

»Was denn?«

»Du musst jetzt im Dunkeln, ohne auch nur irgendwas zu sehen, sechzig Meter kerzengerade rückwärts fahren, damit wir den Weg zurück können, den wir gekommen sind.«

»Hm«, machte Kümmel, strich sich über das Kinn und schmunzelte. »Das ist nicht ganz einfach.«

Natürlich war das nicht ganz einfach. Das war sozusagen unmöglich für zwei Deppen wie uns, die so gut wie keinerlei Training hatten. Kümmel versuchte es trotzdem. Beim ersten Mal landete er nach drei Metern mit der Hinterachse des Hängers auf der Wiese, beim zweiten Mal nach vier Metern, beim dritten Mal nach fünf Metern. Er hatte einen starken Drall nach links. Aber er probierte es noch ein paar Mal. Rückwärts fahren, in die Wiese geraten, vorziehen und es wieder versuchen. Am Himmel riss vor dem vollen Mond die Wolkendecke auf. Ich fasste es einfach nicht. Ich stand hier mitten auf einer Wiese neben einem Lkw, der einen höllischen Krach machte, und war mir sicher, dass wir bald den Förster, den Bauernverband und die Bullen auf dem Hals haben würden.

Irgendwann stellte Kümmel den Motor ab und sprang aus dem Wagen. »Du hast einen Linksdrall«, sagte ich.

»Vielleicht ist die Deichsel ja doch verbogen«, sagte Kümmel.

»Aber mit der Badehose ist alles in Ordnung, ja?«, fragte ich.

»Hä?«

»Ach, vergiss es. Was machen wir denn jetzt?!«

»Vielleicht können wir den Hänger ja per Hand zurückschieben.«

»Du hast doch einen am Sender. Ich geh mir das da vorne mal ansehen.« Ich latschte los. Als ich in der Kurve vor dem Gebüsch angekommen war, wurde mir klar, dass wir gefangen waren. Wir konnten ja schlecht mit dem Hängerzug auf einen Wanderweg in einen Wald hineinkesseln. Als ich mich an das Gebüsch stellte, um zu pinkeln, rauschte dreißig Meter vor mir ein Pkw mit Fernlicht über die Landstraße. Ich dachte, ich gucke nicht richtig, und dann guckte ich noch mal, und als ich fertig gepinkelt hatte, stapfte ich durch das Gebüsch und stand auf einer landwirtschaftlichen Auffahrt. Unser Weg zurück ins Leben, unsere Rettung. Wie geil war das denn? Zwar versperrte eine einfache Schranke den Weg, aber die würde man ja auch hochstellen können. Dann bemerkte ich das fette Vorhängeschloss, das die Schranke sicherte. Ich eilte zum Lkw zurück, um Kümmel zu berichten.

»Mal sehen«, sagte er. Als wir zusammen an der Schranke standen, grinste er mich an. »Hier werden wir mit zerstörungsfreien Öffnungstechniken nicht weiterkommen. Ich denke, das Schloss muss ich aufbohren.«

Er lief zum Lkw, kam bis an das Gebüsch herangefahren, schaltete das Licht aus und wühlte an der Ladekante Taschenlampe und Akkubohrer aus seiner Werkzeugkiste.

»Was ist eigentlich mit dem Gebüsch?«, fragte ich, als er zurück war.

»Na ja, das werden die ja wohl kaum jedes Mal umtopfen, wenn die hier mit dem Trecker durchwollen.«

»Auch wieder wahr.«

Er drückte mir die Taschenlampe in die Hand. »Hier, leuchte mal.« Ich leuchtete. Kümmel bohrte. Ich schaute mich um und stellte die Lampe ab.

»Was ist los?«

»Da kommt ein Auto.« Das Auto flog auf der Landstraße vorbei. Kümmel bohrte weiter. Einen Bohrer verbrauchte er. Den nächsten brach er ab. Kurz bevor sein Akku schlappmachte, hatte er das Schloss auf. Wir öffneten die Schranke und liefen zum Lkw, wo Kümmel sein Werkzeug auf die Rückbank warf. Er startete den Motor, walzte langsam das Gebüsch nieder und schlich an den Rand der Landstraße. Als wir uns sicher waren, dass kein Auto in unsere Richtung unterwegs war, gab er Gas, riss das Steuer herum und kachelte auf die Landstraße hinaus. Er schaltete das Licht vom Lkw ein und grinste. »Und immer wenn du denkst, es geht nicht mehr, kommt von irgendwo ein Lichtlein her.«

Bis zur Autobahn war es ein überraschend kurzer Weg und bald fanden wir uns in gewohnter Umgebung auf dem Weg nach Hause.

KLAR, HEUTE GIBT ES GOOGLE UND NAVIGATIONSGERÄTE, aber auch das hilft nicht immer. Außerdem muss man damit rechnen, dass auch mal im Lkw-Fahren eher wenig erfahrene Möbelpacker die Möbel ins neue Heim bringen. Es wäre also extrem nett und aufmerksam, wenn Sie den Akquisiteur über die Gegebenheiten um Ihr neues Heim herum aufklären könnten. Manch neues Haus liegt in einer Sackgasse, und klar kommt man da mit einem Hängerzug hin. Aber kommt man da auch wieder raus, ohne in enger Situation, vielleicht noch um Kurven herum, sechzig oder gar hundert Meter rückwärts zu fahren? Melden Sie solche Schwierigkeiten an, wenn Sie Ihnen aufgefallen sind. Das kann sehr, sehr hilfreich sein. Vielen Dank!

21

WENN ALLE NETT ZUEINANDER SIND, GEHT ES ALLEN AM BESTEN

Es war ein sonniger Sommermorgen, als wir bei der Auflade-adresse unseres Kunden ankamen. Eine kleine Seitenstraße um die Ecke von einer Einkaufszone. Unser Kunde hatte die Nach-barschaft richtig eingeschätzt, wusste also, dass ihm eine impro-visierte Absperrung aus Klappstühlen nicht helfen würde, und hatte deshalb unsere Spedition mit der professionellen Absper-rung beauftragt.

Wir waren mit einem Achtzehntonner gekommen und natür-lich war unsere Halteverbotszone nicht frei. Drei Autos standen da drin, also parkte ich hundertfünfzig Meter weiter an der Seite und kramte erst einmal die Papiere heraus, also Genehmigung vom Amt und Aufstellprotokoll der Firma für Baustellenabsicherung, die die Schilder aufgestellt hatte.

Für uns hieß es jetzt gelassen bleiben, denn natürlich hatten wir einen engen Zeitplan. Für die Ferne hatten wir aufzuladen, und zwar nicht nur diesen einen Kunden, sondern noch einen weiteren, bei dem alles von uns eingepackt werden musste, sowie eine kleine Beiladung. Am Nachmittag musste der Container auf die Bahn ge-bracht werden, damit er mittels »Huckepackverkehr« in den Süden gefahren wurde. Bis die Halteverbotszone frei war, würde mindes-tens eine Stunde vergehen, in der wir nicht vor dem Haus unseres Kunden parken konnten.

Weil wir heute beim ersten Kunden keinerlei Service zu erledi-gen hatten, gab es für die Kollegen nichts zu tun, außer mal in die Wohnung im Erdgeschoss zu schauen und die Lage zu checken. Dann hieß es warten. Über hundertfünfzig Meter hinweg schon einmal Kartons zum Lkw zu bringen kam keinem in den Sinn, denn den Vorsprung, den uns das brächte, hätten wir schnell wieder eingeholt, wenn erst einmal der Lkw direkt vor dem Haus stand.

Ich rief das zuständige Polizeirevier an und gab die Nummern der falsch geparkten Autos durch. Jetzt würden erst einmal die Halter ermittelt und gegebenenfalls angerufen, dann käme ein Streifenwagen zu uns, dessen Besatzung Strafzettel verteilen und den Abschleppdienst rufen würde, und bis dahin konnten wir uns noch die eine oder andere Zigarette gönnen und mit dem Kunden Small Talk halten.

Sunny lief zum Lkw, um etwas Werkzeug zu holen, denn eine kleine Montage hatte er doch entdeckt, und außerdem wollte er Decken und Stretchfolie mitbringen, um schon einmal ein paar empfindliche Möbel fachgerecht zu verpacken. Das hätte er zwar alles auch tun können, während die anderen drei Kollegen Kartons zum Wagen schafften, aber Sunny hasste es, untätig herumzusitzen. Als er zurück war, bat ich zwei Kollegen, ihm zur Hand zu gehen. Den dritten behielt ich lieber draußen, denn irgendwann würde ich mit dem Lkw um den Block fahren müssen. In dieser Zeit war es absolut wichtig, den Parkplatz zu bewachen, denn Leute, die »mal eben nur in den Lottoladen gegenüber« mussten, haben schon oft eine halbe bis ganze Stunde gebraucht, bis sie wieder zurück waren.

Als ich mir meine zweite Zigarette ansteckte, kam eine junge Frau angelaufen, die sich aufgeregt entschuldigte, sie hätte ja die Schilder gar nicht gesehen, und sie hätte sonst bestimmt niemals dort geparkt. Schaff deine Karre weg!, dachte ich, während ich verständnisvoll lächelte.

Eine halbe Stunde nachdem ich telefoniert hatte, trafen die Bullen ein. Einem zeigte ich alle wichtigen Papiere, damit er sich überzeugen konnte, dass alles seine Richtigkeit hatte, der andere machte sich auf, den nächsten Falschparker wach zu klingeln.

Plötzlich musste ich an einen Kollegen aus Ghana denken, mit dem ich mal in enger Straße mit großem Lkw unterwegs war, als wir nicht weiterkamen. Ein Auto war derart blöde geparkt, dass wir nicht durchpassten. Rückwärts aus der Situation herauszukommen war nicht möglich, weil hinter uns mehrere Autos waren, deren Fahrer auch nicht lange zögerten, ausgiebig Gebrauch von ihrer Hupe zu machen. In einem solchen Moment kann man nichts machen, außer zu warten und die Bullen zu rufen.

»Karsten«, hatte der Kollege gesagt. »Ihr seid schon seltsam hier in Deutschland. Wenn so was in Ghana passiert, dann heben wir mit zehn Mann das Auto an die Seite und fahren weiter.«

»Das geht hier nicht«, sagte ich. »Das wäre zu unkompliziert.«

Irgendwann hatte der zweite Bulle den zweiten Falschparker aus dem Bett geklingelt, der sich nun mit verschlafenem Gesicht und blutrot unterlaufenen Augen daranmachte, einen neuen Platz für sein Gefährt zu suchen. Mein Gott! Der Kerl müsste doch normalerweise sofort einen Drogenschnelltest über sich ergehen lassen. So wie der aussah, hatte er die ganze Nacht gekifft und höchstens eine Stunde geschlafen. Aber die Bullen schien das nicht zu interessieren. Sie klemmten einen Strafzettel hinter das letzte Auto und bestellten einen Abschleppwagen. Kurz darauf waren sie wieder verschwunden.

Mir fiel etwas auf: Vor unserer Halteverbotszone befand sich ein freier Behindertenparkplatz. Mit dem zusammen würde die bisher freigeräumte Fläche für unseren Lkw knapp reichen. Ich erklärte meinem gelangweilt wartenden Kollegen, dass ich jetzt um den Block fahren würde, und bat ihn, den Platz freizuhalten. Zehn Minuten später, also etwa eine Stunde, nachdem ich die Polizei angerufen hatte, stand der Lkw vor dem Haus unseres Kunden und wir konnten anfangen, Kartons aufzuladen.

Nachdem wir etwa zwanzig Kartons draußen hatten, hupte am vorderen Ende des Lkw ein Auto.

Die Frau, die den entsprechenden Ausweis besaß, wollte ihren Behindertenparkplatz benutzen. Durch ihr herabgelassenes Fenster hindurch erzählte ich ihr, dass drei Autos hinter unserem Lkw ein freier Parkplatz wäre, und bat sie, doch den zu benutzen, aber darauf wollte sie sich nicht einlassen.

»Da steht meine Nummer auf dem Schild«, insistierte sie. »Ich muss hier parken.«

Ich schloss also die Türen des Containers und machte mich daran, noch einmal um den Block zu fahren, wobei ich mich fragte, ob deutsche Spießigkeit als Behinderung ausreicht, um einen reservierten Parkplatz zu bekommen.

Diesmal konnte ich vierzig Meter hinter unserer Absperrung parken. Das war nicht zu weit, um so lange weiter Kartons aufzuladen, bis der Abschleppwagen gekommen wäre, der uns dann endgültig unseren Platz frei räumen würde. War doch eigentlich alles egal. Klar, ich konnte sie eigentlich doch verstehen, die behinderte Frau. Sie hatte es ja bestimmt nicht leicht. Und dann sah ich sie, wie sie von ihrem Auto aus, das vor unserem Lkw stand, hüftgeschädigt an unserem Lkw nach hinten vorbeihumpelte, sich den Weg an dem freien Pkw-Parkplatz, auf den ich sie hingewiesen hatte, vorbei erkämpfte, um schließlich noch weiter hinten den Weg zu ihrem Wohnhaus zu finden.

Die blöde Kuh hätte es viel leichter gehabt, wenn sie auf dem anderen Platz geparkt hätte! Was in mir drin eben noch hatte Mitgefühl werden wollen, das verwandelte sich in Verachtung. Du hast ja nicht die leiseste Ahnung, welches deine wirkliche Behinderung ist, dachte ich.

Aber ich erlebte das immer wieder. Die Menschen können nicht heraus aus ihren Mustern. »Ihr könnt hier nicht parken, das ist mein Platz!« Wie oft musste ich das hören. »Die zehn Meter mehr machen den Kohl ja auch nicht fett.« Von wegen! Das rechnet natürlich keiner durch. Ein Kunde hat vielleicht dreihundert »Gänge« Umzugsgut, die wir zum Lkw bringen müssen. Dreihundertmal fünfzehn Meter sind viereinhalb Kilometer. Wollen Sie viereinhalb Kilometer mit zum Beispiel einem Karton auf der Schulter gehen? Nur ein einziges Mal?

SEHR VIELE KUNDEN STEHEN KOPFSCHÜTTELND AM STRASSENRAND
und geben vor, es nicht zu verstehen, wie sich diese ganzen Autofahrer benehmen. »Selber schuld!«, heißt es dann gerne mal, wenn einer abgeschleppt wird. Allerdings haben die meisten Kunden das offensichtlich wieder vergessen, wenn der eigene Umzug vorbei ist. Anders kann ich es mir nicht erklären. Es kann ja nicht sein, dass alle Autofahrer außer unserer Kundschaft noch nie umgezogen sind. Also: Seien Sie nett, wenn sie Leute sehen, die ihre Arbeit erledigen wollen. Parken Sie auch mal am anderen Ende der Straße, auch wenn jemand auf Ihrem Parkplatz steht. Es kann sogar sein, dass die netten Möbelpacker Ihnen Ihren Einkauf zur Tür tragen, wenn die Ihren Parkplatz blockieren. Erinnern Sie sich, wie toll das war, dass der Lkw zu Ihrem Umzug direkt vor Ihrer Tür stehen konnte, und geben Sie einmal nach. Es sind ja nicht nur die Möbelpacker, die sich freuen, sondern vielleicht auch Ihre neuen Nachbarn. Und wenn es Ihre alten Nachbarn sind, bei denen Sie sich freuen, dass Sie die endlich los sind, dann bedenken Sie, dass Sie die schneller los sind, wenn der Umzug reibungslos abläuft. Außerdem sind Sie doch ein Mensch von Stil, nicht wahr?

Und für alle anderen, die mit der alten oder neuen Nachbarschaft nichts zu tun haben, gilt: Stellt euch nicht in ein Halteverbot, wo ein Datum mit einer Uhrzeit vermerkt ist. Ihr werdet abgeschleppt oder kriegt mindestens ein Ticket. Auf jeden Fall!

22

JETZT NICHT DEN HELDEN SPIELEN!

Im Februar ist es manchmal seltsam. An einem Tag geht man vor die Tür, und es ist sonnig warm und die Vögel zwitschern exakt so, wie sie es zu Frühlingsbeginn tun. Da will man fast schon denken, der Winter wäre vorbei, aber dann fallen zwei Tage später dicke, fette Flocken vom Himmel, und alle sind wieder am Schneeschippen.

Solch ein die Hoffnung auf den Frühling zerstörender Morgen war es, als ich der Bitte meines Freundes Tobi nachkam und mich aufmachte, einem seiner Freunde bei seinem Umzug zu helfen. »Einfach ein bisschen mit anpacken«, hatte Tobi gesagt. Damit da auch jemand dabei sei, der umzugstechnisch was draufhat. Na denn, hatte ich gedacht. Viel sollte es nicht sein. Ungefähr ein Siebeneinhalbtonner, nicht ganz voll, und etwas Kohle würde für mich auch rausspringen. Vielleicht würde das Ganze sogar recht locker und zügig über die Bühne gehen.

Als ich allerdings die Aufladeadresse – sogar relativ pünktlich – erreichte, ging erst einmal gar nichts, denn der Lkw war noch nicht da. Die in der Küche bei Kaffee und Brötchen versammelten Helfer verstanden das nicht, denn Thomas (so der Name des »Kunden«) sei eigentlich früh genug losgefahren, um den Laster zu besorgen.

»Vielleicht hat er ja einen Unfall«, sagte einer, der am Fenster stand und hinaussah. »Ist verdammt glatt draußen.«

»Quatsch!«, sagte ein anderer.

»Wer weiß …«

»Ich ruf ihn mal an«, sagte ein Dritter, und kurz nachdem er gewählt hatte, klingelte auf einer Kommode im Flur das Handy von Thomas. »Toll«, sagte der Dritte.

»Wir können ja schon mal Kartons runterbringen und im Erd-geschoss sammeln«, schlug ich vor, denn wir befanden uns im zwei-ten Stock, und eigentlich brauchten wir nicht sinnlos rumzusitzen.

»Und wenn er gar nicht mehr kommt?«, fragte der Typ am Fenster.

»Jetzt mal den Teufel nicht an die Wand«, sagte Tobi. »Außerdem muss er kommen, weil die Wohnung heute leermuss.«

Also fingen wir an und schleppten Kartons ins Erdgeschoss. Nach gut einer Stunde waren alle unten, aber Thomas war noch immer nicht gekommen. »Und jetzt?«, fragte einer.

Ja, und jetzt? Ich ging vor die Tür, um eine zu rauchen, und schaute die Straße hinab. Bald gesellten sich andere zu mir. Das Schneetreiben hatte etwas nachgelassen, und schließlich hörte es ganz auf. Ich rauchte die zweite Zigarette, merkte, dass mir langsam kalt wurde, und wollte gerade beschließen, mich oben aufwärmen zu gehen, da hörte ich den Motor eines Lkws.

Ein Mietwagen kam die enge einspurige Straße durch das Wohn-viertel heraufgekrochen. Eigentlich hätte ich den Wagen kaum hören dürfen, aber offensichtlich fuhr der Fahrer im ersten Gang. Au Backe!, dachte ich und lief auf die Straße, wo ich auch gleich laut »Stopp!« rufen wollte, aber es war zu spät. Der Lkw hatte mit der vorderen Kofferecke den Seitenspiegel eines Pkws abgerissen. Der Lkw rollte noch zwei Meter weiter, dann würgte der Fahrer den Motor ab. Kurz darauf sprang ein nervlich völlig erledigtes Bündel Mensch auf die Straße und kam auf uns zu. Ich wusste sofort genau, wie der sich fühlte, denn in meiner Anfangszeit als Lkw-Fahrer hatte ich mich oft genauso gefühlt. Bis oben hin voll mit Adrenalin, wie in einer Badewanne angefüllt mit Stress.

»Ich kann nicht mehr!«, rief er. »Ich kann einfach nicht mehr!« Hinter dem Lkw hupte ein Auto.

»Scheiße!«, rief Thomas. »Scheiße, scheiße, scheiße!« Und das hörte sich dann bald nicht mehr wie ein Rufen an, sondern wie ein Hecheln. Atemlos. Ratlos.

»Wo ist der Schlüssel?«, fragte ich.

»Der steckt«, sagte Thomas. »Aber …«

»Ich bin Lkw-Fahrer«, sagte ich, und plötzlich trat der Glanz der Hoffnung in seine Augen.

Während drei andere den mit Klappstühlen und eigenen Pkws blockierten Parkplatz räumten, latschte ich zum Lkw.

In der sonnig milden Februarwoche, in der die Vögel schon einmal Frühjahrsputz in ihren Nestern machten, hatte Thomas entschieden, dass ein Siebeneinhalbtonner ja auch nichts Besonderes sei, vor allem, weil ein richtiger Kerl ja sowieso Auto fahren kann. Er hätte das vielleicht nicht so ausgedrückt, aber ich war mir sicher, dass dieses Gefühl da mitgeschwungen hatte. Ich kenne so gut wie keinen Mann, der zugeben würde, dass er irgendwelche Schwierigkeiten mit dem Autofahren hätte. So was kennen nur Frauen.

Ich stand wirklich einmal mit zwei Kollegen auf der Straße, als wir einen Pkw beobachteten, der enorme Schwierigkeiten hatte, in eine Parklücke hineinzukommen, die mindestens zwei Meter länger war als der Wagen.

»Das ist doch 'ne Alte«, sagte der eine Kollege.

»Nee, guck mal, das ist ein Typ«, sagte der andere.

»Fährt aber wie 'ne Alte«, sagte der Erste. So ist das. Sie kommen aus ihrer Wahrnehmung nicht heraus.

Oder Kollege Iggy: Der hatte mal beim Rausfahren aus einem Grundstück den rechten Begrenzungspfeiler gerammt. Ein anderer Kollege, der mit dem nächsten Lkw aufs Grundstück sollte, war sich dann seiner Sache nicht sicher, also fragte er mich, ob ich das nicht machen wolle. Ich saß dann auch schon am Steuer des Wagens, als Iggy, der seinen Lkw an der Straße abgeparkt hatte, an mein Fenster trat: »Lass mich das mal machen, das ist eine enge Situation hier.« Na gut, dachte ich. Mein Lkw (der dritte) war ja noch nicht dran, also überließ ich Iggy das Steuer des zweiten. Wahrscheinlich hatte er nach seinem Missgeschick noch etwas zu beweisen. Nämlich, dass er ein Idiot war, nehme ich an, denn obwohl zwei Einweiser ihm beim Rückwärtsfahren deutliche Zeichen gaben und immer wieder »Stopp!« riefen, rammte er auch noch den linken Begrenzungspfeiler.

Ich liebe solche Situationen.

Ein anderes Mal hat Iggy es nicht geschafft, mit seinem eigenen Pkw in eine Lücke zu kommen, die auch deutlich länger war als der Wagen. Er kurbelte und kurbelte und rangierte hin und her, aber er hatte immer wieder den weißen Begrenzungsstreifen genau unter der Mitte seines Autos. Ich konnte einfach nicht fassen, was ich da sah. Ich trat schließlich an sein Fenster und klopfte, er öffnete.

»Ey, Alter«, sagte ich grinsend. »Gib doch einfach zu, dass Frauen nicht Auto fahren können.« Mann, hat der böse geguckt!

Als Thomas, der Freund meines Freundes Tobi, den Lkw für seinen eigenen Umzug beim Verleiher abholen wollte, hatte es die ganze Nacht geschneit gehabt. Die Straßen waren weiß.

Nachdem Thomas auf der Hauptstraße vor dem Hof des Verleihers das erste Mal ins Rutschen gekommen war, wurde er nervös. Als er an einer roten Ampel einem Vordermann hinten reinrutschte, ergab sich die Verzögerung, die uns andere warten hieß. Als Thomas später in einer Rechtskurve den Kantstein mitgenommen und dabei fast auch noch eine Fußgängerampel gerammt hätte, war er mit den Nerven am Ende. Im Schritttempo und immer im falschen Gang erreichte er irgendwann seine Straße, wo er dann noch einen Spiegel mitnahm.

Er hat mich angefleht, mich bekniet, für den Rest des Tages den Lkw zu fahren, obwohl ich nicht als Fahrer eingetragen war. Ich ließ mich breitschlagen, obwohl mir das dann wiederum nicht schmeckte. Da bin ich normalerweise das Weichei. Aber dieses Häufchen da, das konnte ich in seinem Elend unmöglich allein lassen.

ÜBERLEGEN SIE SICH VOR IHREM UMZUG GUT, ob Sie wirklich selbst den Lkw fahren wollen. Wenn Sie nur irgendwie zweifeln, dann heuern Sie einen Fahrer an. Sie haben seit langen Jahren den Führerschein der alten Klasse drei, haben aber noch nie etwas Größeres als einen Pkw gefahren, nicht einmal einen VW-Bus? Lassen Sie es, wenn sich in Ihrem Bekanntenkreis ein Fahrer herumtreibt.

Überschätzen Sie sich nicht! All Ihre Reflexe, all Ihr eingespieltes Handhaben eines Fahrzeugs, das Sie sich in langen Jahren antrainiert haben, ist ausgerichtet auf das Fahren eines Pkws. Da sollten Sie sich für das Umsteigen auf etwas Größeres vielleicht einen stressfreien Tag aussuchen, nicht gerade den Umzugstag, wo Sie eh schon so viel um die Ohren haben.

Für alle uneinsichtigen »echten Kerle« gilt natürlich nach wie vor: Einsteigen und losfahren. Learning by doing. Wird schon schiefgehen!

131

23

UNBEKANNT VERZOGEN

Der Mann, der da bei mir an der Ladekante stand, während ich Kartons wegpackte, guckte mich verständnislos an. Er war ein Nachbar unserer Kundin, irgendwo aus dem Wohnblock, und er hatte mir nur eine einfache Frage gestellt, nämlich, ob das da im zweiten Stock sei, wo die ausziehen. Ich hatte etwas Unverständliches gemurmelt und gesagt, dass ich das nicht so genau wisse, was sich natürlich etwas seltsam angehört haben musste. Immerhin war ich ja der »Mann auf dem Lkw« und somit ein nicht ganz unwichtiger Mensch im Umzugsteam.

Kopfschüttelnd wandte sich der Mann von mir ab und ging seines Weges. Eine beknackte Situation. Auch vor der Haustür die Postbotin zu treffen machte keinen Spaß, denn sie fragte, ob das die Lehmanns aus dem zweiten Stock seien, die da umzogen. Dass ich mir da nicht sicher sei, sagte ich, und sie guckte mich skeptisch an. Keine Ahnung, was die wohl von mir gehalten hat, aber das war dann auch egal.

Ich bin oft mal wortkarg, wenn irgendwelche Leute Fragen über unsere Kunden stellen, schließlich sind das unsere Kunden, und wenn irgendwelche Leute die nicht selber fragen können, wieso sollte ich denen dann was erzählen? Aber die Postbotin ist ja nun auch nicht einfach irgendjemand. Ich lief also nach oben in die Wohnung und erzählte Frau Lehmann, unserer Kundin, dass die Postbotin sich nach ihr erkundigt hätte. Einen kurzen Moment schien es, als würde Frau Lehmann erschrecken, dann schüttelte sie den Kopf und sagte: »Ist ja auch egal.«

Als Sunny und Blondie mit einer Kommode an uns vorbeiliefen und im Treppenhaus verschwanden, hörten wir von draußen eine weibliche Stimme die beiden fragen, ob Frau Lehmann zu Hause sei, und darauf die Antwort von Blondie: »Keine Ahnung.«

Eine verblüffte ältere Dame erschien in der Wohnungstür, sagte »Na so was!« und begrüßte unsere Kundin. Die beiden nahmen sich in den Arm, und unsere Kundin erklärte der Dame, dass sie sich nicht über die Möbelpacker wundern sollte, die würden hervorragende Arbeit machen und seien sowieso ganz klasse. Ich schnappte mir einen Karton und lief zum Lkw runter, wo ich Sunny und Blondie vorschlug, eine zu rauchen, aber Sunny meinte, dass er es besser fände, wenn wir zusehen, dass wir fertig wurden.

»Die ist zwar schon ruhiger als heute Morgen, aber so richtig entspannen tut die sich erst, wenn wir hier weg sind.«

Also gut, das konnte ich einsehen. Und gerade, als meine beiden Kollegen sich auf den Weg nach oben machen wollten, erschien auch schon der nächste Neugierige aus der Nachbarschaft.

»Na, wer zieht denn hier um?«, fragte er.

»Keine Ahnung«, sagte Sunny und folgte Blondie, der gar nicht erst geantwortet hatte.

»Du hast aber unfreundliche Kollegen«, sagte der Mann, während ich eine Decke über die Kommode warf.

»Was is?«, fragte ich, wobei ich versuchte, möglichst abweisend zu klingen.

»Die sind unfreundlich, deine Kollegen.«

»Seid wann duzen wir uns?«, fragte ich, und damit war ich ihn los. Er murmelte noch irgendwas und verschwand. Mochte er über unfreundliche Möbelpacker denken, was er wollte, heute gehörte die Unfreundlichkeit dazu, heute war das Zugeknöpftsein Unbeteiligten gegenüber ein Gebot der Professionalität. Wir waren in einem Mietwagen unterwegs, und keiner von uns trug Arbeitskleidung, auf der der Name unserer Firma stand. Ja, wir benutzten nicht einmal Kartons mit der entsprechenden Aufschrift.

»Ihr erzählt keinem, wo die hinzieht«, hatte uns der Disponent eingeschärft, und so gaben wir uns unfreundlich.

Man mag vielleicht in solch einem Moment zum Beispiel einer Postbotin als Idiot erscheinen, weil man sich »nicht sicher« ist, wer da gerade umzieht, aber man nimmt das in Kauf, wenn die Kundschaft auf der Flucht ist. Und auf der Flucht war unsere Kundin.

Ich habe an anderer Stelle eine lustige Geschichte erzählt, in der eine andere Kundin auf der Flucht war, und in der Geschichte war der Gatte der Kundin ein erbarmungswürdiger Trottel gewesen. Trotzdem hatte die Kundin Angst gehabt. Der Gatte unserer heutigen Kundin war kein erbarmungswürdiger Trottel. Er war ein Gewalttäter. Glücklicherweise war er im Urlaub, sonst hätte sich Frau Lehmann wohl nicht getraut auszuziehen. Angst hatte sie trotzdem noch. Wir taten, was wir konnten, ihr die Angst zu nehmen, aber eigentlich war das Einzige, was wir wirklich tun konnten, schnell aufzuladen und sie in ihr neues Zuhause in einer anderen Stadt zu bringen, ohne irgendjemandem, der zufällig, oder eben nicht zufällig, vorbeikam zu verraten, wo sie hinzog.

Natürlich kann jeder verlassene Mann einen Detektiv anheuern, um herauszufinden, wohin die Frau sich gemacht hat. Aber es ist ja wohl nicht die Aufgabe der Möbelpacker, schon einmal durch Auftreten mit plakativer Werbung für die Firma die ersten Spuren zu legen, die dann auch die gesamte Nachbarschaft mitbekommt. Also traten wir als Firma sozusagen »inkognito« auf.

In ihrem neuen Zuhause wusste sich unsere Kundin in sicherer Umgebung. Freunde wohnten in nächster Nähe und hatten für den Fall der Fälle ein Alarmsystem ausgeklügelt. Endlich konnte sich unsere Kundin entspannen, und nach dem Abladen gab es noch einen kleinen Imbiss und etwas Trinkgeld. Aber außerdem gab es noch etwas anderes: einen Dank von Herzen, der so ganz anders herzlich war, als das sonst der Fall ist, wenn es herzlich wurde. Und so sinnierte Sunny auf dem Rückweg auf der Autobahn über unseren Job, und ich spürte, dass er heute extra stolz darauf war, gute Arbeit hingelegt zu haben. Sunny war nämlich einer der Möbelpacker, die die Schicksale mancher Kunden nicht schon wieder vergessen hatten, sobald sie nach dem Abladen im Lkw saßen.

Das Bemerkenswerte ist, dass wir diesen Umzug in keiner Weise als etwas Besonderes empfunden hätten, wenn wir nichts über die Kundin gewusst hätten, wenn sie sich entschlossen hätte zu fliehen, ohne dem Spediteur die Umstände zu erklären, wenn sie keine Angst gehabt hätte.

Dann wäre das ein stinknormaler, kleiner, langweiliger Umzug gewesen, über den es nichts zu erzählen geben würde.

DIESER TIPP RICHTET SICH AN FRAUEN, die vor ihrem Mann fliehen wollen, aber nicht wissen, wie sie eine Flucht mit mehr Hab und Gut als gerade mal einem Koffer bewerkstelligen sollen, weil sie niemanden haben, der ihnen bei einem Umzug helfen würde: Suchen Sie nach einer seriösen Spedition und fragen Sie vorsichtig nach, wie diskret denn ein Umzug gestaltet werden könnte. Sie brauchen da niemandem Ihre Geschichte zu erklären. Jeder, der mehr als ein Jahr in seinem Job ist, wird kapieren, worum es geht, und ihnen dabei helfen, Ihren Umzug so heimlich wie möglich zu gestalten. Er wird Ihnen keine Trottel ins Haus schicken, die jedem, der mal vorbeikommt, erzählen, wo Sie hinziehen, und er wird auch die eigene Firma »unerkannt« auftreten lassen.

Diskretion ist Pflicht bei Möbelpackern, und im Falle einer vor ihrem Mann fliehenden Frau ist sie nicht nur oberstes Gebot, sondern auch Ehrensache. Jedenfalls habe ich das so erlebt.

24

WENN DER LACK MAL AB IST

Spätnachts traf ich meinen alten Freund Marvin in der Kneipe, wo er deprimiert in der Ecke saß, Bier trank und einen Schnaps nach dem anderen in sich reinkippte.

»Was ist denn mit dir los?«, fragte ich, nachdem ich mir ein Bier bestellt hatte. Neben Marvin stand in der Ecke sein Basskoffer, daneben lag eine Tasche auf einem Stuhl. Marvin kramte darin und zog eine Rolle Gaffertape hervor.

»Dieses Zeug hat mein Leben zerstört«, sagte er, bevor er einen Streifen abriss und ihn sich fest über den Mund klebte. Dann legte er beide Hände auf den Tisch. Ich glotzte ihn fragend an, während er begann, die Backen aufzublasen und Grimassen zu schneiden, sein Gesicht in alle möglichen Richtungen zu verformen. Nach kaum einer Minute fiel der Streifen von seinem Gesicht ab. Marvin fing ihn kurz über der Tischplatte auf und hielt ihn mir entgegen. »Hast du dich nie gewundert, wenn die in einem Film jemanden fesseln und dem einen Streifen übers Gesicht kleben, anstatt ganz um den Kopf herumzuwickeln?«

»Klar«, sagte ich. »Voll der Schwachsinn.«

»Das kann gar nicht halten«, sagte Marvin. »Aber kleb damit mal die Türen eines antiken Sekretärs von der Mutter deiner Freundin zu. Da bist du ruck, zuck solo und fliegst außerdem aus deiner Band raus.« Marvin nahm einen Schluck Bier, der Wirt stellte ihm einen Schnaps hin, Marvin stürzte auch den. »Hast du was zu kiffen?«, fragte er. Ich schüttelte den Kopf.

»Und was ist jetzt los?«, fragte ich.

»Ach, scheiße! Kathrin hat Schluss gemacht, und die anderen meinen, wenn ich nicht aufhöre zu saufen, dann kommt die Combo auch ohne mich aus.«

»Und das alles wegen Gaffertape?«

Marvin legte das Kinn in die aufgestützte Hand und stierte mich an. »Wahnsinn, was?«

Nach und nach konnte ich es ihm aus der Nase ziehen. Ein paar Wochen zuvor hatte er beim Umzug der Mutter seiner Freundin Kathrin geholfen. Dabei hatte er die Türen eines antiken Sekretärs mit Gaffertape gesichert. Einmal von links nach rechts einen Streifen darübergeklebt. In der neuen Wohnung hat Kathrins Mutter den Klebestreifen dann abgezogen und auf dessen ganzer Breite den Lack mit runtergenommen. Die Mutter brach in Tränen aus, Kathrin zeterte. »Du bist doch der letzte Vollidiot!«, hat sie gerufen.

»Und wegen so was macht die Schluss?«, fragte ich.

Marvin schüttelte den Kopf. »Das geht ja noch weiter.«

Natürlich lässt sich niemand gerne als Vollidioten beschimpfen, und so hatte Marvin sich gerechtfertigt, bis es zum handfesten Streit gekommen wäre und Kathrin »nur noch rumgenörgelt« hätte.

»Und dann hat die sich mit ihrem blöden Ex getroffen«, sagte Marvin. »Wahrscheinlich, um dem zu erzählen, wie doof ich bin.«

Meine Vermutung, dass es bei den beiden wohl vielleicht vorher schon gekriselt hatte, dass da der Lack schon ein bisschen ab war, behielt ich für mich, während Marvin weitererzählte. Dass er auf einer Party, zu der er mit Kathrin eingeladen war, wo sich aber auch ihr Ex befunden hatte, mit einer anderen Frau geknutscht hat, bezeichnete er als entschuldbaren Fauxpas.

»Soll ich denn die ganze Zeit brav danebensitzen, während die mit ihrem Ex zusammenhängt?«

»Na ja, vielleicht brauchte sie nur mal jemanden zum Reden«, versuchte ich.

»Klar, mit mir geht das ja nicht!«

Das ganze Ding hatte sich hochgeschaukelt. Kathrins Vermutung, Marvin hätte was mit der anderen von der Party, ließ den Streit eskalieren, bis es zum Ende der Beziehung kam. In der Zeit danach gab Marvin sich dem Alkohol hin, bis er drei Gigs mit seiner Band hintereinander versemmelte, weil er zu breit zum Spielen war.

»Tja, und dann war ich raus.«

»Und das alles wegen so einem bisschen Klebeband?«

»Ach, scheiß drauf. Ich will kiffen!«

WENN SIE NICHT GERADE WÄHREND IHRES UMZUGES herausfinden wollen, wie stabil Ihre Beziehung wirklich ist, dann bleiben Sie mit Klebeband weg von Ihren Möbeln! Gaffertape eignet sich sehr gut dafür, bei Konzerten Kabelstränge auf dem Fußboden zu verlegen oder mal einen Riss im Gitarrenkoffer zu flicken, ist aber auch ein Beispiel für Klebeband, das an Möbeln nichts zu suchen hat. Auch Paketband hat an Kommoden nichts verloren, denn das ist das extreme Gegenteil von Gaffertape: Es hält nicht. Es stimmt, Möbelpacker benutzen manchmal Klebeband, zum Beispiel um Markierungen an zerlegten Kleiderschränken anzubringen, aber Möbelpacker haben ein softes Tape dabei, und sie wissen, wo sie es benutzen dürfen.

Wenn Sie eine Spedition beauftragen, dann brauchen Sie sich um die Möbel, die Sie leergeräumt haben, sowieso nicht mehr zu kümmern. Die Möbelpacker wissen schon, wie sie die transportfertig machen. Für alle, die ihren Umzug ohne Spedition machen, gilt: binden, nicht kleben! Türen werden zugebunden, Schubladen herausgenommen. Oder aber, Sie besorgen sich Stretchfolie. Gibt es bei jeder guten Möbelspedition. Auf größerer Rolle als Frischhaltefolie und wesentlich stabiler, lässt sie sich abrollen, ein paar Mal um das Möbelstück herum, und dann zieht sie sich zusammen, sodass das ganze »sitzt«. Da geht dann keine Tür mehr auf und keine Schublade rutscht heraus.

25

ABSCHIED KANN WEHTUN — BESONDERS AM TAG DANACH

Als wir an der Tür unserer Kundschaft klingelten, tat sich im Haus nichts. Niemand öffnete uns. »Klingel noch mal«, sagte Otis, und Sunny drückte auf den Knopf. Wieder nichts.

»Stimmt die Adresse?«, fragte ich.

Otis grinste und guckte aufs Klingelschild. Er nickte. »Vielleicht kommen ja heute mal die Kunden zu spät«, sagte er.

Sunny drückte auf die Klingel. »Und jetzt?«, fragte er.

»Jetzt ruf ich mal im Büro an«, sagte Otis. Er zog sein Handy aus der Tasche und wählte, während Sunny noch einmal klingelte. Plötzlich ging über uns ein Fenster auf Klapp.

»Einen Moment noch!«, rief eine Stimme, und fast fünf Minuten später wurde die Tür geöffnet. Vor uns stand im Bademantel der Kunde mit aschgrauem Gesicht, gelblichen Augäpfeln und wirrem Haar. Seine Mimik drückte Schmerz aus.

»Entschuldigung«, sagte er. »Wir haben verschlafen.« Er bat uns herein und schleppte sich vor uns ins Wohnzimmer. »Vielleicht könnt ihr einfach hier anfangen, ich geh solange meine Frau wecken.« Wir sagten nichts, er schaute von einem zum anderen. »Wir haben gestern Abschied gefeiert.«

»Schon klar«, sagte Otis.

»Tja«, sagte ich und schaute mich im Wohnzimmer um, wo genug Kartons herumstanden, mit denen wir erst einmal anfangen konnten, bis die Kunden sich auf Vordermann gebracht hatten.

»In der Küche muss noch das Geschirr gepackt werden«, sagte der Kunde.

»Soll denn was dableiben, was wir nicht verpacken sollen?«, fragte Otis.

»Das Aspirin im Küchenschrank«, sagte der Kunde. Wir grinsten alle drei. Der Kunde schleppte sich in die Küche, um Kaffee aufzusetzen. Als wir uns jeder einen Karton auf die Schulter hoben, drehte er sich noch einmal um. »Könntet ihr eventuell die nächste halbe Stunde ein bisschen leise arbeiten, bis meine Frau wach ist?«

»Kein Problem«, sagte ich und latschte hinter Otis und Sunny zum Lkw. An der Ladekante stellte ich kopfschüttelnd den Karton ab. Otis grinste, Sunny schmunzelte. »Mann, ist der fertig!«

»Wenigstens ist er da«, sagte Otis. Und dann erzählte er von einem sogenannten »Prominenten«, der letzte Woche morgens im Büro angerufen und erzählt hatte, dass er »heute« unmöglich umziehen könne, weil er die ganze Nacht gekifft hätte. Also wurde sein Umzug verschoben.

»Ist ja auch irgendwie cool«, sagte Sunny.

»Was ist denn daran cool?«, fragte Otis. »Wenn ich das mache, kriege ich vielleicht 'ne Abmahnung, und bei dem ist das cool, weil er ein Prominenter ist?«

»Na ja«, meinte Sunny.

»Bullshit. Ich fahre über eine Stunde mit Bus und Bahn durch die Stadt zur Arbeit, und dann kann ich wieder nach Hause, weil irgend so ein Penner meint, heute nicht? Na, danke!« Otis schüttelte den Kopf. »Wenn er wenigstens mal Trinkgeld rumgeschickt hätte, für die Leute, die morgens umsonst ihren restbekifften Arsch für ihn aus dem Bett heben. Aber auf die Idee kommt er nicht, weil er ja so'n cooler Promi ist. Toll!«

Plötzlich standen zwei Aushilfen von der Zeitarbeit neben uns. Unsere Verstärkung. Wir erklärten ihnen die Situation, und dann machten wir uns daran, das Wohnzimmer leer zu räumen. Als ich der Dame des Hauses ansichtig wurde, hatte sie mein volles Mitgefühl. Kalkweiß im Gesicht, hob sie in der Küche eine Aspirin über den Rand eines Wasserglases. Eine Minute später war sie verschwunden. Mit ihrem Mann besprachen wir die Situation und versicherten ihm, dass wir heute mal mit dem Schlafzimmer bis zum Schluss warten konnten. Es war nur zu offensichtlich, dass seine Frau die Erholung bis zur letzten Minute auskosten musste. Er selbst hielt sich tapfer auf dem Sofa bereit, uns auf eventuelle Fragen Antwort zu geben.

Gegen Ende des Aufladens war dann auch die Frau wieder halbwegs fit, und so hat sie uns zum Abladen ein schönes Mittagessen organisiert, und als am Abend der Umzug erledigt war, haben die beiden sich herzlich für unser rücksichtsvolles Arbeiten bedankt.

ES GIBT EINIGES AM VERHALTEN DER KUNDSCHAFT, was einen Möbelpacker befremden kann. Morgens verkatert die Tür zu öffnen zählt nicht dazu, wenn Ihr Kater nicht die Arbeit des Möblers behindert. Scheuen Sie sich nicht, die Abschiedsparty voll auszukosten, bloß weil am nächsten Tag die Möbelpacker ins Haus kommen.

Je seltener Sie umziehen (und noch dazu in die Ferne), je weniger Sie ein Umzugsroutinier sind, der zwei oder drei Mal im Jahr seinen Wohnort wechselt, desto mehr sollten Sie Ihren Abschied ritualisieren, denn manchmal ist ein Umzug ein Einschnitt im Leben, den man nur mit der Einschulung oder einer Hochzeit vergleichen kann.

Wer nach Neuseeland geht, der sollte es noch mal richtig krachen lassen. Da nimmt man was von mit, ans andere Ende der Welt. Und wer nur einen Stadtteil weiter zieht und obendrein nur wenig Leute kennt, der kann ein paar wenige oder einfach nur den liebsten Nachbarn zum Essen einladen, wenn es schon keine Party gibt.

Wenn Sie nicht das Gefühl haben, sich aus Ihrem bisherigen Leben herausschleichen zu wollen oder müssen, dann »inszenieren« Sie Ihren Abschied vom alten Heim auf die eine oder andere Art. Das hilft, das macht Spaß und das wirkt positiv nach, wenn auch nicht gleich am nächsten Morgen.

26

PÜNKTLICH WIE
DIE MÖBELPACKER

Wenn wir um acht Uhr mit der Kundschaft verabredet sind und um zwei nach acht an der Tür klingeln, heißt es gerne mal: »Na, Sie sind aber pünktlich!« Wenn man dann mit einem Lächeln erwidert, man sei ja schließlich Profi, dann ist das Eis schon vor dem ersten Frost gebrochen. Leider ist das nicht immer so. Manchmal kommen wir auch zu spät, und darauf reagieren die Kunden sehr unterschiedlich.

Ein humorvoller Kunde begrüßte uns eines Morgens, als wir eine Dreiviertelstunde zu spät bei ihm ankamen, mit den Worten: »Gandhi sagte, Unpünktlichkeit sei eine Form der Gewalt, weil der Wartende in Abhängigkeit zum Unpünktlichen belassen werde.« Erst guckten wir verdutzt, dann lachten wir. Klar wurde Gandhi zum Running Gag an dem Tag.

»Kannst du mal hier mit anfassen? Gandhi sagte …«

»Alter, hetz mich nicht. Gandhi sagte …«

»Haben Sie mal bitte einen Kaffee für uns? Gandhi sagte …«

»Hat Gandhi nicht auch gesagt, andere Leute Möbel für sich schleppen zu lassen sei eine Form der Gewalt?«

Es macht Spaß, wenn Kunden schon am Morgen so drauf sind, dass mit denen erst gar keine schlechte Laune aufkommen kann.

Wie leblos, wie fern von allem guten Lebensgefühl sind im Gegensatz dazu Leute wie die Kundin, die uns an einem anderen Tag die Tür öffnete und pikiert mit zusammengekniffenem Mund ätzte: »Man hatte mir gesagt, Sie kämen um acht Uhr!« Es war Viertel nach. So verachtend, wie sie uns musterte, hätte sie wohl fünfzehn Stockhiebe für jeden von uns angemessen gefunden.

Der Tag war von Anfang an im Eimer.

An noch einem anderen Tag waren wir richtig zu spät. Etwa zwei Stunden. Das kann schnell mal passieren. Wenn in Hamburg an zwei wichtigen Punkten Baustellen sind und dann vielleicht noch ein Verkehrsunfall auf einer Hauptstraße dazukommt, dann geht um die Innenstadt herum nichts mehr. Da leihe ich mir am Steuer gerne mal die Zeitung des Beifahrers aus. Wenn man mal nicht steht, dann kriecht man dahin. An jenem Tag war ich Beifahrer, und am liebsten wäre ich ausgestiegen und zwischendurch Kaffee trinken gegangen, aber irgendwann ging es auch weiter. Als wir ein Stück in normaler Geschwindigkeit gefahren waren, blinkte in den Armaturen die Ölwarnleuchte auf.

»Scheiße«, murmelte Blondie, der am Steuer saß. »Haben wir Öl dabei?«

»Keine Ahnung.« Ich sah mich um, entdeckte aber nichts. »Meinst du nicht, das reicht noch bis zum Kunden?«

»Keine Ahnung, wie weit das noch reicht, das ist mir aber auch egal. Ich riskier hier nix.«

Klar, wer am Steuer sitzt, der ist im Zweifel der Arsch, wenn der Wagen wegen Ölmangels liegen bleibt. Das würde ich auch nicht riskieren. Blondie entdeckte hinter seinem Sitz einen Ölkanister und fuhr auf einen freien Parkplatz. Und dann suchten wir vor, hinter und um das Fahrerhaus des Siebeneinhalbtonners herum, wo das Öl einzufüllen sei. Wir fanden nichts.

»Hast du bei dem hier schon mal Öl nachgekippt?«

»Nö.«

Wir hatten natürlich als Erstes unter der Klappe vor dem Motor geguckt, aber da war auch nichts zu sehen.

»Kennst du Autos, bei denen man kein Öl nachfüllen kann?«

»Nö.« Fast synchron kratzten wir uns am Kopf.

»Das glaub ich jetzt aber mal wieder nicht«, sagte Blondie. Es reichte nicht, dass wir eine Stunde im Stau hatten verlieren müssen, wir waren auch noch zu doof, Öl in unseren Lkw zu schütten. Blondie zog das Handy aus der Tasche und rief im Büro an. Während er

noch telefonierte, kramte er hinter dem Fahrersitz, wo er eine fünfzig bis sechzig Zentimeter lange Metallstange fand. Dann suchte er
irgendwas an der Seite des Lkw, kurz hinter der Fahrertür. »Okay«,
sagte er dann, packte das Handy weg und grinste mich an. »Alles
raus aus dem Fahrerhaus oder in den Fußraum.«

»Das ist nicht dein Ernst,«, sagte ich. »Alles raus«, das hieß, alles
raus, was eventuell in die Windschutzscheibe fliegen könnte. Wir
mussten das Fahrerhaus abkippen. Die Stange, die Blondie in den
Händen hielt, hatte an einem Ende einen Schlitz, mit dem Blondie
da irgendwo an einer Ölhydraulik ansetzte. Wie bei einem Wagen-
heber fing er an zu pumpen und langsam neigte sich das Fahrerhaus
nach vorn.

»Warte!«, rief ich und schnappte mir aus dem Fußraum die Mappe mit unseren Papieren. Es wurde Zeit, dass wir unsere Kundschaft
anriefen. Während Blondie pumpte, hatte ich eine Stimme am Ohr,
die mir mitteilte, die »number«, die ich gewählt hatte, sei »tem-
porary not available«. Ein klarer Fall für deutsche Sprachschützer.
Oder hatte ich nur den deutschen Teil verpasst, weil Blondie mich
aufforderte, ihn mal abzulösen? Ich pumpte noch ein paar Minuten,
dann hätte jeder, der noch im Fahrerhaus war, an der Frontscheibe
klebend eine interessante Sicht auf den Straßenbelag gehabt. Das
Fahrerhaus küsste fast den Boden, und wir sahen endlich, wo das Öl
hineingehörte. »Das ist ja wohl eine selten dämliche Konstruktion«,
sagte Blondie. Ich stimmte ihm zu. Das war einfach nur beknackt,
wie das da gebaut war. Aber vielleicht regten wir uns nur auf, weil
wir Amateure waren, die einfach keine Übung darin hatten, das
Fahrerhaus beiseite zu nehmen, um dem Lkw einen Schluck zu
gönnen.

Na ja, das Ganze hatte uns aber keine ganze Stunde gekostet wie
der Stau vorher, sondern nur fünfundvierzig Minuten.

Unsere Kundschaft interessierte das alles nicht. Unsere Kundschaft war stinksauer. Als ich fragte, warum sie denn nicht mal ihr
Telefon angemacht hätten, erntete ich erst verdutzte, dann böse

Blicke. Man könne ja nicht an alles denken, und außerdem sei man im Stress.

Natürlich konnten die nichts dafür, dass unser Lkw nicht richtig gewartet war, aber etwas Einsehen, dass das nicht unsere Schuld war, das wäre nett gewesen. Und außerdem ist die Lkw-Wartung immer so ein Thema, wenn der Lkw an sechs Tagen in der Woche von morgens bis abends für die Kunden im Einsatz ist. Da wartet man mit dem Öl auch mal, bis das Lämpchen blinkt.

Es gibt glücklicherweise zwischendurch immer wieder Kunden, die mir allein schon mit ihrer Art den Job zu versüßen vermögen. Kunden, die selbst bei einer Verspätung von mehreren Stunden ihre gute Laune nicht verlieren.

Wie zum Beispiel jene Kunden, bei denen wir abends um zehn ein Klavier ablieferten, wofür wir für neunzehn Uhr angekündigt gewesen waren. Das war wieder so ein Tag gewesen, an dem alles viel zu lange gedauert hat und wir obendrein für verschiedene Kunden kreuz und quer durch Norddeutschland gehetzt wurden. Natürlich war auch eine Motorpanne an dem Tag dabei, und gegen Ende des Tages war ich sehr aggressiv. Das hat mir aber dann beim Klavierschleppen geholfen. Während ich zum Aufladen das Klavier kaum angehoben bekommen hatte, verlieh mir meine Aggression beim Abladen erstaunliche Kräfte, sodass es ein Kinderspiel für mich war, das Ding in den zweiten Stock zu schaffen. Dort allerdings, als wir das Klavier auf einem Hunt in die Wohnung rollten, verflog meine schlechte Laune im gleichen Moment, als ich den Kunden begegnete. Das war ein lustiges älteres Ehepaar, und das Erste, was der Mann sagte, war: »So, und jetzt bitte noch mal das Klavier zum Lkw und alles von vorne.«

»Bitte was?«

»Ich hätte das gerne gefilmt.«

»Hä?«, machte ich noch, da schaltete sich die Frau ein.

»Kennen Sie das nicht von Loriot? Ein Klavier, ein Klavier!« Und dann lachten wir alle. Denen war das scheißegal, dass wir drei Stunden zu spät waren. »Ein Klavier, ein Klavier!«, sagte die Frau immer wieder, bis es mir reichte.

»Hören Sie mal«, sagte ich. »Wenn hier noch ein einziges Mal jemand ›ein Klavier, ein Klavier‹ sagt, dann spiele ich mal ›das Bild hängt schief‹!«

Eine Sekunde Schweigen, dann lies die Frau ein kurzes »Huch!« hören, und wieder lachten alle.

Wir rollten das Klavier ins Zimmer an die Wand und hoben es vom Hunt. Während Otis mit der Frau an den Papierkram ging, hob ich das eine Ende des Klaviers, das noch etwas zu weit weg stand, an die Wand heran. Am anderen Ende versuchte sich der alte Mann.

Ich sagte: »Och, Vati, nun lass doch!«, und nahm ihm das Instrument aus der Hand, sozusagen.

Ich hatte vierzehn Stunden Stress hinter mir gehabt, hatte mich geknechtet und ausgebeutet gefühlt und war aggressiv geworden. Zwei Minuten mit diesen Leuten haben all das in Luft aufgelöst und aus dem Fenster gehaucht. Solche Leute nenne ich Wunschkunden.

DREHEN SIE NICHT DURCH UND SEIEN SIE NICHT gleich zu Anfang schlecht gelaunt, wenn es später wird. Wenn der Akquisiteur Ihnen eine Uhrzeit sagt, zu der die Möbelpacker bei Ihnen erscheinen werden, dann meint er damit »wenn alles so läuft, wie wir uns das vorstellen«. Das klappt auch meistens, aber eben nicht immer. Deswegen wird von unterwegs auch gerne mal bei Ihnen angerufen, um Sie auf dem Laufenden zu halten. Also: Schalten Sie Ihr Handy ein!

Und lassen Sie es nicht an den Möbelpackern aus. Die können nichts dafür.

27

HANDGEPÄCK GEHÖRT NICHT EINGECHECKT!

Ich war einmal mit einem Kollegen in ferner Stadt, wo uns von einer Partnerfirma eine Ladehilfe zur Seite gestellt wurde. Wir hatten einen relativ kleinen Umzug abzuladen, und so hat das Ganze nicht lange gedauert. Als die Arbeit getan war, verabschiedeten wir uns von unserer Kundin und unserer Ladehilfe und suchten am frühen Nachmittag erst einmal ein nettes Restaurant auf, um zu Mittag zu essen. Wir hatten Zeit, denn erst am nächsten Tag sollten wir unseren nächsten Kunden aufladen. Nachdem wir es uns hatten schmecken lassen, fuhren wir zum Hof der Partnerfirma, um dort den Lkw abzustellen und uns zu überlegen, welch touristisches Vergnügen wir uns am Abend gönnen wollten. Es kam nicht oft vor, dass wir Zeit hatten, denn meistens mussten wir sofort weiter auf die Autobahn zum nächsten Kunden. Nach vielen Jahren hatte ich auch oft keine Lust, in fremden Städten meine Zeit und mein Geld zu verdaddeln, schließlich war ich unterwegs, um Geld zu verdienen. Aber an diesem Tag war nettes, sommerliches Wetter und ich war erschöpft, weil wir die letzte Nacht natürlich wieder durchgefahren waren.

Als wir den Hof der Partnerfirma erreichten, kamen uns schon zwei Jungs aus dem Büro entgegen. Die Kundin hätte sich gemeldet, es wären ihr hundert Euro gestohlen worden, erklärten sie uns. Das war mal kein schöner Beginn eines Feierabends. Ich mag das nicht, wenn ich mich zu ungerechtfertigten Verdächtigungen äußern muss. Das macht keinen Spaß. Aber glücklicherweise kannten wir uns alle schon seit Jahren. Als einer von der Partnerfirma bei unserer Firma in Hamburg anrief, sagte da einer aus dem Büro auch schlicht: »Nö, unsere Leute waren das nicht.« Damit war das Thema dann für uns erledigt. Einer aus dem Büro der Partner ist dann zu der Kundin hingefahren und hat ihr hundert Euro gebracht. Die Ladehilfe wurde danach nicht mehr beschäftigt. Nun hätte es ja aber sein können, dass dem Typen unrecht getan wurde, weil die Kundin vielleicht selbst das Geld verloren hat. Allein, dass er sich nicht wieder gemeldet hat, spricht gegen ihn, denn er hätte ja erklären können, dass er sich ungerecht behandelt fühle und dass er den Job bräuchte. Hat er aber nicht getan.

Es kommt immer mal wieder vor, aber seltener als man normalerweise glaubt. Kein Spediteur ist da sicher. Niemand kann wissen, wen er da einstellt. Ich habe es in zwanzig Jahren drei oder vier Mal erlebt, dass jemand wegen Diebstahls fristlos gefeuert wurde, und das waren alles Leute, die schon länger dabei waren. Gelegenheit macht Diebe, heißt es, und manch einer scheint nach Jahren erst schwach zu werden.

Es kommt selten vor.

Was viel öfter vorkommt, ist etwas, was mir auf einem Umzug passierte, bei dem ich den Lkw packen musste, und zwar sehr eng und sehr sorgfältig, weil mal wieder nicht klar war, ob alles auf den Wagen passen würde. Die Kollegen hatten mich seit Stunden »dichtgeschmissen«, wie wir das nennen, und ich hatte große Mühe, das alles wegzupacken. Ich habe es aber hingekriegt, und immer wieder über mich selbst gestaunt, weil ich es ja offensichtlich doch draufhatte.

Zwischendurch genossen wir auch ein lecker zubereitetes Frühstück und tranken immer mal wieder Kaffee und rauchten Zigaretten. Während ich auf dem Lkw wegpackte, war ich im Stress, aber in den Pausen wurde mir immer wieder klar, dass es doch ein netter Umzug mit netter Kundschaft war. Es war eine entspannte, gut gelaunte Kundin, die uns den Job nicht nur erträglich machte, sondern mit ihrer Freundlichkeit mal wieder zeigte, dass man nicht nur überall als dummer Dienstbote behandelt wurde. Ein toller Tag. Bis ihr Mann von der Arbeit kam.

Wir standen gerade an der Ladekante und rauchten, als er sich zu uns gesellte, sich vorstellte und eine Zigarette schnorrte. »Wow!«, sagte er, als er auf die Ladung guckte. »Das sieht ja gut aus.«

Der Wagen war zu zwei Dritteln voll, und ja, er hatte recht, das sah wirklich gut aus. Ich hatte gezaubert, und ich sah keine Lücke, in die auch nur ein Buch gepasst hätte. Das sind dann so Bilder, die man fotografieren möchte, oder besser noch: malen.

Als der Kunde aufgeraucht hatte, ging er ins Haus hinein, und schon nach wenigen Minuten kam er wieder herausgestürmt.

»Wo ist mein Laptop?«, fragte er in die Runde, und dann starrten wir alle auf die Ladefläche, während ich mich zu erinnern glaubte, dass da ganz am Anfang, als wir die erste Reihe Kartons aufluden, etwas zum Lkw gekommen war, was ich jetzt in der Erinnerung durchaus für eine Laptoptasche halten konnte.

»Ich brauch den«, sagte der Kunde, und irgendwelche andere Ideen ließ er gar nicht erst zu. »Ich brauch den sofort, sonst bin ich aufgeschmissen.«

Tja, und dann sah ich auf dem Lkw nicht mehr das Bild, das Zeugnis über meine tollen Fähigkeiten als Packer ablegte. Ich sah nur noch etwa fünf Möbelwagenmeter, die mir im Weg standen, wenn ich an den Laptop ranwollte. Es hat eine Stunde gedauert. Ich wühlte mir Gänge durch die Ladung, packte oben ab und kletterte unter der Decke zur ersten Kartonreihe, suchte, suchte noch mehr, wühlte, reichte einem Kollegen nach hinten durch und fand schließlich irgendwann das kleine Rechnergerät.

Anschließend musste ich alles wieder so verstauen, wie es vorher weggepackt war, und als ich damit durch war, hatte ich drei Kartons und einen Stuhl übrig. Das war, als ob man ein Loch buddelt und es wieder zuschippt. Es ist nie wieder richtig voll. Nur war es bei mir umgekehrt. Zum Glück hatte ich aber so gut gepackt, dass wir trotzdem alles mitbekommen haben. Man könnte darüber lachen, dass ich sage »zum Glück«, aber ich habe es oft genug erlebt, dass eine Menge wie drei Kartons und ein Stuhl einfach nicht mehr gepasst haben.

BEVOR DER UMZUG ANFÄNGT, bevor auch nur das kleinste Teil zum Lkw gebracht wird, sollte eines allen Beteiligten klar sein: Was bleibt hier, was kommt nicht auf den Lkw?

Schaffen Sie eine Ecke, in der alles gesammelt wird, was Sie im Handgepäck brauchen oder was sowieso nicht mitsoll. Sichern Sie diesen Platz. Machen Sie allen klar, dass sie da nichts zu suchen haben. Stellen Sie Schilder auf, heuern Sie Wachposten an! Es gibt immer wieder unkonzentrierte Möbelpacker und Helfer, die unbedacht eine Kleinigkeit greifen, weil sie noch eine Hand frei haben. Das gilt es zu verhindern.

Wertsachen, Geld, Medikamente, Ersatzbrillen, wichtige Papiere sollten sowieso ganz aus dem Geschehen herausgehalten werden. Das hilft mindestens, Missverständnisse zu vermeiden.

28

WER EINEN SCHADEN HAT ...

Ich war mit meinem Kollegen Ludwig unterwegs auf einer Ferntour. Irgendwo bei München hatten wir sechzehn Möbelwagenmeter abgeladen. Dazu hatten wir natürlich Ladehilfen aus München gehabt, aber als Lkw und Hänger leer waren, haben die sich davongemacht, und eigentlich hätten wir auch bald losfahren können, aber manchmal kommt ja noch was dazwischen. Der Umzug war perfekt gelaufen, und eigentlich hätten wir nur noch die Abrechnung zu machen brauchen, dann hätten wir wieder auf die Autobahn gekonnt.

Aber: »Ich glaube, der will was«, sagte Ludwig, als wir am Lkw kurz noch eine rauchten, bevor sich einer von uns mit dem Kunden an den Papierkram machen musste.

»Wie, was will der?«, fragte ich.

»Der sucht«, sagte Ludwig und mir wurde klar, was er meinte. Es gibt solche Kunden immer wieder. Nicht solche, die sich genau vergewissern, dass auch wirklich alles heil angekommen ist, sondern solche, die etwas finden *wollen*. Die suchen dann wirklich. Den ganzen Tag über war mir der Kunde zwar nicht unbedingt sympathisch gewesen, aber korrekt war er mir trotzdem erschienen. Manchmal irrt man sich einfach.

Während wir noch am Lkw standen, kam der Kunde aus dem Haus und erklärte uns, dass die Tür von seinem Werkzeugschrank im Keller nicht richtig schließen würde. Das hatte sie zwar schon vor dem Aufladen in Hamburg nicht getan, aber sich jetzt darüber mit ihm zu streiten, das kam uns dann doch anstrengender vor, als kurz die Tür neu einzustellen. Das Ding, das er als Werkzeugschrank bezeichnete, war nichts anderes als ein billiger Besenschrank aus Pressspan und so hatte in Hamburg niemand daran gedacht, den Kunden auf die Tür aufmerksam zu machen. Man geht einfach manchmal davon aus, dass die Leute wissen, wo bei ihnen im Haus der Sperrmüll steht. »Ich kümmere mich darum«, sagte Ludwig, suchte sich einen Schraubenzieher aus der Kiste und verschwand mit dem Mann im Haus. Unser Fehler war es damals gewesen, kein Vorschadensprotokoll zu führen. Das geht heutzutage gar nicht mehr. Vor jedem Umzug muss so was ausgefüllt werden, und ich habe es immer gehasst. Vor allem, wenn Kunden mich dabei nicht ernst nahmen und dann so Sachen sagten, wie: »Ja, ja, geben Sie mal her, Ihren Zettel, wo soll ich unterschreiben?«

Dabei ist das nicht mein Zettel. Ich muss den ausfüllen, sonst kriege ich unter Umständen Ärger mit dem Chef. Ganz selten gibt es mal lustige Leute, die mir die Arbeit abnehmen und das Ding selber ausfüllen. Oder solche Situationen wie die, in der ich die Kratzer an einem Küchenschrank notieren wollte und die Kundin zu mir sagte: »Nein, nein, das ist Design.«

Ja, richtig. Restaurateure benutzen ja auch Dartpfeile, um Wurmlöcher in Antiquitäten zu imitieren.

So sehr mir das Ausfüllen des Vorschadensprotokolls immer missfallen hat, am Ende eines Umzugs kann es durchaus nützlich sein, dass man das getan hat.

Während Ludwig noch mit der Schranktür beschäftigt war, wandte sich der Kunde mit einem weiteren Problem an mich: »Die Waschmaschine ist kaputt«, sagte er. Zusammen gingen wir in den Keller. Der Maschine war keine äußere Beschädigung anzusehen. Keine Dellen, keine Kratzer. Man konnte also davon ausgehen, dass sie nicht vom Lkw oder auf die Treppe gefallen war. Das Einzige, was sonst noch beim Transport von Waschmaschinen passieren kann, ist, dass die Trommel aus ihrer Halterung aushakt, aber das war bei dieser hier nicht der Fall, das wusste ich, denn ich hatte sie nicht nur selbst aufgeladen, sondern auch in den Keller geschafft, wobei die Transportsicherung eingebaut war. (Dass beim Transport ohne Sicherung etwas schiefgeht, habe ich übrigens in zwanzig Jahren genau einmal erlebt.)

»Und was ist jetzt mit der?«, fragte ich.

»Da läuft kein Wasser rein«, sagte der Kunde. Meister!, dachte ich. Wir können ja vor dem Aufladen schlecht testen, ob die Maschine auch wirklich heil ist, denn dann müssten wir auch noch Computer, Drucker, Stereoanlage, Mikrowelle und was weiß ich nicht alles testen.

Ich entdeckte an der hinteren Ecke der Waschmaschine den Schlauch, der unter der Maschine verschwand. Ich kippte sie zur Seite und zog den Schlauch heraus. »Testen Sie jetzt mal«, sagte ich. Der Kunde drehte den Wasserhahn auf und schon zog die Maschine Wasser. Während ich den Kunden ansah, war ich mir sicher, dass ich die Maschine nicht auf dem Schlauch abgestellt hatte. Was wollte der Mann von uns? Klar, er wollte Geld. Es gibt sie wirklich, diese Leute, die versuchen, ihren Umzug billiger zu machen, indem sie Schäden anmelden, die keine sind.

Als Nächstes zeigte er mir einen Fußabdruck auf dem hellen Wohnzimmerteppich neben der Terrassentür. Scheiße!, dachte ich erst, dann fiel mir etwas auf. »Ich habe Größe zweiundvierzig, mein Kollege sogar nur einundvierzig«, sagte ich, während ich meinen Schuh danebenhielt. »Dieser Abdruck ist ja wohl größer. Kann ich mal Ihr Profil sehen?« Der Kunde knirschte das Gesicht und kam, weil ich ihn ertappt hatte, gar nicht auf die Idee, von den Schuhen der Münchner Ladehilfen zu sprechen. Lieber deutete er auf den Fernseher. »Der ist auch kaputt«, sagte er.

»Wieso?«

»Da kommt nur Rauschen.«

Ach, du meine Güte, dachte ich und stellte das Gerät an. Das Ganze ist schon lange her, ich glaube, das Teil war der letzte Fernseher, den ich in meinem Leben angeschaltet habe, auf jeden Fall konnte ich damit noch umgehen. Es war tatsächlich nur Rauschen zu sehen. Ich nahm die Fernbedienung und suchte ein Programm, bis ich irgendwo landete, wo was lief, was mit Löwen und Gazellen zu tun hatte. »Die anderen Sender müssen Sie selber finden«, sagte ich, und der Kunde ließ es dabei bewenden. Inzwischen war auch Ludwig mit der Schranktür fertig und zeigte dem Kunden die kostenfreie Reparatur.

»Eine Sache wäre da noch«, sagte kurz darauf der Kunde und führte uns ins Schlafzimmer, wo er auf einen völlig zerkratztes Nachtschränkchen zeigte. »Da ist ein neuer Kratzer drauf.«

Ludwig und ich tauschten einen kurzen Blick. Jetzt war es langsam genug. Aber bevor einer von uns seiner schlechten Laune Ausdruck verleihen konnte, hatte Ludwig sich auch schon gefangen und erklärte dem Kunden in aller Ruhe, dass all die circa zwanzig gut sichtbaren und all die anderen kaum zu erkennenden Kratzer alt seien und dass da mitnichten ein neuer Kratzer hinzugekommen sei.

Der Kunde suchte einen Moment lang auf dem verwarzten Nachtschränkchen herum und deutete dann auf eine besonders auffällige Schramme im Holz. »Der ist aber neu!«, beharrte er.

Ludwig schüttelte den Kopf. »Der ist genauso alt wie die anderen.«

Aber der Kunde wollte nicht nachgeben.

Ludwig fixierte den Kunden, zog ein Messer aus der Tasche, klappte es langsam auf und reichte es dem Kunden. »Ich mache Ihnen einen Vorschlag«, sagte er leise. »Sie machen einen neuen Kratzer da rein, und dann vergleichen wir mal.«

Der Kunde sah das Messer an, sah Ludwig an, zögerte kurz, nahm dann das Messer und sah wieder Ludwig an. Go ahead, schien mir dessen Blick zu sagen, make my day!

Der Kunde setzte langsam mit der Spitze auf seinem blöden Nachtschränkchen an und kratzte tatsächlich zehn Zentimeter lang über die Oberfläche, wo sich dann ein strahlend heller neuer Kratzer von den alten dunklen Kratzern deutlich abhob.

»*So* sieht ein neuer Kratzer aus«, sagte Ludwig, während er dem Kunden das Messer abnahm. Der Kunde gab auf, und wir konnten endlich den Papierkram erledigen und uns von dannen machen.

ALLES, WAS IHRE FREUNDE BEI IHREM UMZUG KAPUTT MACHEN, ist letztlich Ihr Problem. Wenn Sie Profis beauftragen, dann seien Sie kooperativ, wenn Ihnen ein Möbelpacker mit einem Vorschadensprotokoll kommt. Nehmen Sie sich die Zeit, mit ihm die Vorschäden an den Möbeln und im Treppenhaus zu begutachten. Das kann einem sehr lästig erscheinen, aber am Ende kann es auch sehr viele Uneinigkeiten bereinigen. Natürlich könnte es reichen, wenn man einfach mal drüber redet, aber dann hat der Spediteur im Zweifel nichts in der Hand. Und Zweifel gibt es genug.

Und auch wenn Sie ohne Profis, nur mit Freunden umziehen, kann es Sinn machen, zumindest die Vorschäden im Treppenhaus zu dokumentieren, am besten mit Zeugen und Fotos. Das kann auch späteren Ärger mit einer doofen Hausverwaltung ersparen.

29

SONNTAGS NIE!

Als der Wecker klingelte, träumte ich, ich irre durch ein Uhren-
museum, auf der Suche nach dem Objekt, das mir unerträglichen
Schmerz in den Ohren verursachte. Riesige Räume und lange Gänge waren mit Unmengen antiker und moderner Zeitmessgeräte in
Regalen vollgestellt, von denen ein einziges nur den peinigenden
Klang von sich gab. Dieses eine aber, das einzige, konnte ich nicht
finden. Wann immer ich glaubte, das richtige erwischt zu haben,
konnte ich nur einen Irrtum feststellen.

In der Mitte eines Raumes mit antiken Vorläufern moderner
Uhren entdeckte ich endlich unter dem Glas einer Vitrine eine alte
ägyptische Sonnenuhr, von der eindeutig das Geräusch ausging,
das mir qualvoll über das Trommelfell kratzte. Ohne zu zögern,
zertrümmerte ich das Glas und zerstörte die Uhr. Das Geräusch
marterte weiter mit gleicher Kraft. Plötzlich waren Touristen da
und sogar Freunde und Bekannte, die sich allerdings sämtlich so
benahmen, als befänden sie sich auf einer entspannten Feierlichkeit.
Das grässliche Geräusch schienen sie nicht zu hören, und nicht
einmal verständnislose Reaktionen hatten sie für mein Verhalten
übrig. Sie nahmen es schlicht nicht wahr.

»Helft mir doch, verdammt noch mal!«, schrie ich, doch niemand
der Anwesenden schien mein Problem zu begreifen. In einem Regal
entdeckte ich einen alten mechanischen Wecker, den ich sofort als
den Verursacher entlarvte. Ich schleuderte ihn zu Boden, trat mit
dem Absatz heftig nach und warf die Reste in ein Wasserbecken,
das an der Seite stand. Das Geräusch erstarb für eine Sekunde, erkämpfte sich dann seinen Weg aus dem Wasser hervor, drang ein
in meinen Gehörgang und irrte dort einen Moment umher, bis es
seinen Weg gefunden hatte, knackend den Steigbügel auszuheben,

den Amboss mit mächtigem Krachen zu zertrümmern und grobkörnigem Schleifpapier gleich das Trommelfell zu zermahlen. Ich sackte in die Knie und hielt mir beide Hände vor die Ohren. Für einen Moment zuckten Lichtblitze vor meinen qualvoll nach hinten gedrehten Augen. Ich schrie. Ich riss die Augen auf. Ich schlug mit der Faust auf den piependen Wecker.

Es war zwanzig nach sieben. Ich drehte mich noch einmal um. Bis zur Arbeit hatte ich es nicht weit. Ich könnte um Viertel vor aus dem Haus hetzen, um pünktlich um acht da zu sein. Plötzlich fiel mir ein, dass Sonntag war. Ich sprang aus dem Bett, setzte Kaffee auf und eilte unter die Dusche, wo ich unter dem heißen Wasserstrahl mich selbst verfluchte. Bob hatte mich gebeten, ihm heute bei seinem Umzug zu helfen, und ich hatte zugesagt. Und nicht nur das, ich hatte auch versprochen, einen Lkw mitzubringen. Als hätte ich am Sonntag nichts Besseres zu tun, als Möbel zu schleppen. Ausschlafen zum Beispiel. Schließlich schleppte ich die Woche über und oft auch samstags hauptberuflich. Aber deswegen hatte Bob mich ja gefragt. Außerdem war Bob ein alter Freund. Also hatte ich den Samstagabend kurz gehalten und war schon um ein Uhr nachts im Bett gewesen.

Um halb neun sollte ich mit dem Lkw bei Bob in Langenhorn sein. Freunde würden helfen, und das Ganze würde eigentlich ganz entspannt werden, hatte Bob versprochen. Viele Sachen hatte er ja sowieso nicht. Der Siebeneinhalbtonner würde wohl kaum zwei Drittel voll werden. Na gut, Bob wohnte im vierten Stock, aber wenn genug Helfer kämen, dann wären wir am Nachmittag fertig. Ich trat aus der Dusche, stürzte den Kaffee hinunter und fühlte mich frisch.

Nur einen Anflug von Kater spürte ich, während ich mich anzog, und so entwickelte ich doch etwas Optimismus. Vom Küchentisch schnappte ich den Lkw-Schlüssel, den ich am Tag zuvor besorgt hatte, und machte mich auf den Weg. Als ich aus dem Haus trat und die erste Frischluft mich anwehte, bemerkte ich, dass mein Kater doch etwas schlimmer war als angenommen. Ein leichtes Pochen an den Schläfen machte sich bemerkbar. Na, das wird schon, dachte ich. Auf dem Speditionshof stieg ich in den Lkw, füllte eine Tachoscheibe aus und warf den Motor an. Als ich langsam auf die Straße rollte, begann ich, mich unwohl zu fühlen. Ich hasste es, verkatert zu fahren. Nie wieder hatte ich das tun wollen und tat es heute doch. Zum Glück waren am Sonntagmorgen die Straßen angenehm leer, und ich kam zügig voran. Fünf vor halb neun erreichte ich mein Ziel, räumte den mit alten Klappstühlen und Klebeband blockierten Parkplatz frei und rangierte den Laster in die Lücke. In morgendlicher Sonntagsstille stand ich kurz darauf vor der Haustür und drückte den Klingelknopf.

Nichts geschah. Ich drückte noch einmal. Wieder nichts. Ich blickte die ausgestorbene Straße hinab und fühlte mich wie der letzte Mensch auf der Welt. Ich blickte zu Bobs Fenstern hinauf. Sie waren verschlossen. Hatte ich mich im Datum geirrt? Hatte ich nicht gestern noch mit Bob telefoniert? Als ich gerade wieder klingeln wollte, summte der Öffner. Ich quälte mich vier Stockwerke hinauf und stand Bob gegenüber, der mich im Bademantel mit Handtuch auf dem Kopf begrüßte.

»Sorry«, sagte er. »Hab verschlafen. Willst du einen Kaffee?«

Ich murmelte eine Begrüßung und trat hinter Bob in die Wohnung. »Wir waren nach'm Dreh noch einen trinken«, sagte Bob. Er war Kameraassistent und hatte gerade irgendeinen Job in der Werbung. »Bin erst um drei ins Bett gekommen«, grinste er, während er mir in der Küche einen Kaffee einschenkte und ich mich leicht verarscht fühlte. Ich setzte mich, Bob verschwand im Schlafzimmer, um sich anzuziehen. Als ich mich in der Küche umsah, kam mir ein Verdacht. Ich schlenderte ins Wohnzimmer, blickte mich um und fand meinen Verdacht bestätigt. Ich fand fast keine gepackten Umzugskartons, dafür aber einen großen Stapel zusammengefalteter leerer Kartons, mit denen ich Bob vor Wochen schon während einer Liefertour versorgt hatte. Hier war fast nichts vorbereitet.

»Ich bin da gar nicht zu gekommen«, sagte Bob. »Mann, hab ich einen Schädel!«

»Wo sind eigentlich die anderen?«, fragte ich.

»Tja …«, machte Bob. »Ich werd wohl gleich mal etwas telefonieren, wenn keiner kommt. Aber erst mal Kaffee.«

Großartig!, dachte ich. Einfach mal mich am Sonntag aus dem Bett quälen, durch die halbe Stadt fahren, um mit einem alten Freund Kaffee zu trinken, das hatte ich schon lange mal tun wollen. Als Bob gesagt hatte, das Ganze würde entspannt über die Bühne gehen, hatte ich mir das etwas anders vorgestellt. Ich rauchte noch eine Zigarette und schlappte dann ins Wohnzimmer. »Ich fang schon mal an.« Ich baute einen Bücherkarton auf und begann, Bobs Regale leer zu räumen. Ich konnte nicht einfach rumsitzen und warten, ich war Profi. Ich war für eine Arbeit gerufen, und die wollte ich hinter mich bringen und wieder nach Hause fahren. Zwar hätte ich lieber geschleppt, um gegen den Kater anzuarbeiten, aber alleine, ohne dass man eine Kette hätte machen können, vier Stockwerke zu laufen, das schreckte mich doch ab.

Bob kam in die Wohnzimmertür und kratzte sich am Kopf. »Schnapp dir doch einfach die Packseide und fang in der Küche an«, sagte ich. »Das dauert eh am längsten.«

»Wenn du meinst.«

Nach einer Stunde kam der erste von Bobs Helfern, der Konny hieß und gleich erzählte, dass ein gewisser Peter grüßen ließe, aber leider doch nicht kommen könne, weil er Nackenschmerzen habe. Dann stand Konny erst einmal herum.

»Räum doch schon mal den Kleiderschrank im Schlafzimmer leer«, schlug Bob vor. Konny baute umständlich einen Umzugskarton auf und verschwand im Schlafzimmer. Als ich kurz darauf auf Toilette musste, sah ich ihn vom Flur aus ratlos vor dem Schrank stehen. Er blickte zu mir.

»Einfach reinschmeißen«, sagte ich. Bobs Handy spielte *As time goes by*. Bob telefonierte kurz und erklärte dann, dass ein gewisser

George erst zum Abladen kommen könne. Eine Dreiviertelstunde später erschienen die nächsten beiden Freunde. Ein paar Minuten darauf saßen vier Männer in der Küche und unterhielten sich Kaffee trinkend über die Bundesliga. Nicht, dass mich dieses uninteressanteste aller Themen heute besonders störte, aber ich wurde langsam ungeduldig. Als ich in die Küche trat und hörte, wie einer der Neuen fragte, ob Bob auch Bier im Haus hätte, musste Bob in meinem Ausdruck etwas erkannt haben.

»Wollen wir nicht erst einmal ein bisschen was tun?«, fragte er, aber die anderen brauchten noch mehr Kaffee. Eine halbe Stunde danach waren sie alle in der Wohnung verteilt und taten mehr oder weniger nützliche Dinge. Gegen halb zwölf erschienen dann tatsächlich noch zwei junge Typen, denen ein ausgeglichener Energiehaushalt anzusehen war. Eifrig stürzten sie sich auf die inzwischen gepackten Kartons und liefen zum Lkw. Ich tat es ihnen nach und traf sie an der Ladekante.

»Packst du den Lkw?«, fragte einer der beiden und ich nickte.

»Am besten machen wir eine Kette«, sagte der andere und ich freute mich. Endlich, nach etwa drei Stunden, konnte das Beladen losgehen. Was da oben in der Zwischenzeit in der Wohnung passierte, war mir erst einmal egal, solange Ladung an den Wagen gebracht wurde. Um kurz nach zwölf erschienen zwei weitere Helfer, und so hoffte ich, das Beladen würde langsam an Tempo gewinnen. Während einer Rauchpause lief ich kurz darauf in die Wohnung, um mir einen Überblick über die restliche Ladung zu verschaffen. Im Schlafzimmer stand halb abgebaut der Schrank, in der Küche standen Helfer und tranken Bier. Ab und zu kam jemand auf die Idee, mit der Arbeit fortzufahren, allein, es kamen nie alle gleichzeitig auf die Idee. Nur die beiden jungen Typen schleppten in gleichmäßigem Tempo.

Mir war klar, dass all diese Leute das eben nicht jeden Tag machten und es also auch etwas von einem gemeinsamen Ausflug für sie hatte, auch wenn kaum einer von ihnen besonders vergnügt dabei

aussah. Obendrein hatte ich keine Lust, ihnen beim Biertrinken zu-
zugucken. Ich wollte selber trinken, doch das ging nicht. Ich war der
Fahrer. Außerdem passen Biertrinken und Möbelschleppen nicht
zusammen. Ein Bier war okay. Zwei vielleicht auch noch, aber schon
nach dem dritten Bier ging die Energie in den Keller. Das konnte ich
besonders bei einem der später angekommenen Helfer beobachten,
der wankend und keuchend Kartons zum Lkw brachte und dann
auch die Mittagspause nutzte zu verschwinden.

Es war unglaublich. Um nicht ganz fünf Möbelwagenmeter (also
fast fünfundzwanzig Kubikmeter) aufzuladen, brauchten wir bis
kurz vor sechzehn Uhr. Drei Helfer erklärten, dass sie jetzt Hunger
hätten, und verschwanden in einem Auto.

»Wieso bestellst du nicht einfach Pizza?«, fragte ich Bob, der
neben mir stand, als ich die Hebebühne schloss.

»Die wollen unbedingt zum Asia-Grill.« Die beiden jungen Typen standen rauchend auf dem Gehweg neben dem Lkw. »Was ist
mit euch?«, fragte Bob. Die beiden tauschten einen Blick. »Pizza«,
schlug einer dann vor.

»Lasst uns rüberfahren zum Abladen«, sagte ich. »Da können
wir dann Pizza essen.«

Bob drückte mir den Schlüssel seiner neuen Wohnung in Eimsbüttel in die Hand. »Fangt doch einfach schon mal an. Ich besorge
unterwegs was.«

In Eimsbüttel begannen wir zu dritt, in den dritten Stock abzuladen. Eine halbe Stunde später kam Bob mit Pizza, eine weitere
halbe Stunde später kamen die anderen vom Asia-Grill. Noch später
tauchte sogar jener George auf, der am Morgen angerufen hatte.

Wie fast immer, wie bei fast jedem Umzug ging das Abladen
schneller als das Aufladen. Trotzdem hatte ich heute keine Freude
an diesem Umstand. Bobs Unfähigkeit, seinen Umzug zu organisieren, hatte mir den Sonntag versaut.

Abends um kurz nach acht war der Lkw leer. Um kurz nach neun
holte ich auf dem Heimweg am Kiosk zwei Bier, die ich zu Hau-

se trank, während ich mich über den verlorenen Sonntag ärgerte. Nach dem zweiten Bier überlegte ich, noch in die Kneipe zu gehen, aber dann beschloss ich, die Woche lieber mit einem spannenden Buch ausklingen zu lassen, in dem geschildert wurde, welche Auswirkungen das Zusammentreffen von Inuit und Wikingern auf die normannisch-grönländische Gesellschaft hatte. Irgendwie muss man ja auch mal auf andere Gedanken kommen.

WENN SIE IHREN UMZUG ALLEIN BEWÄLTIGEN WOLLEN, ohne eine Spedition, nur mit der Hilfe guter Freunde, dann tun Sie das am Samstag, und beginnen Sie nicht vor zehn Uhr. Am Freitag arbeiten Ihre Freunde noch, da haben sie abends nicht die volle Energie, sich die Nacht um die Ohren zu hauen, sind also am Samstag noch nicht ganz verbraucht. Wenn Sie am Sonntag umziehen, dann haben Ihre Freunde unter Umständen die heftigste Nacht der Woche hinter sich und sind nur schwer zu motivieren. Außerdem ist der Samstagvormittag an sich noch geschäftiger als der Sonntagvormittag, man sieht das in den Einkaufsstraßen. Samstagvormittag sind Ihre Freunde eher wach. Fangen Sie trotzdem nicht vor zehn Uhr an. Erstens kommt vorher eh niemand pünktlich, und zweitens denken dann weniger: »Ach jetzt haben die sowieso schon ohne mich angefangen.«

Und noch was: Bereiten Sie vor, was alleine vorzubereiten geht, sodass Ihre Freunde wirklich nur zum Schleppen kommen. Beim Schleppen gibt es viel, viel weniger Ablenkung als zum Beispiel beim Verpacken von Büchern oder Schallplatten, wo man ja doch immer wieder interessante Gesprächsthemen finden kann.

Motivieren Sie Ihre Freunde außerdem vorab mit der Ankündigung eines Essens, einer Party oder was auch immer. Halten Sie Bier und andere Alkoholika mindestens bis zum Abladen zurück, und seien Sie am Ende dafür um so großzügiger. Und vor allem: Bieten Sie selbst Ihre Hilfe an, wenn ein Freund umziehen will!

30

DIE TRAGENDE ROLLE DER HORMONE

Zwei Wochen nach Bobs Umzug stand der Umzug einer alten Freundin an. Silke hieß sie, war Gesangslehrerin, und wir kannten uns seit Ewigkeiten, seit dem Gymnasium. Vor Jahren hatten wir mal für zwei oder drei Wochen was miteinander gehabt, hatten dann aber schnell gemerkt, dass wir doch nicht wirklich zusammenpassten. Gute Freunde sind wir immer geblieben.

Als sie mich fragte, erklärte ich ihr schnell, dass ich keine Lust mehr hätte, auch noch am Wochenende zu schleppen, und erzählte ihr von Bobs lausig gelaufenem Umzug.

»Du sollst ja gar nicht beim Umzug mithelfen«, sagte sie. »Ich brauche nur einen Profi für das Klavier. Ich hab echt ein bisschen Schiss, dass da was schiefgeht.«

»Ich trage keine Klaviere mehr«, sagte ich.

»Ich geb dir fünfzig Euro.«

»Okay.«

Nicht mal um den Lkw musste ich mich kümmern, den würde ein Freund bei einer Verleihfirma holen, und außerdem würde er Umzugsdecken und Material bei einer Umzugsfirma leihen.

»Der soll da auch Stretchfolie kaufen«, sagte ich.

»Was ist das denn?«, fragte Silke.

»Egal«, sagte ich. »Das brauchen wir fürs Klavier.« Wenn ich schon der Experte war, dann wollte ich auch alles richtig machen. Stretchfolie ist (dicker und reißfester als Frischhaltefolie) von einer Rolle abzurollen.

Wenn man einen Schrank mit Decken verkleidet hat und dann mit der Folie darum herumwickelt, dann zieht die Folie sich zusammen, spannt sich sozusagen, und man hat eine total geile Schonverpackung.

Als ich am Sonntag aufwachte, hatte ich keine Eile. Ich war ja nur für das Klavier bestellt, das aus dem dritten runter- und in den vierten hochgeschleppt werden sollte. Mit dem Rest des Umzugs sollte und wollte ich nicht viel zu tun haben. Ich bin dann aber doch bis zum Schluss geblieben, weil das Ganze so viel Spaß gemacht hat und so erstaunlich war.

Als ich etwas mehr als eine Stunde nach Beginn des Umzugs bei Silke ankam, fand ich auf der Straße vor dem Haus eine fröhliche Gruppe von Leuten vor, die dem eifrigen Packer Möbel, Kartons und andere Dinge auf den Lkw reichten. Gut gelaunte Frauen und hochmotivierte Männer schleppten aus dem Haus heraus. Auf der Treppe herrschte eine Stimmung wie in einem Sommercamp am See und in der Wohnung werkelten eifrige Kerle an den Schränken. In der Küche gab es Brötchen en masse, kalte Getränke und Kaffee. Silke empfing mich mit gelassener Heiterkeit, als gerade zwei kräftige Jungs die Waschmaschine aus der Wohnung trugen. Ein dritter bot seine Hilfe an, aber die beiden schüttelten die Köpfe.

»Das geht schon«, hieß es, als sie die Maschine kopfüber die Treppe runterbringen wollten.

»Falsch rum«, sagte ich, und kurz nachdem sie ihren Fehler begriffen, schielte einer peinlich berührt zu Silke. Ich musste grinsen. In der Küche nahm ich einen Schluck Wasser, schenkte mir Kaffee ein und verschlang ein hart gekochtes Ei. Ich setzte mich an den Tisch, schob mir eine Weintraube in den Mund und zündete mir eine Zigarette an.

»Mit wem soll ich denn das Klavier tragen?«

»Mit Walter«, sagte Silke. »Der kommt in einer halben Stunde, oder so.«

»Kann der das?«

»Das ist ein Riese.«

Ich zog an meiner Zigarette, schlürfte meinen Kaffee und freute mich. Dann ging ich durch die Wohnung und gab hier und da einen Tipp ab, wie ein Schrank am besten zu tragen sei. Schließlich stand ich vor dem Klavier, das furchterregend schwer aussah. Als ich es jedoch an einer Seite anhob, merkte ich, dass ich das bewältigen könnte. Sofort boten sich zwei Männer an, mir beim Tragen zu helfen.

»Nee, so weit ist es noch nicht.«

Ich schnappte mir einen Karton und lief zum Lkw runter. Inzwischen hatte der Packer entsetzliche Mühe, die Unmenge an Umzugsgut, die ihm herangeschleppt wurde, zu verstauen, dennoch machte er seine Sache sehr gut. Ein anderer Helfer ging ihm zur Hand, wenn es wirklich zu viel wurde. Ich entdeckte die Rolle Stretchfolie und die Klaviergurte, nahm ein paar Decken vom Stapel und freute mich, dass der Mann da auf dem Lkw sogar an einen Möbelhunt gedacht hatte. Zurück in der Wohnung, warf ich Decken um das Klavier, umwickelte das Ganze mit Stretchfolie und begrüßte Walter, der ein paar Minuten später erschien. Der Mann war wirklich ein Riese. Wir stellten das Klavier auf den Hunt und schoben es an die Treppe. Ich brauchte Walter nichts zu erklären, denn er hatte das schon öfter gemacht, und so hatten wir auch bald das Klavier eine Etage nach unten gebracht. Walter der Riese wäre wahrscheinlich in einem bis zum Lkw durchgegangen, aber ich brauchte eine Pause in jedem Stockwerk. Während die anderen Helfer ihr emsiges Treiben unterbrachen, wurde uns Bewunderung zuteil, und es wurden Geschichten von Klaviertransporten erzählt.

Nachdem das Klavier auf dem Lkw verstaut war, dauerte auch der Rest des Aufladens nicht mehr lange und bald machte sich die fröhliche Gesellschaft auf zur Abladeadresse, wo meine Aufgabe eigentlich erledigt war, als wir das Klavier oben in die Wohnung geschafft hatten, aber ich blieb trotzdem noch bis zum Ende. Das Ganze war einfach so, wie Arbeiten immer sein sollte. Gut gelaunt. Und weil ich an dem Tag nicht der Fahrer war, habe ich mir kurz vorm Ende auch mal ein Bier gegönnt, und kurz nach Ende das nächste.

Obwohl Silke mehr Kubikmeter hatte als Bob zwei Wochen vorher, war das Abladen schon um fünfzehn Uhr erledigt. Gemeinsam saß man herum, verschlang den Rest vom Catering, trank Bier oder

Sekt und die Ersten machten sich auf den Heimweg. Als ich selber nach Hause unterwegs war, dachte ich über den Unterschied zwischen Bobs und Silkes Umzug nach, obwohl ich natürlich schon morgens begriffen hatte, worin der begründet lag.

WENN SIE EINE NETTE, GUT AUSSEHENDE FRAU SIND, dann vergessen Sie die Tipps aus dem Kapitel »Sonntags nie!«. Wenn Sie glauben, keine nette, gut aussehende Frau zu sein, oder wenn Sie ein Mann sind, dann laden Sie nette, gut aussehende Frauen als Helferinnen zu Ihrem Umzug ein, und streuen Sie vorher unauffällig die Information aus, dass diese Frauen dabei sein werden.

Es gibt dumme Klischees, wie dass Frauen nicht einparken können, und es gibt Wahrheiten, die sich nur wie Klischees anhören. Dass Männer besser arbeiten, wenn nette, gut aussehende Frauen dabei sind, ist solch eine Wahrheit. Ich habe das hundertmal erlebt. Aus Laien werden Fachmänner, aus Schwächlingen kräftige Kerle und aus faulen Säcken hochmotivierte Arbeitsbienen. Das ist so.

Werden Sie, wenn Sie eine nette, gut aussehende Frau sind, deswegen aber nicht überheblich, denn dann sind Sie keine nette, gut aussehende Frau mehr, sondern eine blöde Kuh, für die keiner arbeiten will. Freuen Sie sich einfach, und versorgen Sie die Leute mit Erfrischungen und Nahrung. Loben Sie nicht überschwänglich, denn das riecht nach Bestechung. Nehmen Sie einfach hin, was das Leben Ihnen schenkt. Danken Sie Ihren Freundinnen, die geholfen haben, und danken Sie den Männern, die geholfen haben. Freuen Sie sich, dass Sie immer noch diese gewisse Ausstrahlung haben, und seien Sie dankbar. Wenn ein paar Tage später einer dieser Helfer sich meldet und Sie ins Kino einladen will, dann können Sie immer noch eine gute Ausrede erfinden. Es sei denn, er ist ein netter, gut aussehender Mann, dann können Sie ja noch mal darüber nachdenken.

31

TIMING IST DIE HALBE MIETE

Es war Samstag, und ich war allein unterwegs. Einen Stundenumzug sollte ich machen, und der Kunde hätte Helfer, hieß es am
Morgen im Büro. Na, Klasse!, hatte ich gedacht und mich mit eher
mittelmäßiger Laune auf den Weg gemacht. Ein Stundenumzug
ist ein Umzug, den der Kunde komplett und rein nach Zeitaufwand bezahlt. Da trifft man gerne mal die ungeduldigste Kundschaft, schließlich ist Zeit ja Geld. Darum ist die Kombination aus
Stundenumzug und »Kunde hat Helfer« auch recht häufig, denn
befreundete Helfer sind billiger als Profis. Da wird dann gerne nur
ein Lkw mit Fahrer bestellt. Das kann, wie jeder Umzug mit privaten Helfern, eine sehr nette Angelegenheit sein, es kann aber auch
furchtbar anstrengend sein, denn ich als Fahrer, ich, der Profi, werde natürlich den Lkw packen. So ist das in den allermeisten Fällen.
   Und das ist mitunter grausam, wie zum Beispiel an jenem Samstag. Aus dem zweiten Stock sollte es rausgehen und die Kundschaft
hatte zwölf oder fünfzehn Helfer. Es waren dreißig Kubikmeter zu
transportieren. Mein Siebeneinhalbtonner würde also ungefähr voll
werden. Kaum dass ich den Lkw geparkt und die Ladekante geöffnet hatte, begannen auch schon die ersten Helfer, mir Kartons und
Möbel auf den Wagen zu stellen, die da schon vor dem Haus herumstanden. Ich hatte sozusagen gar nicht die Chance, erst einmal
in die Wohnung zu gehen, um mir einen Überblick zu verschaffen.
Wenn man Nerven aus Stahl hat, wenn man extrem cool ist oder
wenn man eine Ausbildung zum Erzieher genossen hat, die einem
die Fähigkeit verschafft hat, einen Haufen übereifriger Charaktere
auszubremsen und zu dirigieren, dann ist das alles vielleicht nicht
so schlimm. Aber ich war nicht cool, meine Nerven waren gespannt
wie eine Oktave zu hoch gestimmte Gitarrensaiten, und Erzieher

war ich sowieso nicht. Ich sah nur das Chaos, das auf der Ladekante drohte, und verzichtete auf eine Besichtigung der Wohnung.

Das war auch ein kleines bisschen Strategie. Scheiß drauf, was da oben abgeht. Ich konzentrierte mich auf das Hier und Jetzt, und das hieß: Zähne zusammen! – Und wegpacken, was kommt. Ohne Pause, ohne Kaffee, ohne Zigarette. Erst mal. Erst mal alles so wegstauen, wie es mir auf die Ladekante regnete. Ohne Sinn und Verstand, und in höllischem Tempo. Ab und zu fragt natürlich auch mal einer der wacheren Amateure, was ich denn gerne haben würde, aber die Ansagen, die ich daraufhin machte, schafften es kaum bis zur Haustür, geschweige denn bis in den zweiten Stock. Wenn ich mal eine Sekunde Zeit hatte, Luft zu holen, dann habe ich mal einem der Helfer erklärt, was aus der Wohnung ich ungefähr gerne hätte und dass er das bitte selbst holt, damit es auch bei mir ankommt.

An einem normalen Arbeitstag, an dem ich nur mit Kollegen schleppe, weiß natürlich jeder, welche Packreihenfolge ungefähr angesagt ist. Das zwölf oder fünfzehn Amateuren zu erklären war aussichtslos, das kann ich an einem einzigen Beispiel illustrieren:

Als der Wagen halb voll war, nachdem ich anderthalb Stunden schwitzend und keuchend wirklich alles, was mir in chaotischer Reihenfolge gebracht wurde, sehr gut weggestaut hatte, stellte ich mich an die Ladekante und forderte eine Pause ein. Nein, ich forderte nicht, ich sagte an.

»Ich will jetzt einen Kaffee«, sagte ich, und einer der Helfer bot sich an, mir einen zu besorgen, während ich meine erste Zigarette rauchte. Ich bat ihn, allen zu erklären, dass sie die Arbeit unterbrechen sollten. Und ich bat auch alle anderen, die an den Lkw kamen, das zu tun. Erstens wollte ich *in Ruhe* meinen Kaffee und meine Pause genießen, was nicht ging, wenn doch immer wieder was auf den Lkw gestellt wurde, und zweitens war das Wetter nicht stabil. Ich werde nie die Leute kapieren, die bei mit Regenwolken verhangenem Himmel ihre Möbel auf der Straße abstellen. Ich weiß ja nicht, wie das woanders ist, aber in Hamburg kann sich das Wetter sehr schnell ändern. Na, jedenfalls: Als es eigentlich allen hätte klar sein müssen, haben trotzdem noch immer wieder welche irgendwas zum Lkw gebracht. Eifrig, eifrig, eifrig, aber ziemlich sinnlos. Die Leute machten den Eindruck, als hätten sie Spaß dabei, sich auszupowern, und das ist ja auch nett, gerade so, als würden sie Sport treiben. Sie lachten außer Atem und hatten keine Ahnung, wie sie ihre Energie falsch einteilten. Es ging mir zwischendurch einer der Helfer auch mal zur Hand, aber erstens wusste der nicht so recht, wie das da auf dem Lkw funktionierte, und zweitens kann es zu zweit auch mal zu eng werden, und dann steht man einander im Weg, wenn man nicht ein eingespieltes Duo ist.

Dann hat es auch wirklich noch angefangen zu regnen, und spätestens jetzt hätte man an der Haustür eine Art Stopp einrichten müssen, aber es gab immer wieder ein paar Aktive, die sich nicht bremsen ließen. Die Kaffeepause blieb meine einzige. Aber im Grunde konnte mir auch meine Arbeit als Packer recht egal sein, abgesehen davon, dass natürlich alles mitmusste. So, wie da gearbeitet wurde, hätte der Kunde nämlich nicht den Hauch einer Chance, einen Transportschaden für die Versicherung anzumelden. Die würden sich da totlachen, wenn er Ansprüche anmelden würde.

Aber egal. Irgendwann war das Aufladen überstanden, und ich genoss meinen nächsten Kaffee und rauchte in aller Gemütlichkeit. Jetzt hatte ich es endlich in der Hand. Auch etwas von den Resten des Frühstücks konnte ich genießen, bevor es zur Abladeadresse ging, und: Jetzt seid ihr dran, dachte ich. Es ging nämlich in den sechsten Stock, Altbau. Hohe Treppen, lange Treppen. Echte Arbeit, echtes Schleppen. Und dann stellte sich heraus, dass vier der Helfer sowieso nur zum Aufladen Zeit gehabt hatten. Die Mannschaft dünnte also aus, gerade in dem Moment, als alle gebraucht wurden.

Und während beim Aufladen sich alle monstermäßig ins Zeug gelegt hatten, wurde beim Abladen nach kaum einer Stunde der

Ruf nach einer Pause immer lauter. Und auch da haben sie es nicht hinbekommen, sich abzusprechen. Die einen machten Pause, die anderen schleppten weiter, dann machten die anderen Pause und die einen schleppten, anstatt mit allen eine anständige Kette im Treppenhaus zustande zu bringen. Und irgendwann waren die auch wirklich alle erledigt, aber da war der Umzug noch nicht vorbei. Sie mussten also noch ein bisschen leiden. Mir war das egal. Ich hatte meinen Job auf dem Lkw, und ich freute mich. Muss ja nicht immer ich sein, dem die Zunge aus dem Hals hängt.

DAS AUFLADEN DAUERT IMMER LÄNGER! Da muss auf dem Lkw sinnvoll weggestapelt werden. Das nimmt so viel Zeit in Anspruch, wie es eben braucht. Teilen Sie Ihre Helfer ein, egal ob Sie da einen Profi auf dem Lkw haben oder nicht – weil Sie alles nur mit Freunden machen.

Wenn Sie aus dem Erdgeschoss, dem ersten Stock oder dem zweiten Stock ausziehen, dann machen fünfzehn Helfer zum Aufladen keinen Sinn, wenn Sie in den fünften oder sechsten einziehen. Das Aufladen kann natürlich zügig erledigt werden, aber nicht superschnell. Überlegen Sie, wo bei Ihrem Umzug die Stockwerke sind, die Treppen. Da werden die meisten Helfer gebraucht.

Man kann auch in einem Malocherjob wie dem Möbelschleppen eine Ästhetik der Bewegung entdecken oder gar eine Choreografie. Das eine Extrem wäre ein Haufen übereifriger Helfer, die in der Wohnung alles auseinanderreißen und es ungeordnet auf die Ladekante schmeißen. Das andere Extrem sind Kartons und Möbelstücke, die in sinnvoller Reihenfolge aus der Wohnung heraus, über die Schultern und Arme der Helfer in der Kette durch das Treppenhaus schweben und direkt auf ihrem Platz im Lkw landen, ohne zwischendurch ewig lange auf der Straße zu stehen. Gerade beim Aufladen ist ruhiges Arbeiten angesagt. Das spart außerdem Energie. Der Job ist anstrengend. Jeder falsche Handgriff ist einer zu viel. Versuchen Sie, bei hohen Stockwerkzahlen eine Kette im Treppenhaus zu organisieren. Und wenn Sie das geschafft haben, dann achten Sie darauf, dass Pausen gemeinsam gemacht werden. Dann funktioniert die Kette auch.

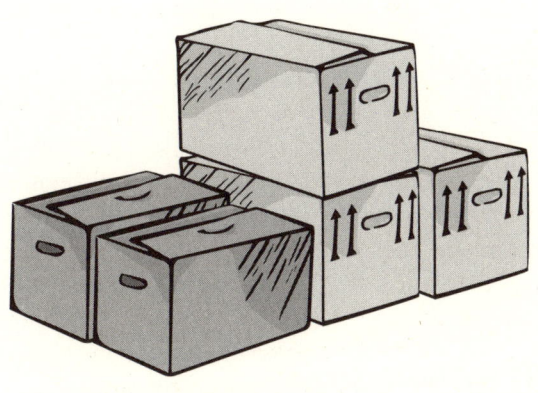

32

WER SO HART ARBEITET, SOLL AUCH ANSTÄNDIG ESSEN!

Ein sehr schöner Spruch. Alte Menschen kennen den noch. Kennen Sie den auch? An einem Morgen im Herbst waren wir zu viert unterwegs. Mein Kollege Sunny, Lehrling Shorty, ich und Armin, ein junger Kollege, der was konnte, meistens gute Laune hatte und mit dem das Arbeiten immer Spaß machte. Vier Möbelwagenmeter waren angesagt, dazu etwas Geschirr und andere Kleinigkeiten einpacken, und das Ganze ohne Montagen. Außerdem, und das war am besten: aus dem Erdgeschoss raus und ins Erdgeschoss rein. Nix Dolles also, und so fuhren wir entspannt dem neuen Tag entgegen, denn wir hatten ja noch keine Ahnung, dass heute wieder einmal mehr gefordert werden würde als unsere schlichte Muskelkraft. Wir fuhren direkt in einen Trauerfall hinein.

Eine nette Frau in der Mitte ihrer Fünfziger, der der Mann weggestorben war, machte sich daran, in eine kleinere Wohnung zu ziehen, wobei auch der ehemals gemeinsame Haushalt um etwa die Hälfte reduziert wurde. Alles, was wir nicht transportierten, würde die Sperrmüllabfuhr abholen.

Wir kapierten ziemlich schnell, was hier los war, und so bemühten wir uns, der Frau in ihrer Trauer bestmöglich einen unauffälligen Transport ohne großes Aufsehen hinzulegen. Wir traten sozusagen leiser auf, als wir das unter normalen Bedingungen getan hätten. Sunny übernahm für alles, was in der Wohnung von uns zu erledigen war, die Regie. Der Mann hatte einfach manchmal eine unglaublich einfühlsame Art, mit Kunden umzugehen. Nicht, dass die Kundin uns die ganze Zeit etwas vorgeheult hätte, aber es war für jeden, der seine Sinne beisammen hatte, zu merken, dass diese Frau extrem labil war und dass es unter ihrer Oberfläche vibrierte.

Ich freute mich über das Team, mit dem ich unterwegs war. Kein Idiot war heute dabei. Klar, Shorty hatte als Lehrling kaum Erfahrung im Umgang mit Kunden, aber er war sensibel genug, und ein naiver Lehrling war für die Kundin bestimmt besser als ein raubeiniger alter Hase.

Armin kam mir als Mittzwanziger sowieso in seiner Art so vor, als hätte er vor nicht allzu langer Zeit seinen Zivildienst in irgendeiner Pflegeeinrichtung hinter sich gebracht. Da konnte heute von Möbelpackerseite nicht viel schiefgehen. Ich selbst war die meiste Zeit auf dem Lkw, wo ich wegpackte, und bekam also von dem, was in der Wohnung passierte, kaum was mit. Als Sunny mal an die Ladekante kam, erzählte er auch, dass da drinnen alles in Ordnung sei. »Die hab ich im Griff«, sagte er, und diesmal meinte er das nicht augenzwinkernd, wie er es sonst gerne mal tat, wenn er wusste, dass seine Art eine Kundschaft auch gerne mal vereinnahmen kann, heute meinte er das so, wie es nötig war. Heute galt es, der trauernden Kundin auf ihrem Weg zu helfen, und dafür gibt es manchmal keinen Besseren als Sunny, der mit seiner ruhigen Ausstrahlung nicht nur jedem zeigte, dass es mit dem Verlauf des Umzugs garantiert keine Probleme geben würde, sondern auch, dass man sich als Mensch bei ihm in besten Händen befand.

»Die tut mir aber richtig leid«, sagte Armin, als er an der Ladekante stand, und plötzlich herrschte eine tolle Stimmung zwischen uns Möbelpackern, die ich selten so erlebt habe. Irgendwie spürten wir alle, dass wir diesen Umzug erledigen würden, als wäre die Frau da drinnen unsere eigene Mutter.

Sunny, Shorty und Armin waren in der Wohnung damit beschäftigt, Geschirr in Kartons zu verpacken und empfindliche Möbel mit Schutz zu umhüllen, während ich auf dem Lkw verstaute, was sie mir als Letztes gebracht hatten. Als ich damit fertig war, atmete ich wie nebenbei eine schnell abbrennende Filterzigarette ein und ging dann Richtung Wohnung, um Nachschub an Ladung zu holen. Und dann hätte es mich da drinnen doch fast aus den Schuhen geworfen.

Die Kollegen und die Kundin waren alle im Wohnzimmer. Shorty stand ratlos im Türrahmen. Sunny kniete neben einem offenen Karton vor der Anbauwand, eine halb in Packseide eingewickelte Vase in den Händen, und Armin saß auf dem Sofa, eine Hand vorsichtig zwischen die Schulterblätter der Kundin gelegt, die gebeugt neben ihm saß und hemmungslos weinte. Jetzt ließ sie die Dämme brechen, gab dem Druck nach, der die ganze Zeit auf ihr gelastet hatte. Sie konnte nicht anders, als an ihren verstorbenen Mann zu denken.

Und dann setzte sie zu reden an.

»Es tut mir so leid«, schluchzte sie, und keiner von uns hatte eine Ahnung, was sie wohl meinen könnte. »Ich habe einfach nicht mehr daran gedacht.«

Ich sah Sunny an, der mir einen ratlosen Blick zuwarf, und blickte dann zu Shorty, dem das Ganze sichtlich unangenehm war, der aber auch offenbar wie gelähmt war. Mit den Augen deutete ich Richtung Wohnungstür, und er sah endlich einen Weg, sich der Situation zu entziehen. Und plötzlich brach es aus der Kundin heraus:

»Ich hatte euch doch so gerne ein schönes Frühstück anbieten wollen.«

In diesem Moment hatte ich auch nach gut zwanzig Jahren Möbelschleppen keinerlei Erfahrung im Umgang mit Kunden mehr. Hier ging es um nichts mehr, was mit meinem Beruf zu tun hatte, hier ging es nur noch um reines Sein und Empfinden, ohne jeden Schnickschnack, ohne jede Kulisse drum herum. Ein Blick zwischen Sunny und mir und wir waren uns einig. Vorsichtig legte Sunny die halb eingewickelte Vase in der Anbauwand ab, dann machten wir uns aus der Wohnung raus. Im Gehen hörte ich noch, wie Armin mit beruhigender Stimme auf die arme Frau einsprach. »Das ist doch nicht schlimm.«

Zu dritt standen wir am Lkw, konnten es alle nicht glauben und warteten auf Armin. Es war uns allen, oder zumindest mir und Sunny, klar: Natürlich galten ihre Trauer und ihre Tränen nicht uns und dem verpassten Frühstück, sondern ihrem verstorbenen

Mann, aber allein der Umstand, dass sie in ihrer Situation auch nur die Worte rausbrachte, über unsere Versorgung mit Nahrung zu sprechen! In sentimentalen Situationen bekomme ich einen Kloß im Hals, wenn ich an solche Menschen und die Güte denke, die sie trotz ihrer Trauer noch aufbringen.

Es gibt immer wieder Leute, die es nicht für nötig halten, bei einem riesigen Umzug den Möbelpackern eine Erfrischung anzubieten. Dann gibt es Leute, bei denen man vielleicht nur einen Schrank anliefert und die einen gleich zum Abendessen einladen. Zu den erstaunlichsten Kunden zählte jene arme Witwe, die sich in ihrer Trauer noch bei uns entschuldigte.

Sunny ist dann nach zwei Zigarettenlängen wieder in die Wohnung, um zu sehen, wie es Armin und der Kundin ging, und bald darauf kam er mit einem Karton auf der Schulter wieder raus. Der Umzug konnte weitergehen. Und am Ende war die nette Dame zwar nicht plötzlich glücklich, aber doch erleichtert, dass ihr Umzug ohne Probleme über die Bühne gegangen war. Sie dankte uns das mit einem großzügigen Trinkgeld, und das fanden wir alle nett.

NEIN, NIEMAND IST VERPFLICHTET, die Möbelpacker zu verpflegen, aber es gibt gewisse Regeln des Anstands. Wenn Ihre Freunde Ihnen beim Umzug helfen, dann ist Ihnen klar, dass Sie denen was zu essen und zu trinken hinstellen. Aber wie sieht es aus, wenn Sie eine Spedition beauftragen? Ganz klar, da ist das genauso. Wen ich für einen ganzen Tag in mein Haus einlade, damit er für mich arbeitet, dem biete ich auch Erfrischungen und eine Stärkung zwischendurch an. Das sollte eigentlich normal sein. Bedenken Sie: Gut versorgte Möbelpacker fühlen sich respektiert und haben bessere Laune. Darum arbeiten sie auch besser und gehen sorgfältiger mit Ihrem Hab und Gut um als Möbelpacker, die sich mies behandelt und ausgebeutet fühlen. Das muss man gar nicht diskutieren. Das ist einfach so.

33

VERPFLEGUNG IST KEINE WISSENSCHAFT

Als ich gut gelaunt mit fünf anderen Kollegen im Lkw zu unserer Kundschaft fuhr, wusste ich noch nicht, dass ich heute mal etwas ganz anderes erleben sollte.

Thorsten war einer der Kollegen, ein Bekannter aus der Land-WG-Szene meines Freundes Toni, dem ich einen Aushilfsjob in unserer Firma vermittelt hatte. Ein vernünftiger Mann, von dem ich mir sicher war, dass er gut arbeiten würde. Dann war da noch Klaus, ein altgedienter Möbelpacker, mit dem ich mich gut verstand, auch wenn sein Hang zur Esoterik auf mich manches Mal sehr befremdlich wirkte. Yaşar war dabei, ein älterer Mann aus der Türkei, der seit Jahren in den Möbeln arbeitete, und dann waren da noch Sunny und Jochen, die schon viel länger dabei waren als ich und mit denen ich sowieso immer gerne zusammenarbeitete.

Das war eines jener Teams, wo ich mir morgens sicher bin, dass da am Tag nichts schiefgehen kann, vor allem, wenn es um einen Umzug vom Erdgeschoss ins Erdgeschoss ging. Schön, es waren neun Möbelwagenmeter angesagt, also fünfundvierzig Kubik, aber das würden wir schon schaffen. Es könnte auch schlimmer sein.

Die Kundschaft erwies sich als sehr nett. Schon von der Begrüßung an herrschte entspannte und freundliche Stimmung, auch wenn man dem Ehepaar, das uns engagiert hatte, den Stress der letzten Vorbereitungstage noch ansehen konnte. Ihr Kind hatten sie bei der Oma untergebracht, die Möbel waren zwar gut, aber nicht oberedel, alles war recht unkompliziert, und so begannen wir zügig, aber gelassen mit dem Aufladen. Ich stand auf dem Lkw, packte weg und freute mich über den Sonnenschein. Die anderen schleppten zum Lkw, verhüllten in der Wohnung Möbel oder packten letzte Reste von teurem Geschirr ein. Sunny zerlegte die großen Schränke. Zwischendurch gab es Kaffee, und Wasser stand da sowieso für jeden rum. Das würde ein feiner Tag werden, das wusste ich.

Gegen Mittag verschwand der Kunde zu seinem Arbeitsplatz, und die Kundin verschwand für irgendwelche Besorgungen. Die Kollegen schleppten, schafften heran und stellten mir die Ladekante voll, dass ich ein bisschen Mühe hatte, da mit dem Wegpacken hinterherzukommen. Schlechte Laune bekam ich deswegen nicht. Irgendwann kam die Kundin zurück, mit drei großen, flachen Pappschachteln aus der Bäckerei. Frühstück! Genau zur richtigen Zeit. Gerade hatte der Hunger in mir zu nagen begonnen. Trotzdem wollte ich erst den Kram wegpacken, der noch auf der Ladefläche rumstand, so konnte ich es nach dem Frühstück ruhiger angehen lassen.

»Fangt doch schon mal an«, sagte ich deshalb, als Sunny mir sagte, in der Küche stünde Essen für uns bereit.

Während Sunny wieder nach drinnen ging, hüllte ich Stühle in Decken, packte sie mit anderem Kleinkram auf die Kartonreihen an der Stirnwand und band einen Bauernschrank an der Zurrleiste fest. Plötzlich kam Sunny aus dem Haus heraus. In der einen Hand trug er ein Wurstbrötchen, in der anderen ein Käsebrötchen und im Gesicht einen wütenden Ausdruck.

»Was ist denn jetzt los?«, fragte ich, als er am Lkw ankam.

»Die gehen mir alle so auf den Sack!«

»Wer?«

»Die ganzen Arschlöcher da drinnen!« Damit meinte er wohl die Kollegen, aber ich begriff noch nicht, was er meinte. »Das musst du dir mal angucken«, sagte er. »Die Kundin hat da das geilste Frühstück hingestellt, das ich seit zwei Monaten gekriegt habe, und diese Idioten sagen alle, nö, das essen sie nicht.«

»Hä?«, machte ich. »Wieso das denn?«

»Weil die alle blöd sind. Die hat alles aufgefahren, ey. Käse, Mettbrötchen, Frikadellen, Eibrötchen, Lachsbrötchen. Alter, total geil, und diese Spinner wollen das nicht.«

»Aber wieso denn nicht?«

»Was weiß ich denn. Yaşar meint, er kann nichts essen, was neben Schweinefleisch gelegen hat, dieser Thorsten ist ein blöder Veganer, Jochen isst keine Butter, und Klaus meint, dass er gerade fastet.«

»Quatsch, fastet der«, sagte ich. »Der ernährt sich von Licht.« Jetzt war es Sunny, der »Hä?« machte und verwundert guckte. »Der hat von so 'ner australischen Spinnerin gelesen, die behauptet, der Mensch könne sich von Licht ernähren«, sagte ich. Dann lief ich schnell ins Haus, um noch eine Frikadelle abzukriegen, bevor Buttervermeider Jochen die alle verschlungen hätte. In der Küche stand ich vor dem tollen umfangreichen Frühstück, das die Kollegen nicht angerührt hatten, und daneben saß kopfschüttelnd die Kundin und sah mich ratlos an.

»Ich wollte doch nur alles richtig machen«, sagte sie. »Woran soll man denn noch alles denken?«

»Sie haben doch alles richtig gemacht«, versicherte ich der netten Frau. »Da können Sie ja nichts für, dass die Kollegen etwas seltsam sind.« Ich bedankte mich herzlich und aufrichtig bei der Kundin, die von dem Verhalten der Kollegen arg vor den Kopf gestoßen worden war, und versicherte ihr, dass es zumindest mir und Sunny gut schmecken würde und dass sie das Frühstück auf keinen Fall umsonst besorgt hatte. Dann ging ich auf die Terrasse, wo die Kollegen saßen und rauchten. Na, wenigstens das hatten sie gemeinsam. Klaus stand am Rand des Rasens mit geschlossenen Augen in der Sonne.

»Na, noch nicht satt?«, fragte ich. Er öffnete die Augen und sah mich ernst an. Dann grinste er. Ich sah zu Yaşar und hätte ihn fast gefragt, ob er denn ein Huhn essen würde, das auf dem Bauernhof an einem Schwein vorbeigegangen wäre, aber dann war mir das doch egal. Für den Veganer hätte ich vor Jahren auch noch einen blöden Spruch gehabt, aber irgendwann hatte ich kapiert, dass sehr viele Leute in aller Welt hungern, weil wir deren Getreide importieren, um unsere Zuchtviecher zu füttern.

Ich rauchte eine Zigarette, schlürfte etwas Kaffee und freute mich bei meinem nächsten Gang in die Küche, dass Sunny und ich heute die beiden einzigen Omnivoren unter den Kollegen waren. Umso mehr für uns! Allerdings entdeckte ich nun Jochen am Frühstückstisch, der mit einem Messer die Butter von einem Brötchen kratzte. Mit ungläubigem Blick stand die Kundin daneben und sah ihm zu. Wenigstens hatte sie ihren Humor zurück und grinste.

»Junger Mann«, sagte sie. »Sie sind ein hageres Kerlchen und haben nichts auf den Knochen. Und jetzt schaben Sie noch die Butter vom Brot?«

»Ja nun«, sagte Jochen, während er Schinkenscheiben auf das Brötchen packte. »Man muss schon auf seine Figur achten.« Die Kundin warf mir einen Blick zu, wie ihn meine Großmutter gehabt hatte, wenn sie über »die Jugend von heute« geredet hatte.

Als ich mir mein vorerst letztes Brötchen nahm, stellte ich fest, dass von den drei Schachteln auf dem Tisch nicht einmal die Menge einer einzigen ganz aufgegessen war. Was für ein Jammer! Aber auch eine Ausnahme. Bei einer anderen Besetzung, einem anderen Team wäre das reichhaltige, leckere Frühstück noch vor Ende des Aufladens ratzekahl weggeputzt gewesen.

NEIN, SIE BRAUCHEN AUF KEINEN FALL MIT ERNÄHRUNGSRATGEBERN und Tabellen zu hantieren, wenn Sie den Möbelpackern oder Ihren privaten Helfern eine Stärkung reichen wollen. Das ist schon nett genug. Im Ernst, ich denke, wer nicht will, der hat schon. Andererseits, wenn Sie wirklich alles richtig machen wollen, dann gibt es eine einzige Frage, die Sie stellen können, die alles klären sollte: »Gibt es bei euch irgendeinen, der irgendetwas nicht isst?«

34

AUF DIE TOILETTE?

Sie war eine alleinstehende Dame Mitte sechzig und stand mit beiden Beinen fest im Leben. Fünf Möbelwagenmeter waren bei ihr zu transportieren, fünfundzwanzig Kubik, aus dem Erdgeschoss heraus. Außerdem war ihr Umzug ein Full-Service-Umzug. Wir hatten also alles in Kartons zu packen und sämtliche ihrer Möbel zu montieren. Zu fünft tauchten wir morgens bei ihr auf. Sunny, Otis, Shorty, Aushilfskollege Ronnie und ich.

»Moin«, sagte sie, als wir die Wohnung betraten. »Geht es los?«

Durch die Küchentür erspähte ich im Augenwinkel ein großes Tablett mit belegten Brötchen und die Mineralwasserflaschen daneben. Es roch nach frischem Kaffee. Die Dame musterte uns freundlich. Dann bemerkte sie Otis' Restalkoholfahne. »War wohl eine lange Nacht, was?« Normalerweise hätte Otis auf eine solche Frage gerne verzichtet, aber bei dieser Dame klang da überhaupt kein Vorwurf mit, und so erklärte er, er hätte mit seiner Mutter ihren Geburtstag gefeiert, was unserer Kundin offenbar gut gefiel, denn sie lächelte.

»Was soll denn alles mit?«, fragte Sunny.

»Na, alles«, sagte sie, und dann führte sie uns durch die Wohnung. Hier kann ja wohl mal wieder gar nichts schiefgehen, dachte ich, bevor Otis mir leise andeutete, dass er dann wohl heute den Lkw packt. Klar, die Dame hatte kein Problem mit seiner Fahne, aber deswegen wollte er ihr die noch lange nicht die ganze Zeit unter die Nase halten. Außerdem ist Frischluft immer angenehmer, wenn man verkatert ist. Viel angenehmer, als im gut beheizten Wohnzimmer einer Mittsechzigerin Porzellan in Kartons zu verpacken. Während wir anderen Material in die Wohnung schafften, ging Sunny mit der Kundin die anstehenden Montagen durch. Als ich das erste Mal mit einem Stapel leerer Umzugskartons in die Wohnung kam, bemerkte ich, wie die beiden dabei scherzten und lachten.

Später an der Ladekante hat Sunny mir dann wieder mal seine Freude über eine angenehme Kundin gezeigt. »Herrlich«, sagte er. »Die hätte ich gerne als Großmutter gehabt.«

»Wart mal ab«, sagte ich. »Die kann bestimmt auch anders.«

»Ach was. Die hab ich im Griff.« Klar. So war das bei Sunny. Kaum etwas bereitete ihm im Job mehr Freude, als für wirklich nette alte Damen zu arbeiten. Da gab er sich noch mehr Mühe als sonst, da las er jeden Wunsch von den Augen ab, und die Kommunikation war voller Freundlichkeit und angenehmstem Humor. Wer da allerdings wen im Griff hatte, dessen war ich mir nicht immer sicher.

Während Sunny sich an die ersten Montagen machte, fingen Shorty und Ronnie an, Kartons zu packen. Otis schleppte die ersten Kartons zum Lkw. Ich packte ein bisschen und schleppte ein bisschen, je nachdem, wie es sich in der kleinen Wohnung gerade ergab, wo manchmal Platz geschaffen werden musste, damit es weitergehen konnte.

»So, jetzt gibt es aber erst mal Kaffee«, hieß es natürlich auch bald, und dann genossen wir unser Frühstück, bevor es wieder an die Arbeit ging. Als ich mit Otis die ersten Möbelstücke nach draußen brachte, sagte die Kundin: »Den Esstisch und die Stühle lasst ihr aber noch stehen, schließlich wollen wir auch zu Mittag essen.« Herrlich!

Zwei Stunden später saßen wir Möbelpacker um den Esstisch versammelt und die nette Dame trug auf. Selbstgemachtes Pilzragout auf Spätzle. So etwas kriegt man vielleicht einmal im Jahr von der Kundschaft serviert. Das war wieder wie …, ja, wie Weihnachten. Das ist ja auch nur einmal im Jahr.

»Und wenn einer nicht satt wird, dann gibt es einen Nachschlag.« Zauberhafte Worte in den Ohren der Möbelpacker. Und als Otis erwähnte, wie freundlich das sei, sagte sie: »Na, ihr braucht ja wohl auch Kraft für die Arbeit. Das muss ja auch irgendwo herkommen.«

Mütterlicher geht es kaum, und so aßen wir zufrieden und fühlten uns wohl, während die nette Kundin sich noch in der Küche zu schaffen machte.

Otis grinste mich immer wieder kopfschüttelnd an. Auch Ronnie lächelte, während er mit Restaurantbesuchermiene Pfeffer über seinem Teller verteilte und dabei vor Genuss leise grunzte. Shorty schleckte an seiner Gabel, als äße er ein Eis am Stiel, und strahlte.

Plötzlich stand die Dame des Hauses am Tisch und blickte ernst durch die Runde. »Wer war als Letzter auf der Toilette?« Fünf Möbelpacker hielten mit dem Essen inne. Sunny senkte seine Gabel zurück auf den Teller und überlegte kurz. Otis schluckte und schüttelte zögernd den Kopf. Ronnie dachte noch nach, und ich war seit Stunden nicht gewesen. Fünf Möbelpacker saßen um Großmutters Esstisch wie fünf ertappte Enkel. Shorty schielte schüchtern zur Kundin hinauf.

»Na dann komm mal mit, mein Junge«, sagte die. Shorty blickte noch verblüfft durch die Runde, dann folgte er ihr. Wir anderen sahen uns ahnungsvoll an, wobei Sunny der Erste war, der grinsen musste.

»Und wer macht das jetzt weg?«, hörten wir die Kundin von der Toilette her. Shorty antwortete nicht. »Du glaubst ja wohl nicht, dass ich hinter dir herwische.« Dann erwähnte sie noch, wo Shorty einen Feudel finden könnte, und damit war das Thema für sie erledigt. Sie hat den ganzen Tag lang nicht mehr darüber geredet. Im Gegensatz zu uns, Shortys Kollegen.

»Na, mein Junge«, sagte Sunny, als Shorty zum Esstisch zurückkam, »hast du ein bisschen danebengemacht?«

»Wie lustig«, knirschte Shorty, aber dann lachte er auch, und er hat glücklicherweise auch den Rest des Tages mitgelacht, wenn wir uns unseren Spaß mit ihm machten und ihn auch immer mal wieder »mein Junge« nannten. Mancher Kollege wird da sauer.

Die Souveränität unserer netten Kundin hat mich noch lange danach gefreut. Es gibt da ganz andere. Unter anderem kann man die auch im Internet finden. Es ist ja nicht zu fassen, über was die Menschen sich in Foren so austauschen.

Na gut, eigentlich ist es ganz nett, wenn jemand umziehen will und er sich vorher schlaumacht, ob man den Möbelpackern eventuell auch Trinkgeld gibt oder was zu essen hinstellt.

Was mich nur wundert: Haben all die Leute niemanden, mit dem sie *reden* können? Wie haben die ihr bisheriges Leben bewältigt? *Hallo, Leute! Ich will demnächst mal in einer Kneipe ein Bier trinken gehen. Jetzt weiß ich nicht genau, wie ich mich verhalten soll. Gibt man da Trinkgeld? Wenn ja, wie viel?*

So geht es zu im Internet.

Sind die Leute alle derartig allein und einsam in ihrem Leben, dass sie sich online Rat holen müssen, bevor sie vor die Tür gehen? Da finde ich in einem Forum die Frage einer Frau, der Handwerkerbesuch ins Haus steht, ob man diese Leute auch auf die eigene Toilette lassen soll, wenn die mal müssen. Und dann erzählt sie von einer Bekannten, der ein Handwerker derartig übers Klobecken gepisst hat, dass es an den Seiten runterlief und sie sogar den Boden wischen musste. Verzweiflung sprach aus ihrem Text. Die Arme schien wirklich Angst vor dem Harndrang der angekündigten Handwerker zu haben.

Ihre Bekannte hätte sich mit dem Gedanken getragen, den Chef des Stehpissers anzurufen, war sich aber wohl noch nicht sicher.

Ja, natürlich! Sofort! Anrufen und sich beschweren. Auf jeden Fall. Ganz im Ernst. Und dann auch mal die eigene Weltsicht beiseite legen und kapieren, dass nicht alle, die handwerkeln, so sind wie die anderen, die auch handwerkeln.

NOCH MAL FÜR DIE GANZ WELTFREMDEN: Wen ihr euch ins Haus bestellt, auf dass er sich für euch den Buckel krumm schuftet, dem stellt bitte auch eure Toilette zur Verfügung! Erstens ist so ein Umzugstag ein Ausnahmetag, und zweitens muss niemand davon ausgehen, dass Möbelpacker sich grundsätzlich nicht zu benehmen wissen.

Und wenn da mal einer dabei ist, der es tatsächlich nicht weiß, dann kann man den auch eins a vor den Kollegen zusammenfalten. Und wer das nicht kann, wer obendrein Angst vor dem sanitären Benehmen der fremden Männer hat, der sorge bitte dafür, dass zum Umzug ein Dixi-Klo vor der Tür steht. Das ist auch nicht zu teuer.

35

IMMER SCHÖN DER REIHE NACH!

Am Ende einer langen Ferntour war ich am Freitagabend nach Feierabend bei meinem Kollegen Stephan hängen geblieben. Die Tour hatte fünf Tage gedauert und war anstrengend gewesen. Trotzdem hatte sie Spaß gemacht. Es gibt so was. Man malocht die ganze Woche durch, geht auf dem Zahnfleisch ins Wochenende und hat trotzdem das Gefühl, etwas Tolles erlebt zu haben, als hätte man gerade eine spannende Reise hinter sich. Nur nette Kunden und nur nette Kollegen hatten wir unterwegs getroffen, gerade so, wie man auf einer Reise andere Reisende trifft, wo man sich einfach nur über die verschiedenen Begegnungen freut. Und so waren wir auch beide am Ende nicht in der Stimmung, sofort nach Hause zu gehen, und haben erst einmal eine Kneipe bei Stephan um die Ecke angesteuert.

Am nächsten Tag erwachte ich auf seinem Sofa. Nachdem ich Kaffee gekocht hatte, wachte auch Stephan auf, und nach zwei Kaffee entschieden wir, dass es Zeit für das erste Bier sei. Das war gegen Mittag. Stephan fuhr seinen Rechner hoch und begann mit irgendeinem Computerspiel. Dazu hatte ich keine Lust. Daddeln war eine Droge, der ich mich ohne Mühe entziehen konnte. Ich wusste: Jedes Spiel, das ich anfangen würde, würde ich gnadenlos zu Ende spielen und dabei nichts anderes mehr auf die Reihe kriegen. Ich habe nicht viele Spiele gespielt, aber die haben mir klargemacht, wie gefährlich sie für mich sind. Das kommt mir vor wie Heroin. Einmal drauf, immer drauf, heißt es da ja. Nee, danke!

Ich hing auf dem Sofa, las Comics und hörte dazu eine alte Scheibe der Allman Brothers Band und zwar auf Vinyl. Stephan gehörte zu den Leuten, die noch echte Schallplatten besaßen. Und ich gehöre zu den Leuten, die das für ein wunderschönes Wort halten. Schallplatte. Herrlich! Da klingt gleich mit, was dem Digitalen fehlt.

Den Sound, den eine Schallplatte bringt, schafft keine CD. Und wo wir gerade bei der guten alten Zeit sind: Die Allman Brothers erinnerten mich an früher, als wir es oft so gemacht hatten wie Stephan und ich jetzt: einfach ohne Pläne abhängen, um des Abhängens willen. Wie nach einer durchgemachten Nacht, damals. Keine Schule, kein Job. Einfach mal sehen, was so kommt, oder auch nicht.

Ein Samstag im Sommer, wo auch die Balkontür offen stand und ab und zu ein leichter Wind durch die angenehm schattige Wohnung ging. Irgendwann war von draußen der gequälte Motorensound eines Lkws zu hören. Aber der fuhr nicht vorbei, der hatte da zu tun. Stephan sah vom Rechner auf. Gleichzeitig betraten wir den Balkon und schauten aus dem ersten Stock zur anderen Straßenseite, wo ein nicht besonders fähiger Fahrer versuchte, einen Siebeneinhalbtonner in eine Parklücke zu rangieren, wobei ihm zwei offenbar auch nicht besonders fähige Einweiser behilflich sein wollten.

»Guck mal«, sagte Stephan. »Amateure.« Und damit lästerte er nicht über den Fahrer, sondern schätzte nur die Szene richtig ein, die sich uns da bot: Etwas mehr als ein halbes Dutzend junge Leute stand am Hauseingang herum und wartete. Einer wirkte dabei besonders geschäftig, beredete hier was mit einem, besprach dort was mit einem anderen, bevor er im Haus verschwand. Das war dann wohl der »Kunde«. Wir kannten das, hatten das hundertmal erlebt. Und deswegen meinte Stephan mit »Amateure« auch die Umzugsleute da draußen, die sich den Samstag freigehalten hatten, um einem Freund zu helfen.

»Ich hol uns mal noch ein Bier«, sagte Stephan. Und dann tranken wir und rauchten und genossen das Schauspiel der Amateure. Das macht ja nach einer langen Arbeitswoche besonders viel Spaß. Der Gitarrensound von *In Memory of Elizabeth Reed* schwebte an uns vorbei, und gegenüber öffneten sie den Lkw und begannen, Kartons nach oben zu schleppen. Viele Kartons. Fleißig schleppten die jungen Leute ins Haus hinein. Kartons, Kartons, Kartons. Dann auch mal Kleinscheiß und kleine Möbelstücke.

Plötzlich erreichten die Gitarren der Allman Brothers Band einen der Helfer, der mit geschlossenen Augen in der Sonne stand und sich leicht hin und her wiegte. Dann sah er zu uns herauf. »Was ist denn das für geile Musik?«

»Allman Brothers!«, rief Stephan hinab. Der junge Mann zuckte mit den Schultern. Kannte er nicht.

»Kommt mal runter!« rief ein anderer. »Fasst mal mit an hier. Bier trinken könnt ihr später!«

»Nö, keine Lust!«, rief Stephan, dann prosteten wir den Helfern zu. So schön kann der Sommer sein! Gute Laune allüberall.

Als der Lkw etwa halb leer war, als alle Kartons in der Wohnung waren, machten die Helfer eine Pause. Wir wussten natürlich, wie sie sich fühlten, mit ihren nassen Haaren und verschwitzten T-Shirts, während ihnen Schweiß von der Nasenspitze tropfte und sie Mineralwasser in sich hineinlaufen ließen, und wir waren froh, dass uns das heute erspart blieb. Aber dann war ihre Pause vorbei, und plötzlich standen da fünf Leute an der Ladekante vor einer alten Waschmaschine und beratschlagten sich.

»Ist das 'ne Miele?«, fragte Stephan.

»Sieht so aus«, sagte ich. Eine alte Miele gehört so ziemlich zu dem schwersten an Waschmaschine, was man in einem privaten Haushalten stehen haben kann. Klar, dass die Amateure da unten jetzt erst einmal diskutierten. Und dann nahmen sie das Ding zu viert vom Lkw und stellten es unter Stöhnen und Fluchen umständlich auf der Straße ab. Ich dachte schon, ich hörte Bandscheiben platzen.

»Au Backe!«, sagte Stephan. Wir sahen uns an.

»Ach, komm«, sagte ich, »das sind ja schließlich deine neuen Nachbarn.« Stephan grinste. Eine halbe Minute später standen wir am Lkw.

»Wir machen das«, sagte Stephan, und bevor jemand begreifen konnte, was da geschah, waren wir schon im Treppenhaus. Bis in den dritten Stock war es etwas anstrengend, aber wir waren ja im Training, als wäre unsere Tour eben noch nicht ganz zu Ende.

Im Wohnungseingang rief ich: »Moin, wir bringen die neue Waschmaschine!«, und ein verblüffter Typ zeigte uns das Badezimmer.

»Ich bin Stephan«, sagte Stephan, nachdem wir die Maschine abgestellt hatten. »Ich wohne gegenüber.«

»Ralf«, sagte der neue Nachbar. Und dann bot er uns Kaffee an, aber wir meinten, dass wir lieber bei Bier blieben, also gab es Bier für uns. Wir tranken kühles Pils und schauten uns in der Wohnung um, als sich langsam das Chaos ankündigte. In den nächsten Minuten kamen ein Vertiko, eine Kommode und ein Sideboard nach oben. Klar, Ralf wusste zu sagen, wo das alles stehen sollte, aber dort standen schon überall Kartons, die die übereifrigen Helfer einfach nach Gusto an irgendwelche Zimmerwände gestellt hatten.

Das ging dann so: Um das Sideboard abstellen zu können, musste erst mal die Wand freigeschaufelt werden. Dabei wurde unbedacht natürlich die nächste Wand mit Kartons vollgestellt, an der dann die Kommode stehen sollte, und so weiter und so fort. Das war, als ob Stan Laurel beim Schneeschippen immer zu Oliver Hardys Seite rüberwirft und Hardy auf Laurels Seite. So wird man natürlich nie fertig, aber so ging es zu, in der Wohnung des neuen Nachbarn. Alles, was irgendwo im Weg stand, wenn jemand ein Möbelstück an der richtigen Stelle abstellen wollte, wurde beiseite geräumt, an eine andere Stelle, wo es dem nächsten Möbelstück im Weg stand. Ein irres Hin und Her. Ralf war zwar nicht dabei, die Nerven zu verlieren (dazu war er wohl insgesamt zu entspannt), aber ich merkte ihm die Anstrengung an. Schließlich ergriff Stephan die Initiative und unterbrach das Abladen. Im Eingangsbereich der Wohnung, im Treppenhaus davor und in den Stockwerken stauten sich die Möbel. Es hatte einfach keinen Sinn weiterzumachen. Unter Stephans Regie wurden in allen Räumen die Kartons in der Mitte gestapelt, Kleinscheiß obendrauf. Bald waren die Wände frei, sodass dort die Möbel abgestellt werden konnten. Im Wohnzimmer klappte das besonders gut. Um den Kartonstapel in der Mitte gruppierten sich am Ende Anbauwand, Fernsehtisch, Sofa, Sessel, Sideboard und auch der Couchtisch, der noch etwas abseits stand, würde seinen Platz finden, wenn die Kartons erst einmal ausgepackt waren. Alles sah so schon fast genau so eingerichtet aus, wie es einmal werden sollte.

Und dann standen plötzlich zwei Typen in der Wohnzimmertür, die eine riesige Rolle auf den Schultern trugen. »Wir bringen den Wohnzimmerteppich.« Das war der Moment, in dem nicht nur Stephan und ich, sondern (mit kurzer Verzögerung) auch Ralf, Stephans neuer Nachbar, lauthals in Gelächter ausbrachen.

WENN SIE DEN LKW SELBST PACKEN ODER EINER IHRER HELFER DAS TUT, dann muss Ihnen eines bewusst sein: Alles muss mit. Da muss also abgeschätzt werden, ob alles auf den Lkw passt. Da muss unter Umständen einer packen, der es versteht, auch noch die letzte kleine Lücke auszunutzen. Das ist das eine. Das andere ist die Reihenfolge des Abladens, die schon beim Aufladen berücksichtigt werden muss.

Im Grunde geht doch so ein Umzug ganz einfach: Erst einmal wird alles in Kartons verpackt, die Schränke, die ganzen Möbelstücke werden leer geräumt. Das ist so etwa wie die Software, die Möbel sind die Hardware. Die muss beim Abladen zuerst eingebaut werden, bevor die Software installiert werden kann. Das heißt: Die Masse der Kartons immer zuerst aufladen, dann sind die beim Abladen nicht im Weg. Oben auf die Kartons auf dem Lkw Kleinkram, wie Taschen, Rucksäcke, Wäschesäcke oder kleine Möbel, wie Beistelltische oder Stühle. Das kann sehr schön kompakt weggestaut werden. Immer mit Kleinscheiß alle Lücken stopfen, auch wenn dann die großen Möbel kommen. Aber erst die Kartons, dann stehen die beim Abladen nicht im Weg. Erst die Wohnungseinrichtung aufbauen, dann den ganzen Kleinkram da hineinsortieren. Wenn man mal ganz viel Platz auf dem Lkw hat, dann kann man auch »Zimmer für Zimmer« aufladen, aber diesen Platz hat man fast nie. Also: Ein Teppich, der mal unter irgendwelchen Möbeln liegen soll, wird zum Schluss aufgeladen!

36

EINE KOMMODE IST KEIN HINKELSTEIN!

Kennen Sie das, wenn Sie einem Freund oder einem guten Bekannten etwas erzählen und der Ihnen das nicht glaubt, obwohl Sie ganz genau wissen, dass es stimmt?

Ich saß zum Beispiel mal mit zwei Bekannten zusammen in der Kneipe, als wir aus irgendeinem Grund auf Saxofone zu sprechen kamen. Ich weiß nicht mehr, wie es kam, aber nach einer Weile hatten wir einen Streit, denn ich hatte erwähnt, dass Altsaxofone im Klang höher seien als Tenorsaxofone, was meine beiden Bekannten vehement abstritten.

»Achtet mal drauf«, sagte ich. »Die sind beide baugleich, nur das Alt ist kleiner. Das kann gar nicht tiefer sein!« Ich wusste das. Schließlich hatte ich mal ein Tenor gehabt.

»Ach, Quatsch!«, hieß es von den Bekannten her, und bald hatten wir eine Wette laufen. Es ging zwar nur um ein Bier, aber geärgert habe ich mich doch, denn wir haben so ziemlich jeden in der gut gefüllten Kneipe gefragt, und alle wollten sich entweder nicht festlegen oder waren der gleichen blöden Ansicht wie meine beiden Bekannten. Es war zum Haareraufen. Nur Ignoranten um mich herum. Natürlich habe ich mich geweigert, die Biere für die beiden zu bezahlen, und da war ich erst einmal das Arschloch. Es ist verdammt schwer, fünfzig Leuten gegenüber recht zu behalten, aber ich bin stur geblieben, und der eine der beiden hat es dann zwei Wochen später richtig gemacht: Er stellte mir ein Bier hin, weil er inzwischen die Wahrheit gelernt hatte.

Ich saß auch mal, nachdem ich mir ein E-Piano gekauft hatte, mit einem zusammen, der Klavier spielte, und meinte, wir könnten ja mal Unterricht machen. Im Laufe des Abends machte ich den Fehler zu erwähnen, dass es bei den Briten ja nicht die Bezeichnung

»H« geben würde, für die Note, die einen Halbton unter »C« liegt. Das hat er nicht begriffen. »Die nennen das ›B‹«, sagte ich.

»Quatsch«, sagte er. »›B‹ liegt zwischen ›A‹ und ›H‹.« Und dann ging es los, das Streitgespräch, und ich konnte es ihm nicht erklären, ich war ja nur der Möbelpacker, und er spielte schließlich seit Jahren Klavier. Furchtbar!

Mit einer Freundin sah ich mal einen Science-Fiction-Film, in dem die Besatzung eines Raumschiffes irgendwas über Bord geworfen hat, und das zischte dann so nach hinten weg, wie das eine Zigarettenkippe tut, die man aus dem Autofenster schnippt.

»Ist ja Unsinn«, sagte ich, denn wenn man so in der Leere des Alls zwischen den Sonnensystemen herumfliegt, dann ist das ganz anders als auf der Straße, auf der Erde.

»Wieso ist das Unsinn?«, fragte die Freundin.

»Na ja, weil das Zeug da, das die rausgeschmissen haben, sich nur ein bisschen entfernt und dann aber beim Raumschiff in der Nähe bleibt und anfängt, das zu umkreisen, wegen der Gravitation, die beide aufeinander ausüben. Was anderes gibt es da ja nicht.«

»Das glaub ich jetzt nicht. Das recherchier ich mal.«

Ich war gekränkt. »Sag mal, wieso bist du eigentlich mit mir zusammen, wenn du mir nicht mal solch kleines Wissen zutraust?«

Sie grinste. »Wegen deiner schönen blauen Augen vielleicht?«

»Na, danke!«

In allen diesen Beispielen spielt natürlich meine verletzte Eitelkeit eine Rolle, aber das kann nicht alles sein. Ich finde es ja gar nicht schlimm, wenn ich ausgelacht werde, wenn ich Blödsinn verzapft habe. Aber doch nicht, wenn der andere der Idiot ist!

Das führt dann zu solchen Sprüchen wie: »Siehste, ich hab es dir gesagt, aber du wolltest ja nicht hören!« Das ist eine ganz und gar hässliche Art von Spruch, und darum wollte ich so was auch nicht sagen, als mir eines Tages mein alter Freund Victor auf der Straße entgegengehumpelt kam. Er ging auf Krücken. Sein rechter Fuß steckte in einem dicken Verband. Er hatte da was an der Ferse, eine Fraktur oder so. Ich habe das vergessen, weil ich nicht richtig nachgefragt hatte. Ich hatte mich nicht getraut, denn Victor wollte nicht darüber reden.

»Wie geht's denn?«, fragte ich, wobei ich mir trotz aller Vorsätze ein Grinsen nicht verkneifen konnte.

»Sag jetzt nichts«, sagte er.

»Das habe ich gar nicht vorgehabt«, sagte ich, und dann grinste ich noch mehr, und er verzog das Gesicht. Tja, hätte er mal auf mich gehört. Aber er hatte es halt besser gewusst.

Eine Woche zuvor hatten wir einem gemeinsamen Freund beim Umzug geholfen. Das war eine nette Veranstaltung gewesen. Lauter Freunde und Bekannte, die gut gelaunt mit anpackten, und viele von denen haben viel richtig gemacht. Aber nicht alle, wie zum Beispiel Victor. Mit einem anderen Helfer hat er eine Kommode aus der Wohnung im zweiten Stock nach unten bringen wollen. Der andere Helfer ging oben, er hatte also die Kommode vor sich. Victor ging unten, und wollte dabei die Kommode hinter seinem Rücken tragen.

»Lass das mal lieber«, sagte ich, aber Victor wollte nicht hören.

»Wieso? Is' doch viel geiler so.« Ich versuchte noch ein bisschen, es ihm zu erklären, aber er winkte ab. »Das macht man so«, meinte er, und bevor ich noch recht behalten konnte, waren die beiden aus der Wohnung.

Es ist unverantwortlich! Ich habe im Laufe der Jahre in meinem Job als Angestellter einer Firma so manch eine »Sicherheitsschulung« mitmachen müssen, auf der einem zum Beispiel genau erzählt wird, wie man eine Leiter an eine Ladekante anlegen darf, damit man sich nicht verletzt. Da wird einem alles Mögliche erzählt, und dann muss man unterschreiben, dass man das begriffen hat. Man bekommt erzählt, dass man niemals vorwärts aus einem großen Lkw steigen darf, sondern immer nur rückwärts, wobei man die Trittstufen benutzen muss, während man sich an den Haltegriffen festhält. Vorwärts rausspringen? Absolut verboten. Da zahlt die Versicherung nix, keinen Cent, wenn man sich verletzt. Von solchen Dingen lernt man auf Sicherheitsschulungen, die jede Umzugsfirma veranstalten muss. Und dann gibt es da eine Firma, die hat in ihrer Werbung zwei gezeichnete Männchen, die zusammen eine Vitrine tragen und dabei alles falsch machen. Zum einen tragen die das Ding aufrecht, wobei sie unter den Vitrinenboden greifen. So was macht kein Möbelpacker. Zum anderen, und das ist das Schlimme, gehen beide vorwärts, das heißt, der eine trägt das Ding hinter dem Rücken. Solches hat eine Firma von Profis in ihrer Werbung!

Da muss natürlich ein Amateur wie Victor glauben, dass man das eben so macht.

Eine Minute nachdem er mit dem anderen Helfer aus der Wohnung heraus war, bekam er eine Ahnung davon, dass man das vielleicht doch nicht so macht. Am Treppenabsatz rutschte ihm die Kommode aus den Händen. Er hatte keine Chance, und so knallte ihm das Ding auf die Ferse. Ein netter Mensch hat ihn kurz darauf ins Krankenhaus gefahren, denn natürlich war Wochenende, Ärzte hatten ihre Praxen also geschlossen.

Wochenlang konnte Victor nur humpeln, weil er gedacht hatte, dass man das eben so macht, und vor allem, weil er nicht hören wollte, weil er es besser wissen wollte, der Depp.

ES GIBT DIESE BILDER, DIE ES INS KOLLEKTIVE GEDÄCHTNIS GESCHAFFT HABEN. Dazu zählen nicht nur Neil Armstrong auf dem Mond oder Marilyn Monroe mit wehendem Kleid auf dem Lüftungsschacht, dazu zählt auch der Möbelpacker, der hinter dem Rücken trägt. Aber dieses Bild ist falsch. Tun Sie das nicht! Man trägt vor dem Bauch. Es ist einfacher, rückwärts zu gehen, als in enger Situation die Kontrolle über das Möbelstück zu behalten, wenn Sie falsch tragen. Wenn Sie hinter dem Rücken tragen, haben Sie keine Möglichkeit »nachzufassen«, wenn Sie mal abrutschen. Sie haben einfach keine Kontrolle. Sie sehen auch nicht, wo es mal eng wird. Sie sind dem Objekt Ihrer Arbeit abgewandt. Das kann nicht gut gehen. Beim Fußball dribbelt man ja wohl auch nicht vor dem Ball her. Bleiben Sie dran! Sie können dann sogar das Möbelstück auf Ihr gebeugtes Bein stellen, um sich mal zu kratzen, weil es in der Nase so juckt von all dem aufgewirbelten Staub. Wenn Sie hinter dem Rücken tragen, dann haben Sie verloren.

Mit einem Hinkelstein ist das natürlich anders, aber den wuchtet auch keiner durch enge Treppenhäuser, und außerdem ist keiner von uns als Kind in einen Kessel mit Zaubertrank gefallen. Aber abgesehen von alldem: Sie wollen doch bestimmt auch bei dem Umzug eines Freundes und (besonders wenn Sie ein echter Kerl sind) bei dem einer Freundin eine gute Figur machen. Glauben Sie mir, ich habe etliche Amateure gesehen, die meinten, hinter dem Rücken tragen zu müssen. Das tut vor allem eins: Es sieht extrem blöde aus.

Und noch was: Tragen Sie Möbel wie Schränke, so, dass oben oben ist und unten unten. Und immer mit der Rückwand zum Geländer, da ist es nicht schlimm, wenn man in der Kurve mal touchiert.

37

LUFTGITARREN WERDEN ZUERST VERPACKT!

Vor vielen Jahren, als das Möbelschleppen noch geholfen hat, als ich also noch Spaß an der Arbeit entwickeln konnte, da habe ich mal mit zwei Kollegen eine vierköpfige Familie in einen Vorort von Frankfurt gezogen. Vater, Mutter und zwei pubertierende Töchter waren während des gesamten Umzugs sehr entspannt, und so herrschte auch zum Abladen nur gute Laune. Meine Kollegen waren zwei von denen, die ihren Job beherrschten und mit denen ich immer gerne zusammenarbeitete. Es hätte also an dem sonnigen Frühsommertag gar nichts schiefzugehen brauchen, aber wir hatten *mich* dabei, und ich war damals noch jung genug, mich gehen zu lassen, wenn ich guter Dinge war. Zwar kannte ich mich nach einigen Jahren, die ich in den Möbeln bereits verbracht hatte, gut genug aus, um im Allgemeinen einen anständigen Job hinzulegen, aber dass ich alle Gefahren, die da bisweilen lauern, schon kannte, davon konnte keine Rede sein.

Wir hatten zu dritt einen kompletten Hängerzug abzuladen, aber das war nicht schlimm, denn erstens hatten wir den ganzen Tag Zeit und zweitens ging alles in das Erdgeschoss. Ich stand auf der Ladefläche und packte ab, die Kollegen trugen ins Haus, dessen Eingang keine zehn Meter entfernt war, und ab und zu packte auch jemand von der Familie mit an.

Am späten Vormittag band ich die Langlage los. Der Begriff »Langlage« (in anderen Gegenden wird das auch »Abschlag« genannt) bezeichnet vor allem die großen Teile zerlegter Schränke oder auch mal Tischplatten oder einfach nur riesige Bretter. Für den Packer auf dem Lkw ist es natürlich am besten, wenn er das alles in geordneter Reihenfolge auf einmal kriegt, als dass er sich bei jedem Teil fragen muss, wie er das denn jetzt wegpackt. Das mit der geordneten Reihenfolge klappt zwar nur sehr selten, aber ich mache mal an nur einem Schrank als Beispiel klar, worum es hier geht:

Zuerst legt man mal eine Decke auf den Boden vor die Seitenwand des Lkws. Darauf stellt man dann, schräg an die Seitenwand gelehnt, die ersten breiten, hohen Teile. Das sind meist Rückwände oder Seitenteile des zerlegten Schrankes. Die Seitenteile kommen auf jeden Fall vor den Türen, denn sie sind breiter. Über jedes Teil, das man schräg an die Wand gestellt hat, wirft man eine Decke, bevor man das nächste Teil dagegenstellt, damit die sich nicht alle gegenseitig zerkratzen. Wenn alle Seitenteile da stehen, kommen die Türen, und wenn man es mit einem großen Schlafzimmerschrank zu tun hat, dann hat man da jetzt ein Paket aus vielleicht 13 bis 20 hohen, schweren »Brettern« und Türen stehen. Man zieht einen Bindegurt (»Binder«) durch die Zurrleiste und um das Paket herum, den man dann in der Hand hält, während man das ganze schräg auf einer Decke stehende Paket mit dem Fuß an die Wand schiebt, damit es gerade steht, dann bindet man es fest und zieht noch einen zweiten Binder, damit es nicht nur gerade steht, sondern auch »sitzt«, und zwar fest, ohne zu wackeln. Da hat man dann ein strammes Paket. Wenn es mehrere Schränke sind, dann wird das Paket auch mal fetter, oder man bindet zwei Pakete. Zum Abladen öffnet man den unteren Binder und lockert den oberen, aber nur so, dass das Ganze noch gesichert ist, dann zieht man das ganze Paket unten an der Decke derart in die Schräge, dass das alles auch ohne Binder steht.

Genau so habe ich es auch an jenem Tag in Frankfurt gemacht. Ich nahm eine Schranktür, reichte sie einem der Kollegen an der Ladekante, faltete die Decke weg, die über der Tür gehangen hatte, legte sie auf den Deckenstapel und ging an die nächste Tür, um sie dem anderen Kollegen zu reichen. Alles total einfach, schon einige Hundert Male gemacht. Der erste Kollege kam wieder aus dem Haus und brachte Getränke mit. Wir plauderten einen Moment, dann reichte ich ihm die nächste Schranktür, und dann kam der zweite Kollege und erzählte, dass die Mädchen im Wohnzimmer tanzten, denn der Vater hatte den Soundtrack von *Cabaret* aufgelegt. Das hätte nicht passieren dürfen. *Cabaret* war lange Zeit mein liebster Soundtrack gewesen, und sofort (wir erinnern uns: Ich war noch jung) war ich gezwungen, dort, an der Ladekante, an lichtem Sommertag bei Frankfurt zu singen: »Willkommen, bienvenue, welcome! Fremde, étranger, stranger.« Und meine Füße, die schon immer die Stepptanzfähigkeiten genialer Tänzer bewundert hatten, begannen ganz von selbst brush – step, brush – step (lautmalerisch: »ssst – klack, ssst – klack«) über die Ladekante zu schlurfen, während ich weiter sang: »Glucklik zu sehen, je suis enchanté, happy to see you, bleibe, reste, stay.«

Ich grinste aus dem Lkw heraus meine Kollegen an, die sich nur mal wieder amüsierten, was für ein Spinner ich sein konnte, und legte schon eine triolische Folge aus Tiggedi-taggedi-Schritten hin, steigerte mich mehr und mehr und wollte schon gegen die Seite des Lkws treten, um dann hochzuspringen und die Hacken zusammenklacken zu lassen, da hörte ich hinter mir ein entsetzliches Krachen und war von einem Moment zum nächsten erstarrt, denn ich ahnte etwas, was ich seit frühester Kindheit kannte: Der kleine Karsten hat es mal wieder zu weit getrieben. Das ganze sorgfältig verstaute Paket Langlage war umgefallen.

Man kennt ja dieses Bild von der Kompanie Soldaten, die nicht im Gleichschritt über eine Brücke gehen dürfen, weil sich sonst die ganze Angelegenheit aufschaukelt und die Brücke einstürzt. Ob das nun stimmt oder nicht: Auf dem Koffer eines Lkws reicht schon ein einziger Stepptanz imitierender Depp, um ein ähnliches Resultat zu erzielen.

Jetzt musste alles sehr schnell gehen, damit niemand aus der Familie mein Missgeschick bemerken konnte. Es reichte ja, wenn die grinsenden Kollegen mich für einen Trottel hielten. Ich warf ihnen meine Zigaretten zu und beeilte mich, aus Kleiderkisten und einem

Schrank einen Sichtschutz an die Ladekante zu schieben, hinter dem ich zwölf Teile Langlage wieder aufrichtete und an die Wand lehnte. Wie sich bald herausstellte, hatte ich Glück gehabt. Nicht ein einziges Teil hatte auch nur den kleinsten Kratzer abbekommen. So ist das halt, wenn ein erfahrener Packer verstaut. Allerdings war die Langlage auf einen runden Tisch mit Marmorplatte geknallt. Doch auch die Marmorplatte war wunderbarerweise heil geblieben.

Ich wollte schon Erleichterung empfinden, da stellte ich fest, dass einer der drei gusseisernen Füße des Tisches abgebrochen war. Scheiße! Das Ganze war mir unglaublich peinlich, und für den Rest des Abladens war ich mit ungewöhnlichem Ernst bei der Sache. Die Kollegen allerdings hatten ihre Freude, und es wurde natürlich zum Running Gag, dass sie bei fast jedem Teil, das sie am Lkw abholten, die schöne Melodie pfiffen oder sangen: »Willkommen, bienvenue, welcome …«

Natürlich musste ich am Ende mit dem Familienvater den Papierkram erledigen, wobei ich mir absolut nicht zu erklären wusste, wie solch ein Tischfuß abbrechen konnte. Aber große Erklärungen waren nicht nötig, denn das »kleine Missgeschick« minderte weder des Vaters Laune noch die Höhe des Trinkgeldes. Natürlich gab es einen Vermerk auf dem Frachtbrief, aber das war nicht schlimm. So eine Transportversicherung kann sich ja auch mal nützlich machen. Ich war also glimpflich davongekommen, wenn man mal davon absieht, dass ich für den Rest der Tour den Spott der Kollegen zu erdulden hatte. Aber das war nicht schlimm. Der nächste Fauxpas würde nicht lange auf sich warten lassen, und der musste nicht von mir kommen.

GUTE STIMMUNG AUF EINEM UMZUG IST EINE SEHR WICHTIGE SACHE. Niemand möchte diese Arbeit missgestimmt erledigen. Besonders wenn Ihnen Ihre Freunde privat helfen, ist es Ihre Aufgabe, die Leute bei Laune zu halten. Allerdings darf die Sache nicht ausarten. Die Party findet anschließend statt. Ich habe einen Kollegen erlebt, der stinksauer auf andere Kollegen war, die ihm bei seinem Umzug geholfen haben und sich dabei so sehr haben gehen lassen, weil einmal nicht der übliche Druck, alles professionell zu erledigen, auf ihnen lastete, dass er nur gesagt hat: »Ja, geil, all die Schäden, die wir schon immer mal machen wollten!«

Achten Sie darauf, dass Ihre Freunde mit dem richtigen Ernst bei der Sache sind. Wenn es mal zu kippen droht, dann legen Sie eine Pause ein. Wenn dann alles heil im neuen Heim angekommen ist, dann können auch die Luftgitarren (oder auch die Steppschuhe) wieder ausgepackt werden.

38

ES IST JA WOHL AUCH
DER UMZUG DER KINDER!

Als ich noch ganz klein war, zog meine Familie in eine neue Wohnung, die auch einen Balkon hätte, wie ich vorher erzählt bekam. Ich hatte keine Ahnung, was ein Balkon ist. Das gehöre zur Wohnung dazu, und da könne man einen Tisch und Stühle draufstellen und einen Sonnenschirm, wurde mir erklärt. Ich stellte mir also einen Platz hinter dem Haus vor, an dem nebeneinander jede Familie ihren »Balkon« hätte, wo sie unter einem Sonnenschirm am Tisch sitzen würde. Das kam mir in der Fantasie recht gesellig vor.

Zur neuen Wohnung fuhr ich mit meiner Schwester und meiner Tante im Krankenwagen. Jedenfalls glaubte ich, dass es ein Krankenwagen sei, weil das Auto da so ein »Ding« auf dem Dach hatte, das wohl »Tatütata!« machen könnte. Dass wir in einem Taxi unterwegs waren, habe ich erst viel später kapiert.

Ob ich bei diesem Umzug mit angefasst habe, weiß ich nicht mehr, aber ich erinnere mich, bei einem späteren Umzug mit meinen Brüdern zusammen ausgepackt zu haben. Das war lustig. Der eine hat immer in den riesigen Karton gegriffen und ein Spielzeug herausgeholt, und dann hat derjenige sich gemeldet, dem es gehörte. Auch daran, dass der gesamte Ablauf des Umzuges etwas Spannendes hatte, erinnere ich mich. Damals war es auch noch einfacher, weil mein gesamtes Umfeld, meine Familie, mit mir zusammen umzog. Später, als ich schon zur Schule ging, wurde das etwas schwieriger, weil ich Freunde zurücklassen musste. Trotzdem war ich beim nächsten Umzug vom Ablauf fasziniert und bewunderte die starken Männer. Außerdem ist es ja sowieso unheimlich interessant, wenn mal die gesamte tägliche Ordnung auseinandergerissen wird. Das schlimme Abschiedsgefühl stellte sich erst später ein, auf der Autofahrt aus der alten Stadt heraus. Aber in der neuen Stadt ging das Leben dann schnell weiter.

Niemand sollte da seine Kinder unterschätzen. Und vor allem sollte niemand denken, dass die Kinder nicht aktiv beim Umzug mitmachen könnten. Niemand sollte das Spielzeug der Kinder für sie verpacken, wenn sie das selbst erledigen wollen.

Ich weiß es nicht mehr von Umzügen als kleines Kind, aber ich erinnere mich an eine Kurverschickung, als ich etwa zehn Jahre alt war. Am Ende der Kur hieß es, wir sollten jetzt mal Andenken, beziehungsweise Mitbringsel für die Eltern kaufen. Ich kaufte ein Seepferdchen aus Keramik für meine Mutter, und zwar eines mit einer Glasur im richtigen Farbton. Als wir vor der Abfahrt nach Hause unsere Koffer packen wollten, hieß es: »Nee, wir machen das für euch!« Das fand ich einerseits blöde, andererseits hatte ich noch etwas mehr Zeit zum Spielen. Zu Hause allerdings, als ich das Seepferdchen auspackte, wurde ich wütend. Erst haben die mich für zu blöd gehalten, meinen eigenen Koffer zu packen, und dann packten die mir das falsche Seepferdchen ein! Ich fühlte mich verarscht. Das hätte ich damals vielleicht anders ausgedrückt, aber das Gefühl war dasselbe. Es war eben nicht das Seepferdchen, das ich ausgesucht hatte, sondern eines, das ein anderer Junge gewählt hatte. Das war viel zu blass! Bei meinem waren die Farben wesentlich satter gewesen. Aber diesen Unterschied haben die doofen Erzieher aus dem doofen Kinderheim an der Nordsee nicht kapiert. Meine Mutter meinte zwar, dass das Seepferdchen doch hübsch sei, aber ich wusste es besser und war sauer, weil man mir nicht zugetraut hatte, auf meine Sachen achtzugeben, nur damit ich dann sehe, wie die das nicht schaffen.

Ich habe das immer wieder auf Umzügen erlebt.

Es passiert sehr oft, dass Eltern nicht an ihre Kinder glauben. In dem Moment ist das nur ärgerlich, aber wie sieht es im späteren Leben aus, wenn die Eltern mal nicht mehr da sind, um den Kindern alles zu erklären und alle Arbeit aus der Hand zu nehmen?

Da war mal eine Kundin, die ist den ganzen Tag wie ein aufgescheuchtes Huhn hin und her gerannt, um auch ja alles erledigt zu kriegen, und immer wenn ihre kleine Tochter Hand anlegen wollte, hat sie sie ausgebremst.

»Hach, sei vorsichtig!« – »Steh hier nicht im Weg!« – »Ich mach das schon! – »Du sollst nicht so schwer heben!« – »Stör die Männer nicht!« – »Pass auf, dass du nichts durcheinanderbringst!«

So ging das den ganzen langen Tag. Die Mutter wusste nicht, wo ihr der Kopf stand, war selbst kurz vor einem Nervenzusammenbruch, und die Tochter schlich lustlos und gelangweilt durch die Wohnung und fühlte sich entsetzlich überflüssig.

Natürlich ist es unter anderem die Aufgabe der Möbelpacker, den Kunden den Stress zu nehmen, aber in die Erziehung einzugreifen gehört nicht zum Programm. Trotzdem ergibt es sich manchmal von selbst, dass die Kinder und die Möbelpacker zueinanderfinden, und wenn das die Eltern mitkriegen, dann entspannen sie sich auch mal und lassen die Kleinen einfach laufen. Die merken das schon selbst, wenn sie müde werden, das sollten Eltern eigentlich wissen.

Natürlich werfe ich es keiner Mutter vor, wenn sie im Stress ist, weil der Mann noch auf der Arbeit ist und sonst niemand hilft. Andererseits sind Kinder auch gerne mal bereit, den Stress zu teilen. Immerhin ziehen sie selbst ja auch um. Und das Gefühl, einfach nur »mitgenommen« zu werden, mindert das Erlebnis dieses aufregenden Tages. Kinder wollen mitmachen. Bei fast allem! Und deswegen ist es immer deprimierend zu sehen, wenn Eltern die Sachen der Kinder lieblos und hektisch in Kartons werfen, anstatt den Kindern in Ruhe Anleitung zu geben, wie man das am besten macht. Die Ausrede, an solch einem Ausnahmetag sei keine Zeit dazu, zählt nicht, denn es sind immer noch die Ausnahmesituationen, an denen wir am meisten lernen. Das ist so, von der Geburt bis zum Tod.

Schön ist es deswegen, wenn jemand diese Ruhe einfach hat, wie zum Beispiel die Großmutter, die ich auf einem Umzug erleben durfte, die ihrem Enkel erklärte, wie er am besten seine Bücher in den Bücherkarton verpackt, und dabei meinte, die könne man am besten nach Themen sortieren. Der Junge aber hatte viel mehr Lust, die Bücher nach Farben zu sortieren, und die Oma meinte, ja, so könne man es auch machen. Natürlich braucht das mehr Zeit, aber noch mal: Es sind eure Kinder, Leute! Alles, was sie erleben, ist wichtig, vor allem das Gefühl, ernst genommen zu werden.

Es gibt da eine Taktik, die den Stress am Umzugstag vermeiden hilft: rechtzeitig anfangen.

ERKLÄREN SIE IHREN KINDERN DEN ABLAUF EINES UMZUGES VORHER, und merken Sie bei der Vorbereitung und beim Umzug selbst, wo die Kinder helfen können. Und jetzt lassen Sie den letzten Satz sacken und lesen ihn noch einmal. Merken Sie den Fehler im Satz? Glauben Sie, dass Sie selbst bei Ihrem eigenen Umzug »helfen«?

Kinder »helfen« nicht beim Umzug, die machen mit! Es ist ja auch ihr eigener Umzug. Die wollen das, denn das ist in dem Moment ihr Leben. Lassen Sie Ihre Kinder nicht außen vor, wenn es um alles oder nichts geht. Ihre Kinder sind allemal wichtiger als die blöde Anbauwand in Ihrem Wohnzimmer!

39

WOHIN MIT GROSSVATER?

Nein, ich habe nichts gegen alte Leute. Im Gegenteil, ich respektiere sie, aber nur, wenn sie nicht nerven. Dann finde ich sie so blöd, wie ich andere blöde Leute auch blöd finde. Und wenn ein Mann zu alt ist, um Kisten zu schleppen, und er stattdessen lieber Geschirr auspackt, dann respektiere ich das erst recht. Es gehört zum Alter dazu, dass man nicht mehr so kann wie die jungen Kerle. Das ist der Lebensabend, und wer es bis dahin geschafft hat, der braucht auch nichts mehr zu beweisen.

Es war auf einem Umzug in die Nähe von Oldenburg, als ich mal wieder auf einen jener traf, die es nicht einsehen wollten.

Eine junge vierköpfige Familie zog in eine Wohnung im Hochparterre und Blondie und mir waren zwei junge Ladehilfen aus der Gegend zur Seite gestellt.

Das waren solche, wie man sie aus Werbeclips für Speditionen im Internet finden kann: junge, sportliche Männer mit Teamgeist, Umgangsformen und Spaß an körperlicher Arbeit. Ich mag ja solche Clips nicht (unter anderem weil ich die Wörter »Team« und »Teamgeist« im Zusammenhang mit harter körperlicher Arbeit in Lohnabhängigkeit nicht mehr hören kann), aber diese Jungs waren nett und kompetent. Nur einer von ihnen hatte die etwas nervende Macke, die ganze Zeit Witze von Fips Asmussen zu erzählen. Den hatte er erst vor Kurzem im Internet entdeckt. Aber egal, man kann auch Schlimmeres erleben. Zum Beispiel den Großvater, der zusammen mit seiner Frau der jungen Familie bei ihrem Einzug zur Hand gehen wollte.

Während Oma sich aber beim Geschirrauspacken und beim Zubereiten des Frühstücks in der Küche wirklich nützlich machte, störte Opa an der Ladekante. Vielleicht ist das im Alter ein Vorteil der traditionellen Rollenverteilung. Schnittchen schmieren geht eben immer, aber Kartons schleppen? Das kann problematisch werden, aber diesen Großvater zog es eben zu der »Männerarbeit« hin.

Ich betone noch einmal, dass ich mich nicht über ihn lustig machen will. Ich kenne aus der eigenen Erfahrung von Asthmaanfällen seit meiner Kindheit Situationen, in denen ich nichts konnte, und Situationen, in denen mir aus falscher Sorge nicht zugestanden wurde, zu wissen, was ich konnte. Ich habe da unterscheiden gelernt. Ich wusste sozusagen schon als Kind, wie das ist, ein Rentner zu sein. Und darum hat mich dieser Großvater auch genervt. Er stand an der Ladekante, und wenn da ein Karton stand, dann hat er den genommen und auf den Fußweg gestellt. Das war eine völlig überflüssige, ja direkt arbeitserschwerende Aktion, denn nun mussten wir die Kartons vom Boden aus extra hochheben, anstatt sie von der Ladekante aus einfach auf die Schulter zu ziehen.

Ich wusste nicht, wie ich den alten Herrn auf den Blödsinn seines Tuns aufmerksam machen sollte, denn aus anderen Gründen hatte ich an dem Morgen schlechte Laune, und die wollte ich ihn auf keinen Fall spüren lassen, denn das waren hier alles sehr nette Leute. Blondie, der auf dem Lkw die Ladung abpackte, hatte sowieso ein total ruhiges Gemüt, dem war alles egal, und die beiden Ladehilfen trauten sich als Ladehilfen nicht, oder es war ihnen auch egal.

Irgendwann hatte Opa begriffen, dass wir oft nicht nur einen Karton auf die Schulter nahmen, sondern dann in die freie Hand auch noch irgendein Stück »Kleinscheiß«, wie eine Tasche oder einen Rucksack oder so was. Von da an legte er dann auf die auf dem Fußweg abgestellten Kartons auch noch ein solches Stück Kleinscheiß mit drauf. Wir mussten also nicht nur den Karton extra weit hochheben, sondern vorher auch noch dieses Stück beiseite nehmen.

Bei meinem nächsten Gang ins Haus nahm ich mir vor, endlich etwas zu sagen, wenn ich wieder draußen wäre. Ganz in Ruhe, ganz freundlich, das würde ich schon hinkriegen, ohne dass er meine schlechte Laune bemerken würde. Sonst konnte ich das doch auch.

Als ich aus dem Haus kam, hatte es angefangen zu nieseln. Super! Ich wies Opa darauf hin, dass die Sachen ja alle nass werden würden, wenn er die auf den Fußweg stellt.

»Hm«, machte er. »Da haben Sie wohl recht.« Und schon wollte ich erleichtert sein, da begann er, die Sachen unter das Vordach an der Haustür abzustellen. Noch besser die Wege versperren kann man eigentlich nicht. Ich wusste nicht mehr, wie ich mit dem Großvater umgehen sollte, da schien er aber auch plötzlich müde zu werden. Er ging in die Wohnung und kam kurz darauf mit Regenjacke bekleidet zurück, postierte sich an der Ladekante und verwickelte Blondie in ein Gespräch, und Blondie ließ sich in aller Ruhe darauf ein. Natürlich ging es erst einmal um den Verkehr auf der Autobahn, denn da hätten die ja jahrelang gebaut, auf der A1, zwischen Hamburg und Bremen, und dadurch hätte es ja immer Stau gegeben.

»Ja, nö«, sagte Blondie und erklärte, dass wir am Morgen sehr gut durchgekommen seien. Einzig auf Höhe des Rastplatzes Grundbergsee wäre es etwas zähflüssig gewesen. Und so weiter und so fort. Das hätte nun schön sein können, dass Großvater endlich beschäftigt war und uns die Kartons nicht mehr irgendwo auf den Boden gestellt hat, aber dem war nicht so. Jetzt stand er an der Ladekante im Weg. Es nervt wie Sau, wenn man bei jedem Stück, das man vom Lkw nehmen will, sagen muss: »Entschuldigung, darf ich mal?« Aber so war es, und es war schrecklich.

Irgendwann hatten wir ein schweres Funktionssofa nach drinnen zu schaffen, das wir auf enger Kurve auf dem Absatz am Hochparterre in vorsichtiger Kleinarbeit durch die Tür drehen mussten. Da war Opa natürlich dabei, um das Schlimmste zu verhindern. Er ging direkt hinter mir und hielt seine Hand schützend zwischen Sofapolster und rauer Hauswand, wenn er glaubte, ich würde gleich mit dem Sofa daran langschrappen. Ich spürte seinen Atem im Nacken. Schrecklich!

In der Wohnung mussten wir noch einmal all unser Können aufwenden, um das Sofa durch die enge Tür zum Gästezimmer zu bekommen, und dann hieß es von allen Seiten anerkennend: »Das war ja Maßarbeit!«

»Tja«, und da musste ich das erste Mal grinsen: »Wir sind ja auch vom Fach.«

Ich weiß nicht, was mir mehr zu schaffen machte, der Opa oder meine Unfähigkeit, ihm klarzumachen, dass er uns im Wege stand. Das geht natürlich immer auch in aller Freundlichkeit, doch die hatte ich eben an jenem Morgen in den ersten Stunden nicht dabei.

Wenn schon die Großeltern dabei waren, so dachte ich, warum hatten deren Kinder dann nicht gleich von denen noch jenen schrecklichen Kleiderschrank geerbt, den es früher so oft gegeben hatte? Dieses drei Meter breite Ding mit einem durchgehenden Dach und einem durchgehenden Boden, bei dem die Türen mit Klavierband an Seitenteilen und Mittelteilen befestigt waren. Dieses Ding, das dann immer im Keller verschwand, wo Großvater es dann aufbauen konnte, weil er sich damit auskannte, wo er sich echt mal richtig nützlich machen konnte.

Ich fand das auf der Rückfahrt so schade. Da war dieser alte Mann, der sehr nett war, und der ging mir die ganze Zeit auf die Nerven, weil er nicht einsah, dass er eben keiner mehr von denen sein konnte, die »richtig mit anpacken«.

NIEMAND KANN ES VERHINDERN. Es steht uns allen bevor. Irgendwann werden wir alt. Ich bin selbst nicht mehr so fit, wie ich es am Anfang meiner Zeit als Möbelpacker war. Ich merke das.

Wenn Sie die siebzig überschritten haben, dann zeigen Sie Würde, indem Sie nicht versuchen, bei den Möbelpackern noch mal mit anzufassen. Sehen Sie einfach ein, dass Sie nicht mehr in der Blüte Ihres Lebens stehen und keine schweren Kartons mehr schleppen können. Kein Möbelpacker nimmt es Ihnen übel, wenn Sie nicht mitmachen. Im Gegenteil. Je mehr Sie ungefragt an der Arbeit des Möbelpackers mitzumachen versuchen, desto weniger wird er Sie respektieren. Halten Sie sich heraus, schließlich sind die Leute bestellt worden, um diese Arbeit zu erledigen.

Fragen Sie. »Kann ich helfen? Kann ich mich irgendwie nützlich machen?«, sind gern gehörte Fragen. Greifen Sie nicht unaufgefordert dem Möbler in seine Arbeit. Gucken Sie, wie die Leute vorgehen, bevor Sie es besser wissen. Das gilt übrigens für alle, nicht nur für die Alten, die nicht wahrhaben wollen, dass sie nicht mehr so können wie früher. Aber wenn Sie alt sind, dann machen Sie sich für Ihre Kinder nützlich, indem Sie sich bei einem Umzug um die ganz Jungen, um Ihre Enkel, kümmern. Irgendwann wird denen nämlich vielleicht langweilig, und dann kann es toll sein, wenn Opa mit ihnen vielleicht auf einem Spaziergang die neue Umgebung erkundet und mit ihnen herausfindet, wo die nächste Eisdiele ist. Gehen Sie mit den Kleinen Enten füttern. Vielleicht fehlt am neuen Anschluss der Waschmaschine ein Stück, das Sie im nächsten Baumarkt auftreiben können. Nehmen Sie die Kinder mit und machen Sie, wenn es die Zeit erlaubt, einen Zwischenstopp am Spielplatz oder an der Pommesbude. Nicht, dass ich hier miese Ernährung propagieren wollte, aber der Umzugstag ist ein Ausnahmetag, da ist auch mal Naschwerk oder was zu essen aus der Frittenbude erlaubt. Vielleicht ist auch ein Kino in der Nähe, wo gerade ein toller Film läuft. Es gibt viele Möglichkeiten, die Kleinen durch den besonderen Tag zu bringen. Und Opa auch.

40

DIE BÄUME AUS DEM GARTEN BLEIBEN DA!

»Das ist doch einfach eine Schweinerei, was die hier mit einem machen!«, schimpfte Ronnie. »Totale Ausbeutung ist das. Wieso lassen wir uns das eigentlich gefallen?«

»Weiß ich nicht«, sagte ich, während ich kurz vor Mitternacht den Lkw von der Tankstelle aus auf die ausgestorbene Hauptstraße steuerte.

»Wieso gehen nicht einfach alle nach Hause? Ich fasse es nicht!«

»Das traut sich doch keiner«, sagte ich. Ronnie saß in der Mitte. Rechts von ihm war ein Zischen zu hören. Sunny öffnete das erste der Biere, die er sich bei der Tanke gekauft hatte. Er war erschöpft, durstig und wortkarg. Außerdem war er genervt. Aber aus einem anderen Grund als Ronnie. Er war von Ronnie genervt. Ronnie war eine Aushilfe, die sich zu beschweren anfing, wenn die Umstände dem Möbelpacker mal wieder das Leben versauten. Sunny war ein alter Hase, der schon so ziemlich alles erlebt hatte.

»Ich kann's nicht mehr hören«, knirschte er, nachdem er den ersten Schluck genommen hatte.

»Klar«, sagte Ronnie. »Hauptsache, du hast dein Bier zu Feierabend.«

»Leck mich doch«, murmelte Sunny, der sich nicht dabei stören lassen wollte, die ersten alkoholbedingten Entspannungswellen im Blut zu genießen.

Ich konnte beide verstehen. Natürlich hatte Ronnie recht. Was wir heute erlebt hatten, war mal wieder das Letzte gewesen. Ein Grund, den Job hinzuschmeißen. Aber auch Sunny hatte recht. »Dann geh doch«, hatte er im Laufe des Tages zu Ronnie gesagt und ihn damit auf seine eigene Inkonsequenz hingewiesen. Jetzt wollte er einfach kein Gemecker mehr hören.

Ich freute mich über Ronnies Inkonsequenz. Im Gegensatz zu ein paar völlig überforderten Zeitarbeitern, die sich nacheinander zwischen achtzehn und zwanzig Uhr vom Acker gemacht hatten, war er bis zum Ende dabeigeblieben, hatte uns nicht hängen lassen. Aber ich konnte auch die Zeitarbeiter verstehen. An deren Stelle hätte ich mich auch verzogen.

Wir hatten einen Umzug zu erledigen, der zwei Siebeneinhalbtonner und einen kleinen Sprinter gefüllt hatte. Aus dem fünften Stock mit hohem Altbautreppenhaus heraus, wobei der Fahrstuhl allerdings nur bis in den vierten Stock fuhr. Zum Abladen ging es in ein Einfamilienhaus mit zwei Stockwerken. Wir waren genug Leute und eigentlich hätte die Angelegenheit zwischen siebzehn und zwanzig Uhr erledigt sein können. Genau weiß ich das nicht zu sagen, denn es gibt ja immer irgendwelche Kleinigkeiten, die für Verzögerung sorgen. Heute gab es aber eine größere Kleinigkeit, die das Ganze ziemlich aus dem Ruder laufen ließ.

Im Auftrag, im Kostenvoranschlag war der Transport von circa dreißig schweren Blumenkübeln nicht vorgesehen. Die hatten da bleiben sollen, wo sie standen: Auf der Dachterrasse im sechsten Stock, zu der nur eine schmale Stiege führte, die irgendwann mal nachträglich ins Wohnzimmer gebaut worden war und auf der höchstens zwei Männer zusammen einen Kübel tragen konnten.

Irgendwann im Laufe des Umzugs, am Vormittag, entschied sich das Ehepaar, das unsere Kundschaft war, dass es vielleicht doch ganz toll wäre, wenn die ganzen verdammten schweren Blumenkübel mitgenommen würden. Dass das aber gar nicht vorgesehen sei, bemerkte der Umzugsleiter, und dass das aber mindestens einen Aufpreis geben würde, wenn man es denn überhaupt noch bewerkstelligt kriegte.

Aber das war natürlich »alles kein Problem«, wie sich nach ein paar Telefonaten zwischen Umzugsleiter und Akquisiteur einerseits und Kundschaft und Akquisiteur andererseits herausstellte. Der hatte natürlich nur ein Interesse: den Wünschen der Kundschaft zu genügen und sie zufriedenzustellen. Dass wir die zusätzliche Menge an Umzugsgut gar nicht verladen konnten, war auch nicht so schlimm: »Dann fahrt ihr eben zweimal.«

Der Idee, die Blumenkübel doch an einem anderen Tag zu transportieren, wurde abschlägiger Bescheid erteilt. Alle Lkws seien die nächsten vierzehn Tage ausgebucht. Mit Verstärkung brauchten wir auch nicht zu rechnen, denn schließlich seien wir ja genug Leute, und überhaupt war Personal gerade an diesem Tag »schwer aufzutreiben«.

Wir waren ja schon acht Leute, das musste reichen. »Ihr schafft das schon«, hieß es dann da am Telefon. Klar haben wir das am Ende geschafft, aber es hat uns auch den Feierabend vier bis sechs Stunden nach hinten geschafft. Das muss man sich mal vorstellen: Nach sechs Stunden denken normale Leute langsam an Feierabend. Wir legen die noch mal extra drauf, weil Kunden plötzlich Ideen haben. Aber wir »schaffen das schon«.

Ich kenne mich mit Gewichten nicht aus. Ich weiß nicht, was eine Waschmaschine so wiegt. Das ist mir egal. Waschmaschinen sind handlich, und also nehme ich die zusammen mit einem Kollegen und trage sie aus der Wohnung. Ein riesiger Blumenkübel ist erstens meistens erheblich schwerer als eine Waschmaschine, und zweitens ist er vielleicht unhandlicher. Das macht das Ganze extra schwer. Dazu kam die Stiege zum Dachgarten, die es unmöglich machte, eines der circa dreißig Dinger vielleicht zu dritt oder zu viert zu tragen. Es war gigantisch zum Kotzen.

Na, und dass wir zweimal fahren mussten, hat die Sache auch nicht eben kürzer gemacht. Okay, es war nicht weit, aber wenn man einen Lkw leer hat, ist es immer scheiße zu wissen, dass da noch eine zweite Fuhre auf einen wartet.

Den größten Schwachsinn habe ich dann aber im neuen Heim der Kundschaft erlebt. Etwa die Hälfte der riesigen Blumenkübel wurde um die Terrasse herum und im Garten verteilt, die andere Hälfte musste aufs flache Dach, sozusagen in den dritten Stock, und das, natürlich, ohne Fahrstuhl – war ja ein Einfamilienhaus. Und dort oben entdeckte ich dann die Abdrücke von den riesigen Blumenkübeln, die die alten Bewohner bei ihrem Auszug mitgenommen hatten. Manchmal fühlt man sich einfach nur verarscht.

Ich habe mal in klirrendem Winter mit kalten Fingern im Garten einer Kundschaft gestanden, um das Gestell einer Kinderschaukel aus dem Bodenfrost herauszuarbeiten. Während mir die aus der Schule gekommenen Kinder Suppe löffelnd aus dem Wintergarten heraus zusahen, träumte ich von Fettaugen und Ei-Stich. Und als ich mir vorstellte, wie der alte Mieter des neuen Hauses unserer Kunden gerade seine Kinderschaukel aus sibirischem Permafrostboden heraussprengen ließ, entdeckte ich eine wunderschöne Eberesche, von der ich dachte, dass die sich doch bestimmt auch ganz toll machen würde im neuen Garten unserer Kundschaft, die nicht einmal auf die Idee kam, dem netten Möbelpacker da draußen einen Tee anzubieten.

Sie werden es nie begreifen, und vor allem:

»Solche Leute können doch gar nicht glücklich sein!« Ronnie schimpfte, als Sunny sein zweites Bier öffnete, kurz bevor wir um halb eins am Morgen des neuen Tages den Hof unserer Firma erreichten. Völlig erledigt war ich, als ich den Lkw parkte, Ronnie sich vom Acker machte und Sunny und ich noch ein, nein, zwei Bier zusammen tranken. Hatte Ronnie recht? Geht das, glücklich sein und sich gleichzeitig an wirklich allen Besitz zu klammern, den man hat? Das war die Frage, über die ich den Rest der Nacht nachsann, im Gegensatz zu Sunny, der sich dann doch aufs Ohr hauen wollte, weil er in wenigen Stunden wieder ranmusste. Ich hatte Glück. Ich hatte frei.

LASSEN SIE IHRE RIESIGEN BLUMENKÜBEL STEHEN! Sie nehmen ja auch den Apfelbaum nicht mit, den Sie vielleicht selbst gepflanzt haben und auf dem die Kinder später so schön herumgeklettert sind. Dieser Tipp mag sich im ersten Moment wie die Bitte eines Möbelpackers anhören, aber ich gebe ihn in Ihrem Interesse. Man muss auch mal loslassen können! Von einigen Ausnahmen mal abgesehen, liegt es nicht im Wesen von Pflanzen zu reisen. Pflanzen sind ortsgebunden, und darum sind sie bei Umzügen auch immer von der Transportversicherung ausgenommen.

Es mag ja sein, dass Ihnen bestimmte Pflanzen, denen Sie über die Jahre hinweg beim Wachsen zugesehen haben, ans Herz gewachsen sind, aber das Leben ist ein Zyklus aus Werden und Vergehen. Manchmal muss man Abschied nehmen. Das ist auch gut so, denn dann kann etwas Neues kommen. Ich schreibe das hier ganz uneigennützig. Selbst wenn Sie gar nicht mit Profis umziehen, sondern sich von Freunden helfen lassen, also dann, wenn es mich oder andere Möbelpacker gar nicht betrifft: Machen Sie sich frei! Eine schöne Pflanze ist kein Gemälde. Sie verändert sich jeden Tag, und das werden die neuen Pflanzen in Ihrem neuen Heim auch tun. Eine Pflanze ist ein grandioser Film voller Spannung, was wohl als Nächstes passiert. Lassen Sie den alten Film zurück. Der neue ist auch spannend.

Ich habe mal einen Text gelesen, in dem zwei verschiedene Übersetzungen von Voltairs »Candide« verglichen werden. In der schlechten Übersetzung heißt es am Ende: »Wir haben in unserem Garten zu arbeiten.« Leute, die so reden, müssen natürlich bei ihrem Umzug auch wirklich alles mitnehmen. Die bessere Übersetzung sagt: » … wir müssen unseren Garten bestellen.«

Spüren Sie den Unterschied? Ich glaube, ich kann Sie leiden.

41

DER MUSIKER NENNT ES CATERING

Bei mir zu Hause stehen zwei Konzertgitarren rum, auf denen ich nicht spiele. Seit Ewigkeiten nicht. Trotzdem würde ich die niemals weggeben. Es könnte ja sein, dass ich es doch noch mal versuchen will. Außerdem gehört in jeden Haushalt ein Musikinstrument. Es könnte ja sein, dass mal ein Musiker zu Gast ist. Nicht, dass ich jedem Musiker, der bei mir vorbeischaut, ein Instrument anbieten oder ihn gar ganz blöd auffordern will, doch mal was zu spielen. Es liegt der Vorteil der Gitarre im Haus vielmehr darin, über den Musiker selbst Wesentliches zu erfahren. Der blöde Gitarrist tritt ein, bemerkt irgendwann das billige Instrument, macht die notwendigen Bemerkungen über dessen Minderwertigkeit und lächelt überheblich, bevor er von den Vorzügen seiner eigenen Gitarre berichtet und somit das Gesprächsthema der nächsten Stunde bestimmt, ohne meine alte Klampfe eines weiteren Blickes zu würdigen.

Der angenehme Gitarrist beachtet die Klampfe von Anfang an nicht, denn wir haben ja vielleicht auch anderes zu bereden, was mit Musik rein gar nichts zu tun hat, und überhaupt wollten wir ja zusammen einen rauchen. Und so sitzen wir zusammen, kiffen, reden über Gott und die Welt und haben ein nettes Gespräch, bis die Rede vielleicht doch einmal auf die Musik kommt. Da hat der nette Musiker plötzlich eine Idee, sagt »Warte mal, mir fällt gerade etwas ein!«, schnappt sich die Klampfe, stimmt sie kurz, ohne sich Gedanken um ihre Qualität zu machen, und spielt etwas, was ihm gerade durch den Kopf gegangen war, oder sucht einen Lauf durch die Noten, der sich kurz vorher in seinem Kopf gebildet hatte. Dann probiert er noch dieses, was ihm gerade einfällt, und jenes, worauf er gerade kommt. Ich sitze da, lausche und bin beeindruckt, ohne dass er mich beeindrucken wollte. Er setzt sich nicht in Szene. Er bearbeitet nur etwas, was er mit gebracht hat, was ihn schon die letzten Tage beschäftigt hat. Dann stellt er die alte Klampfe wieder an die Seite und wir setzen unser Gespräch fort, ohne dass er es nötig hat, sich über meine Gitarre lustig zu machen. Sie war ihm in diesem Moment kein Gerät zur Selbstdarstellung, sondern ein Instrument, einer Musik, die ihm durch den Kopf ging, Ausdruck zu verleihen, sie greifbar zu machen.

Das ist so, als ob ich einen wichtigen Gedanken notieren will. Da sage ich ja auch nicht: »Was, ein Bleistift? Also weißt du, ich schreibe ja sonst nur mit Tinte aus einem vergoldeten Gänsekiel.« Oder wie mein Philosophielehrer damals sagte: »Von mir aus könnt ihr eure Hausaufgaben auch auf Klopapier schreiben, Hauptsache, der Text stimmt.«

Ich habe sie erlebt, diese Musiker, die zwar noch ganz weit unten sind, aber als Band nach dem Gig zusammen in der Kneipe hängen und sich stundenlang über das Catering unterhalten. Ach Gott, wie wird da groß getan, wie weltmännisch wird da beurteilt, was irgendein Veranstalter irgendwelchen Amateuren, die sich für bedeutend halten, vor die Nase setzt. Natürlich ist es nicht nett, wenn der Veranstalter sich keine Mühe gibt, und natürlich sollten alle Leute respektvoll behandelt werden, aber ich habe solche »Musiker« auch als Kunden beim Möbelschleppen erlebt, und darum sei mir hier bitte verziehen, dass ich noch einmal auf die Verpflegung beim Umzug zu sprechen komme.

Musiker! Es ist immer wieder urkomisch bis erfrischend lächerlich, wenn man backstage erlebt, wie ihr über das Catering jammert.

Wenn das Bier das falsche, der Salat zu fade, das Brot zu trocken, das Schnitzel nicht durch ist, wenn die Tagliatelle zerkocht sind, dann kann es trotzdem durchaus köstlich sein – nämlich zu erleben, wie ihr glaubt, dass euch, die ihr hart daran arbeitet, Gebrauchsgetöne für den Massenmarkt zu produzieren, das Ego gepudert werden muss. Und weil ich das so erstaunlich witzig finde, erzähle ich euch noch etwas Erstaunlicheres:

Es gibt, liebe Musiker, eine Berufsgruppe, die fast niemals über das Catering jammert, und das sind Möbelpacker. Nicht einmal wenn der Gig der Möbelpacker nicht in sechzig oder neunzig Minuten erledigt ist, sondern zehn oder zwölf Stunden dauert, wird über »schon wieder Kartoffelsalat mit Würstchen« gejammert.

Das hat aber – und jetzt, Musiker, aufgepasst – eines zur Vorraussetzung: Es muss da sein, das Catering. Es muss angeboten werden. Und wenn das der Fall ist, dann braucht es auch keine raffiniert komponierten Delikatessen, dann reichen schon belegte Brötchen und kistenweise Mineralwasser. Denn wenn hinreichend gecatert wird, bringen wir auch gerne die eine oder andere Zugabe und spielen noch einmal solche Sachen wie die allseits beliebte Ballade *Das drecksschwere Sofa steht im anderen Zimmer aber besser* oder sogar unseren Smash-Hit *Ach, können sie das Klavier doch lieber wieder ins Erdgeschoss bringen?*.

Also, Musiker, schreibt es euch hinter die Ohren: Ihr seid nicht die Einzigen, die Nahrung brauchen, um wirken zu können. Wenn wir zu eurem Umzug in euer Haus kommen, dann heißt es auftischen und einschenken!

Danke.

SIND SIE KEIN SELBSTÜBERZEUGTER MUSIKER, dann können Sie diesen Abschnitt auch überspringen, es sei denn, Sie sind Schauspieler. Aber dann haben Sie ja vielleicht auch schon mit Ihrem Therapeuten über den Umgang mit normalen Menschen geredet. An dieser Stelle findet sich kein Tipp für Leute, die wissen, wie man sich benimmt, wenn man fremde Menschen bei sich zu Hause für sich arbeiten lässt.

42

DAS DÄMLICHSTE MÖBELSTÜCK EVER

Nö, nein, ich wollte nicht mehr, ich konnte nicht mehr. Ich hatte keine Lust mehr. Nach einem zehn Stunden langen Umzug, auf dem wir nur sauberste Arbeit abgeliefert hatten, ist auf einem der letzten Gänge ins Haus ein Schaden entstanden. Und da hat dann der Kunde, der uns sowieso den ganzen Tag wie niederes Personal behandelt hatte, die beiden jungen Aushilfen zur Sau gemacht, die den Schaden verursacht haben. Ich habe das mitgekriegt und wollte etwas sagen, aber zumindest der eine Junge war nicht auf den Mund gefallen.

»Das ist doch eh Schrott, das Teil«, sagte er, drehte sich um und verschwand aus der Wohnung. Das war zwar eine unzulässige Beurteilung der Habe des Kunden, aber gut gekontert. Als der Kunde ausflippen wollte, ging auch ich nach draußen. Ich hatte genug von dem Kerl.

»Du machst die Papiere«, sagte ich zu Otis. »Ich geh da nicht mehr rein.«

Was war passiert am Ende des gelungenen Umzugs, was war kaputtgegangen? Ein Computertisch, ein verdammter, beknackter Computertisch. Das nervt. Und deswegen gibt es hier auch keine Geschichte, sondern eher eine Betrachtung, weil ich das mal loswerden muss.

Es ist nämlich immer noch zu haben, das dämlichste Möbelstück der Welt. Mit einem Blick auf Amazon konnte ich mich überzeugen, dass Computertische tatsächlich noch angeboten und also wohl auch verkauft werden. Ich dachte, das stirbt einmal aus.

Der Computertisch ist der Nordic-Walking-Stick unter den Möbeln. Niemand braucht ihn, aber es gibt Leute, die damit Geld verdienen, ihn anderen Leuten anzudrehen. Wenn ich mir nur vorstelle, meine Tastatur stünde nicht auf meinem Schreibtisch, sondern auf einem Brett, das man einer Schublade gleich darunter herausziehen kann! Da kann man die dann ganz praktisch wieder reinschieben, wenn man gerade mal nicht schreibt.

Was machen die Leute eigentlich an ihrem Schreibtisch, wenn sie nicht schreiben? Und wo stellen die ihren Kaffee ab oder ihr Bier und ihren Aschenbecher oder sonst was? Zwischen fünfzehn und hundertachtzig Euro liegen die Preise, wie ich beim Überfliegen der ersten Seite bei Amazon feststelle.Und da liegt das Problem. Die Leute glauben, dass der zusammengeleimte Müll, für den sie bezahlt haben, auch tatsächlich etwas wert ist, selbst wenn sie ihn gar nicht brauchen. Denn Computertische haben meiner Erfahrung nach in erster Linie Leute, die fast gar nichts mit ihrem Computer machen. Aber immerhin hat jeder einen Computer, und da muss dann bei einigen auch der passende Tisch dazu her.

Es gibt ja Leute, die nicht aufs Fahrrad steigen, bevor sie sich nicht die entsprechende Rennradsportlerkleidung gekauft haben. Leute, die kein Rührei zubereiten, ohne sich vorher in Fachliteratur kundig gemacht zu haben. Leute, die zum Wochenendausflug in den Harz Bergstiefel besorgen. Leute, die Fingerpicks für die neue Gitarre kaufen, bevor sie A-Moll greifen können. Leute, die sich ein ergonomisches Keyboard aufschwatzen lassen, obwohl sie niemals mehr als zwei Finger zum Tippen benutzen werden.

Solche Leute kaufen Computertische.

Geniale Möbeldesigner, geniale Geschäftsleute kommen auf geniale Ideen, wie sie Leuten, die sich mit etwas Neuem konfrontiert sehen, die nötigen Extras dazu andrehen können. Ich frage mich, wann der erste Modeschöpfer versucht, Sportmode für Schachspieler an den Mann zu bringen. Die Leute lassen sich jeden Scheiß als notwendig verkaufen.

Klar, man kann noch Beknackteres kaufen als einen Computertisch, Meditationsmatten gegen Erdstrahlung zum Beispiel, aber den Computertisch muss ich transportieren. Daher rührt mein Interesse an ihm. Die gängigen billigen Computertische braucht man nämlich nur schräg anzusehen und schon brechen sie auseinander. Es scheint manchmal wirklich einen Zusammenhang zu geben zwischen Einkommensklasse und Grips, und deswegen treffe ich in meinem Job fast nur die »preiswerte« Ausgabe des Computertisches.

Es ist eine der unschönen Seiten an meinem Beruf, dass ich mir Mühe geben muss, wertlosen Müll unbeschadet zu transportieren. Ich kann auf Arbeit nicht tun, was ich tun würde, wenn es sich bei dem Kunden um einen Freund handeln würde. Ich würde das Zeug zusammentreten und eine kostengünstige Entsorgung anbieten, bevor ich ihm den Rat erteilte, sich einen Laptop zu besorgen und am Esstisch zu schreiben. Das hat wenigstens Atmosphäre.

Es ist ein Jammer zu sehen, wie die Lebensfreude von Menschen zusammenklappt, weil an einem falsch verstandenen Ensemble aus wertlosen Brettern ein Kratzer entsteht oder eine Schraube ausbricht. Und wenn die Lebensfreude von Menschen zusammenbricht, dann wird sich bekanntlich sehr intensiv umgeschaut, wer für den Schaden haftbar zu machen ist.

TUN SIE SICH SELBST EINEN GEFALLEN. Beurteilen Sie den Wert Ihrer Habe realistisch und bleiben Sie cool, wenn etwas wirklich Wertloses kaputtgeht. Niemand beschädigt Ihre Möbel mit Absicht. Manchmal passiert es allerdings vielleicht, dass nach zehn Stunden Arbeit nicht jedes rohe Ei so behandelt wird, wie ein rohes Ei behandelt werden sollte, vor allem, wenn man ihm nicht gleich ansieht, dass es ein rohes Ei ist.

Beweisen Sie Größe und gestehen Sie sich ein, dass Sie sich minderwertige Ware haben andrehen lassen, denn eines ist gewiss: Bevor die Versicherung zahlt, geht einiges an Korrespondenz hin und her, und ob sich das lohnt, ist im Fall des billigen Computertisches die Frage. Ich glaube kaum, dass dabei viel Geld rumkommt. Vergessen Sie es einfach. Das ist gut für die Seele.

43

DER UNGEDULDIGE BRAUCHT AM LÄNGSTEN

Woody Allen hat einmal geschrieben, eine besondere Art, Selbstmord zu begehen, bestünde darin, sich neben einen Versicherungsvertreter zu stellen und tief einzuatmen. Es gibt aber auch noch Angehörige anderer Berufsgruppen, von denen man sich fernhalten sollte, wenn man nicht am Leben verzweifeln will, zum Beispiel von jungen Leuten, die sich wichtig nehmen, weil sie »seit Jahren in der Gastro« sind. Über solche unterhielt ich mich mit meinem Aushilfskollegen Ronnie an einem frischen Frühlingsmorgen während einer Rauchpause am Lkw. Wir hatten tags zuvor bis abends um zehn Möbel geschleppt und hatten anschließend zusammen am Tresen gestanden, wo sich zwei Jungs über ihre Erfahrungen »in der Gastro« unterhalten hatten, und wir haben uns über den Stolz amüsiert, mit dem die da bei der Sache waren. Immer wieder haben wir uns angegrinst, weil wir es nicht begriffen, dass jemand sein Selbstbewusstsein daraus schöpfen kann, dass er in irgendwelchen »Szenelokalen« Leute bedienen darf, die am Feiern sind.

»Die müssten eigentlich alle mal in die Möbel«, sagte Ronnie, als wir am nächsten Morgen an der Ladekante standen und unsere Pause genossen.

»Was denn, Opa?«, fragte ich. »Damit die mal merken, was richtige Arbeit ist?« Ronnie grinste. »Nee, damit die mal daran erinnert werden, dass sie Diener sind. Das merken die ja nicht, wenn sie sich den ganzen Tag in den angesagtesten Lokalen herumtreiben. Die denken ja fast, es fiele vom Ruhm etwas auf sie ab, wenn da mal ein Prominenter reinkommt.«

»Und dabei müssen sie die ganze Zeit irgendwelchen Arschlöchern, die sie nicht kennen, irgendeine minimal gute Laune vorspielen«, sagte ich.

»Genau«, sagte Ronnie, »und dann finden die das auch noch toll.«

»Na ja«, sagte ich, während ich mir meine zweite Zigarette ansteckte. »Immerhin sind die ja da, wo alle hinwollen, mitten im Geschehen.«

Ronnie lachte und warf sich in Pose. »Ist schon ausverkauft, aber ich kann dich auf die Gästeliste setzen.«

»Das hat was«, sagte ich. »Ist aber auch interessant, was Berufsgruppen so an Image haben können, obwohl die doch eigentlich voll scheiße sind. Ich hab mal bei Helge Timmerberg gelesen, wie er das Borchardt in Berlin beschreibt, und da sagt er, dass ihm das Personal gefallen hätte, das müsse ›von einem Cineasten gecastet worden sein‹. Das ist geil geschrieben, aber ey, das ist ja wohl klar, dass da nicht irgend so ein Penner dem Bundeskanzler das Essen bringen kann. Da muss man sich schon hochschleimen, bevor man die Edlen bedienen darf.«

»Und die finden dann auch noch, dass sie einen tollen Job machen«, sagte Ronnie. »Es ist nicht zu fassen!«

»Ja«, sagte ich. »Und Timmerberg, der ist da natürlich im Auftrag von irgendeinem scheiß-überflüssigen Blatt unterwegs und findet das auch geil, dass er da auf Reportage darf. Wenn der nämlich nicht so geil schreiben könnte, dann würden die den da nie reinlassen, diesen langhaarigen, verlausten Backpacker, diesen indienreisenden Hippie.«

»Es ist ein Elend«, sagte Ronnie.

»Aber so was gibt es auch in den Möbeln«, sagte ich.

»Was?«, fragte Ronnie.

»Diesen Stolz«, sagte ich, und dann erzählte ich ihm von den Prominenten, die ich im Lauf der Jahre umgezogen hatte, und davon, wie mancher Möbelpacker ziemlich aus dem Häuschen war, weil er für die Sängerin X oder den Fußballstar Y schleppen durfte.

»Das ist aber noch was anderes«, sagte Ronnie.

»Wieso?«

»Weil diese tollen Promis nicht mit deiner Firma umziehen, weil die so angesagt ist, sondern weil der Preis stimmt.«

»Vielleicht würde da eine Möbelpacker-Lifestyle-Show im Fernsehen helfen«, sagte ich, und wir lachten.

Plötzlich stand unser Kunde vor uns und fragte mit einem bald unerträglichen Von-oben-herab-Ton, was wir denn bitte meinten, wie lange unsere Pause noch dauern würde, er könne das auch gerne mit unserem Chef am Telefon klären. Schon zu unserer Ankündigung einer Rauchpause hatte er den Eindruck gemacht, er befürchtete, die Angelegenheit würde zeitlich aus dem Ruder laufen.

»Machen Sie sich mal keine Sorgen«, sagte Ronnie. »Wir haben das im Blick, wir wollen nämlich auch nicht den ganzen Tag ausgerechnet bei Ihnen rumhängen.«

In den Augen des Kunden blitzte es. Wieder einmal erlebte ich es, dieses ungläubige Staunen, dass der Diener sich erdreistete. Und schon verschwand der Kunde im Haus. Klar, ich kannte das. Da war einer, der meinte, es gäbe nur ihn und seinen Umzug, womit er ja auch ein bisschen recht hat, denn heute, hier und jetzt ging es ja nur um seinen Umzug. Dass aber die Leute, die da für ihn schufteten, jeden Tag für irgendwelche Leute schufteten, das konnte er nicht sehen, konnte sich also nicht vorstellen, dass die nicht andauernd in der völligen Eile sind, die an den Tag zu legen jetzt seiner Meinung nach das Dringlichste der Welt sei. Außerdem traute er den blöden Möbelpackern nicht zu, dass sie den Zeitablauf überblicken könnten, dass sie ein Gespür für Timing hätten.

Das hat ganz klar damit etwas zu tun, wie er den Möbelpacker an sich einschätzte, damit, dass er den Möbelpacker an sich für unterlegen hielt. Das würde er nicht so sagen, aber sein ganzes Gebaren machte das klar. Ich habe das auch bei freundlicherer Kundschaft erlebt. Da wird nett gegrinst, da wird nett geredet, und dann gibt es einen schrägen Blick, der die Fassade einreißt und klarmacht, wie der Malocher betrachtet wird. Kleine Gesten, kleine Bemerkungen können zeigen, wie der freundliche Mensch vor mir wirklich über mich denkt. Um das zu illustrieren, will ich etwas Literaturkritik versuchen: In dem Roman *Paradiso* von Thomas Klupp entlarvt sich der Autor an einer Stelle selbst, ohne dass das seine Absicht war. So kam es mir jedenfalls vor. Der Roman hat mir übrigens gefallen, weil er gut geschrieben ist, auch wenn mir die Handlung egal war. Da gibt es eine Stelle, an der beschreibt der Autor die Szenerie vor einem Restaurant auf einem Autohof.

»An den Tischen sitzt vielleicht ein halbes Dutzend Menschen: ein Motorradpärchen in Lederklamotten und ein paar Männer in kurzen Hosen und Unterhemden, Fernfahrer vermutlich, jedenfalls trinken sie Bier und essen Pommes mit Ketchup und Mayo.«

So kann man das beschreiben, ich habe das oft genug gesehen, das »stimmt«. Es folgt eine alberne Szene in einer »Erothek« im Keller des Restaurants, und dann kommt der Erzähler wieder nach oben, wo sich fast nichts verändert hat.

»… und sogar die Fernfahrer lungern noch draußen an den Tischen herum«, heißt es dann da, und damit gibt der Autor zu, wie er Fernfahrer wirklich betrachtet. Es fällt ihm kein besseres Wort als »herumlungern« ein, obwohl er sie vorher als zahlende Gäste beschrieben hat, die an Tischen sitzen. Und weil ich selbst als Fernfahrer unterwegs war, und weil der Unterschied in der Betrachtung des Lkw-Fahrers und des Möbelpackers im Allgemeinen nicht besonders groß ist, fiel mir diese Stelle auf. Proleten lungern herum, auch wenn sie am Tisch eines Restaurants ihre Pause verbringen, in der sie ihr bezahltes Essen genossen haben. Das Wort ist an der Stelle eindeutig falsch, aber es zeigt des Autors Einstellung. Das ist sie, die Haltung, mit der zu viele Kunden uns begegnen.

Als mein Handy klingelte, wusste ich gleich, wer dran war. Der Chef.

»Was ist da los?«, fragte er.

»Der Typ ist ein bisschen ungeduldig«, sagte ich. »Der glaubt wohl nicht, dass wir seine fünfundzwanzig Kubik diesen Monat noch schaffen.«

»Der meint, ihr macht zu viel Pause«, sagte der Chef.

»Kannst ihm ja 'ne Peitsche vorbeibringen«, sagte ich.

»Versucht mal, ein bisschen gute Stimmung zu machen«, sagte der Chef. »Da hängen vielleicht noch mehr Aufträge dran.«

»Ja, ja«, sagte ich, während ich keine Lust hatte, mit diesem Typen, der es nötig hatte, sich mit meinem Chef über meine Arbeitsmoral zu unterhalten, »gute Stimmung« zu machen.

Mir war natürlich klar, dass der Kunde es nicht einschätzen konnte, wie lange sein Umzug wohl dauern würde, aber dann kann er sich doch bitte auch ganz entspannt an mich wenden, denn ich bin ja der Fachmann. Geht aber nicht, weil er nur sieht, wie ich mit einer Zigarette im Mund an der Ladekante meines Lkw »herumlungere«.

»UNGEDULD IST EIN HEMD AUS BRENNNESSELN«, hat Max Goldt geschrieben. Einer der schönsten Sätze, die ich kenne. Ziehen Sie dieses Hemd aus! Es nutzt nichts. Treiben Sie nicht, das macht schlechte Laune und ändert nichts an den gegebenen Umständen. Wie auch immer Sie die Proleten, die Ihren Wohnungswechsel erledigen, betrachten: Sie haben es einfach nicht in der Hand, die Geschwindigkeit hochzutakten. Wem Sie arrogant entgegentreten, der wird sich kaum extra den Arsch für Sie aufreißen. Aber egal: Ich habe in über zwanzig Jahren keine fünf Umzüge erlebt, die nicht an dem Tag fertig wurden, an dem sie fertig werden sollten.

Wenn man mal von einer leicht beschädigten CD Daten auf seinen Rechner kopiert und der Rechner dann ein Problem mit dem leichten Schaden hat, dann gibt er auch gerne mal eine »Restdauer« von vielleicht 367 Minuten an. Das glaubt dann ja auch keiner. Seien Sie gelassen, wenn es mal eine kleine Verzögerung gibt. Am Abend ist alles vorbei. Wenn Sie jemanden antreiben wollen, dann verzichten Sie darauf, eine Firma zu engagieren, und machen Sie das mit Ihren Freunden. Die dürfen Ihnen dann wenigstens sagen, was sie wirklich von Ihnen halten.

44

FINGER WEG!

Der Kunde hatte im Keller drei identische dreitürige Schränke stehen, die ich auseinanderzubauen hatte, um sie im neuen Heim in Süddeutschland wieder zusammenzubauen. Es war ein Sechzehn-Möbelwagenmeter-Umzug, also ein Hängerzug voll. Zum Aufladen in Hamburg hatten Blondie und ich vier Kollegen zur Hilfe dabei, im Süden würden es drei aus der Gegend sein. Das Ganze würde so ablaufen: Wir würden den ganzen Tag in Hamburg aufladen, dann durch die Nacht fahren und im Süden wieder abladen, und zwar bis abends. Zum Glück waren nur wenige Montagen angesagt, denn am nächsten Tag würde ich schon tourmüde sein, das heißt, ich wäre in diesem Zustand, in dem ich eigentlich die ganze Zeit nur würde schlafen gehen wollen. In diesem Zustand ist es für mich immer einfacher, nur zu schleppen, vor allem, wenn es in ein Einfamilienhaus hineingeht, wie das bei unserem Kunden sein würde.

Mich in übermüdetem Zustand auf Montagen zu konzentrieren fiel mir nie leicht. Da steh ich dann gebückt oder hocke vor einem Schranksockel und muss mit dem Schraubenzieher hantieren. Nicht mein Ding. Deswegen hatten Blondie und ich auch eine Münze geworfen. Blondie mochte nämlich auch nicht montieren, sondern lieber den Lkw packen. Zum Glück waren nur die drei Schränke und ein Bett zu montieren. Ein paar Montagen hatte der Kunde sogar selbst erledigt. Nur auf die Schränke hatte er keinen Bock, und ich verstand auch warum, sobald ich sie gesehen hatte. Die waren schrecklich alt und verzogen. Kellerschränke eben, aus billigem furnierten Holz. Schränke für altes Gerümpel, dessen sich zu entledigen der Kunde noch nicht geschafft hatte.

Nun waren diese Schränke allerdings nur in ihrem ursprünglichen Zustand, beim Kauf sozusagen, identisch gewesen. Nach einigen Jahren im nicht ganz trockenen Keller hatte sich jeder auf individuelle Art verzogen. Ein Teil wie eine Seitenwand oder eine Schranktür, das man bei neuen Schränken durchaus von einem Schrank zum nächsten hätte austauschen können, musste hier genau wieder dort eingebaut werden, wo es auch vor dem Umzug drin war. Selbst die Einlegebretter würden genau an ihrem alten Platz wieder eingelegt werden müssen. Ich hatte also genau zu markieren, genau zu beschriften. Fünfzehn Einlegebretter, neun Türen, sechs Seitenteile, drei Mittelteile, dazu Rückwände, Dächer und Sockel.

Besonders wichtig war die Beschriftung der Türen, denn eines konnte ich überhaupt nicht, hatte ich nie gelernt: Verzogene Türen einstellen, damit sie anständig schlossen. Das würde aber natürlich nicht nötig sein, wenn ich alle Türen an ihren alten Platz am richtigen Schrank brachte. Jedes Teil der drei identischen Schränke versah ich mit einem Aufkleber, einem Stück Klebeband, das ich mit Edding beschriftete. Man kann das auch mit Bleistift direkt aufs Holz machen, aber wir benutzten für gewöhnlich ein Klebeband, das keine Spuren hinterlassen würde, schon gar nicht auf der glatten, abwaschbaren Oberfläche furnierten Holzes.

Als ich mit meinen Montagen fertig war, half ich beim Aufladen der letzten Reste und der zerlegten Schränke, und dann machten Blondie und ich uns auf den Weg durch die Nacht. Einer fährt, der andere schläft. So ist das auf Tour. Und am nächsten Morgen kommt man dann relativ übernächtigt am neuen Heim der Kundschaft an. Da ist man nicht immer wach genug, auf all das zu achten, was irgendwelche Ladehilfen, die man nicht kennt, veranstalten. Ich zum Beispiel habe an jenem Tag nicht darauf geachtet, wie die Kollegen die ganzen Teile der zerlegten Schränke im Keller abstellten, weil ich im Schlafzimmer dabei war, das Bett aufzubauen. War ja auch nicht wirklich schlimm, dass die das alles da sehr unsortiert in den Keller gestellt haben, weil sie meine Aufschriften nicht beachtet hatten. Dann würde eben ich das sortieren. Das würde auch nicht lange dauern, dachte ich, nachdem ich dieses eher kleine Missgeschick bei einem Gang in den Keller bemerkt hatte. Das erheblich größere Missgeschick bekam ich mit, als ich mich nach einer Rauchpause am Lkw in den Keller zu den Schrankmontagen aufmachte. Auf der Treppe nach unten kam mir der Kunde entgegen, der einen Ball aus verklebten Klebebandstreifen in den Händen hielt und freundlich lächelnd sagte: »Ich habe schon mal die Aufkleber abgemacht.«

Ich guckte ihn an und fragte mich, wie bescheuert man eigentlich sein kann. »Das ist aber jetzt nicht Ihr Ernst«, sagte ich, und er kapierte nicht, was ich wohl meinen könnte.

Dann erklärte ich ihm, dass er die Montagen ja sowieso nach Zeitaufwand bezahlte, dass er sich also nicht wundern solle, wenn ich länger bräuchte, denn das sei ja offensichtlich dann seine Schuld. Als ihm ein Licht aufging, nickte er nur und machte sich auf den Weg nach oben, während ich etwas ratlos versuchte, die unübersichtliche Menge an Schrankteilen halbwegs sinnvoll zu sortieren.

Die Montage der Schränke hat dann anderthalb bis zwei Stunden länger gedauert, was für den Kunden nicht erheblich teurer kam, mich aber einiges an Nerven gekostet hat. Zwischendurch tauchte der Kunde immer wieder auf und schaute mir wortlos über die Schulter. Unfassbar ungeil! Sagt nix, macht nix, steht einfach nur da und glotzt, wobei er auch nicht einmal einen respektablen Mindestabstand zu mir einhält, sondern gerne mal direkt neben mir steht. Ich spürte genau, dass ich viel zu gereizt war, um diesem Typen in freundlichem Ton zu erklären, dass sein Verhalten Lichtjahre vom Knigge entfernt war, also fraß ich meine Wut in mich rein. Das erleichterte mir die Montagen aber kein bisschen. Natürlich habe ich zwischendurch Rauchpausen am Lkw gemacht. Irgendwann suchte ich in meiner Werkzeugkiste nach einem speziellen Schraubenzieher, konnte ihn aber nicht finden. Hatte ich ihn im Schlafzimmer am Bett liegen lassen? Ich lief hinauf, fand den Schraubenzieher aber nicht. Ich fragte Blondie, ich fragte die Kollegen und brauchte eine Viertelstunde herauszufinden, was mit dem Werkzeug geschehen war. Da rückte nämlich der Kunde langsam damit raus, dass er sich den mal irgendwann geliehen hatte, um an einem Regal im Kinderzimmer was zu schrauben.

»Haben Sie eigentlich irgendwann einmal irgendwelches Benehmen gelernt?«, fragte ich. Es war so weit. Alles, was ich vorher von ihm gefressen hatte, wollte und musste raus.

»Jetzt werd mal hier nicht unfreundlich, Junge«, sagte der Kunde.

»Ich bin nicht dein Junge, Alter, ist das klar?« Ich drehte mich um und verließ das Haus. Der Lkw war zum Glück schon leer, und so konnte ich Blondie den Rest der Schrankmontagen und die Abrechnung überlassen, während ich im Fahrerhaus ein Bier trank und eine Slayer-CD hörte, die ein Kollege mir geschenkt hatte, für den Fall »dass du auf Tour mal Dampf ablassen musst«. Sehr weitsichtig!

»Ich hab den etwas beruhigt«, sagte Blondie, nachdem er eingestiegen war und den Motor startete, um uns wieder in die Nacht auf der Autobahn zu bringen. »Aber über dich beschweren will er sich trotzdem.«

Da musste ich dann wieder lachen. Sollte er sich doch über mich beschweren. Als könnte mein Chef Leute wie ihn nicht einschätzen!

GEHEN SIE NIEMALS AN DIE WERKZEUGKISTE EINES MÖBELPACKERS, ohne zu fragen. Niemals! Das ist mindestens so respektlos, als würden Sie eines Musikers Instrument unerlaubt benutzen, auch wenn Sie dem Musiker mehr Achtung entgegenbringen. Fragen Sie, dann werden Sie Erlaubnis erhalten. Greifen Sie niemals einem Möbelpacker in die Arbeit hinein. Das ist mindestens so respektlos, wie einem Musiker mitten im Stück ins Instrument zu greifen, auch wenn Sie das anders empfinden. Stehen Sie nicht nutzloserweise direkt daneben und beäugen die Arbeit des Möbelpackers. Das nervt. Man kann auch auf unauffällige Weise den Überblick behalten. Wenn Ihnen Freunde beim Umzug helfen, dann glotzen Sie denen ja auch nicht die ganze Zeit aus fünf Zentimetern Entfernung auf die Finger. Es ist im Grunde ganz einfach: Benehmen Sie sich!

45

ES GEHÖREN MEISTENS ZWEI DAZU!

Ich war in der Küche dabei, Geschirr zu verpacken, als unsere Kundin auf der Arbeitsplatte, die ich zu meinem Wirkungsbereich gemacht hatte, »mal eben« den Inhalt ihrer Handtasche überprüfen musste. Ich hatte keine Ahnung, warum das ausgerechnet in der Küche passieren musste, aber es war mir auch egal, denn noch war ich entspannt. Es war früher Morgen, draußen schien die Sonne, und ich hatte gute Laune.

Eine Stunde später hatte ich vier Kartons gepackt, und weil ich erstens Bock auf Bewegung hatte und zweitens die Küche recht eng war, machte ich mich daran, Platz für neue Kartons zu schaffen. Als ich den ersten gepackten Karton geschultert hatte, stand mir auf dem Weg aus der Küche heraus die Kundin mit ihrer Tochter im Weg, für die sie den Inhalt des kleinen Rucksacks überprüfte, den das Mädchen für ihren Aufenthalt im Haus der Großeltern brauchte.

»Entschuldigung, kann ich mal?«, fragte ich. Nach einem verwirrten Zögern zog die Kundin die Tochter zur Seite und machte mir Platz.

Als ich den nächsten Karton nach einer kurzen Rauchpause am Lkw hinausbringen wollte, hatten sich die Großeltern mit ihrer Tochter und der Enkelin im kleinen Flur gruppiert. Shorty und Ronnie waren gerade dabei, einen großen Sessel zusammen rauszuschleppen.

»Entschuldigung, können wir mal eben durch?« Die familiäre Versammlung wich ungeschickt aus, und nachdem Shorty und Ronnie aus der Wohnung waren, suchte ich mir meinen Weg durch das Gewühle.

Als ich mit dem dritten Karton nach draußen wollte, stand der Familienvater mit dem Handy am Ohr, in konzentriertes Gespräch vertieft, in der Wohnungstür. »Kann ich mal bitte eben durch?«

Zurück in der Küche, packte ich weiter. Als ich das nächste Mal Platz schaffen musste, als ich also das nächste Mal mit einem Karton auf der Schulter und einem Stuhl in der anderen Hand aus der Küche kam, stand die Kundin mit ihrer Etagennachbarin auf dem Treppenabsatz.

»Entschuldigung, darf ich mal vorbei?«

Ich schaffte drei Kartons durch Kundschaft und Nachbarin hindurch zum Lkw und machte mich wieder in die Küche, wo ich weiterpackte.

Zu meinen nächsten Gängen nach draußen war ein befreundetes Paar samt kleinem Sohn und kleiner Tochter aufgetaucht, die sich nach einem netten Gespräch endlos lange auf den Treppen des Hauses von unserer Kundschaft verabschiedeten. Es war ein Hindernisrennen, dort mit Kartons und Möbeln hindurchzukommen.

An der Ladekante traf ich Ronnie, der extrem genervt war. Wir rauchten eine Zigarette und Ronnie machte seinem Ärger Luft. »Die merken ja wohl gar nichts, da drinnen.«

»Tja«, sagte ich. »Was willst du machen?«

Zurück in der Küche, packte ich eine weitere Stunde Wein- und Sektgläser ein, bis ich es plötzlich in aller Deutlichkeit vernahm: »Wie oft soll ich Sie denn noch bitten?«

Das war Ronnie. Ihm war der Kragen geplatzt. Vom Anfang der Auseinandersetzung habe ich nichts mitbekommen, aber mir war trotzdem klar, worum es ging.

»Das können Sie aber auch höflicher sagen!«, sagte der Kunde.

»Seit Stunden sage ich das höflich, aber Sie kapieren es ja nicht!«, rief Ronnie.

»Sie vergreifen sich im Ton!«, entgegnete der Kunde.

»Natürlich vergreife ich mich im Ton!«, schimpfte Ronnie. »Anders begreifen Sie es ja nicht.«

Ich schaute aus der Küche in den Flur und sah den Kunden, der in das Treppenhaus hinein bellte. »So reden Sie nicht mit mir!«

»Ich rede mit Ihnen, wie ich will«, hörte ich Ronnie. »Sie können mich mal!«

»Das werden wir ja sehen!«, rief der Kunde und zog sein Handy aus der Tasche. »Sie betreten meine Wohnung nicht mehr!«

»Da können Sie aber Gift drauf nehmen!«, rief Ronnie, dann war Stille. Der Kunde knipste auf seinem Handy herum, und zufälligerweise hatte er ein Modell, das auch ein anderer Kollege benutzte, ich erkannte also an der Melodie der Tastentöne, wen er anrief: unseren Chef.

Zehn Minuten später hatten wir an der Ladekante stehend mit dem Chef die Situation für uns geklärt. Auf keinen Fall konnten wir auf Ronnie verzichten, weil Verstärkung nicht aufzutreiben war. Also hat Ronnie mit Otis getauscht, der bis jetzt auf dem Lkw gepackt hatte. Klar konnte der Kunde Ronnie den Zutritt zur Wohnung verbieten, aber nicht, sein Hab und Gut auf dem Lkw zu verstauen. Das hatte er im Gespräch mit unserem Chef nicht durchsetzen können. Zähneknirschend nahm er es hin, dass Ronnie bis zum Ende des Umzugs dabeibleiben würde. Wir anderen bemühten uns, weitere Konflikte zu vermeiden, indem wir extrem »höflich« auftraten, obwohl wir genau wussten, dass Ronnie recht gehabt hatte.

Der Kunde war für uns wie ein bekokster Clown, der uns den ganzen Tag über von der Seite her immer wieder mit dem Finger in die Rippen gepikst hatte und aber auf die nette Aufforderung, das mal zu lassen, nie reagiert hatte. Es gibt solche Typen, die es ihren Mitmenschen schwer machen. Und wenn man dann ausflippt, weil man es nicht mehr erträgt und die anmacht, dann wähnen die sich noch völlig im Recht, wenn sie meinen: »Das kannst du aber auch ein bisschen netter sagen, ey, jetzt werd mal nicht aggressiv!«

STEHEN SIE NICHT IM WEG HERUM! Achten Sie darauf, dass Sie die Leute, die Sie ins Haus bestellt haben, damit die für Sie arbeiten, in ihrer Arbeit nicht behindern!

Und vor allem: Glauben Sie bloß nicht, dass jeder Möbelpacker, der Sie mal unhöflich anranzt, dafür keinen guten Grund haben kann. In Ihrem Weltbild mögen Sie derjenige sein, der immer recht hat. Das gilt aber nicht für die Weltbilder anderer Menschen. Klar, Sie haben vielleicht Stress am Umzugstag. Das ist aber keine Entschuldigung, die Leute, die für Sie arbeiten, aus Unachtsamkeit zu behindern und sich dann auch noch zu empören, wenn die sich beschweren.

46

HINTER DER FASSADE

Wir hatten für eine Ferntour einen Full-Service-Umzug aufzuladen. Acht Möbelwagenmeter, also einen Achtzehntonner voll, aus
dem vierten Stock heraus. Mit Sunny und Otis fuhr ich im Lkw,
drei Ladehilfen erwarteten uns vor Ort. Als wir in die einspurige
Zielstraße einbogen, an deren anderem Ende unsere Adresse war,
bemerkten wir die Halteverbotsschilder, die die ganze Straße entlang auf beiden Seiten aufgestellt waren.

»Sind die alle für uns?«, fragte Sunny grinsend.

»Sieht nach Film aus«, murmelte Otis. Er hatte recht. In vielen
Parklücken standen schon Siebeneinhalbtonner mit Equipment wie
Scheinwerfern und Kamerateilen. In der Mitte stand ein Wagen von
einer Cateringfirma, überall auf der Straße liefen wichtige Leute mit
Funkgeräten herum.

Sunny wühlte in unseren Papieren, um sich zu vergewissern, dass
wir die Genehmigung und das Aufstellprotokoll für unsere Halteverbotszone dabeihatten. Nicht, dass wir da noch Probleme kriegen
würden. Aber unsere Parklücke war frei. Ich setzte den Lkw hinein,
stellte den Motor ab und sprang mit den anderen nach draußen, um
die Ladehilfen zu begrüßen, bevor wir den Koffer des Lkws öffneten, um schon beim ersten Gang nach oben Material mitzunehmen.
Sunny schnappte sich sein Werkzeug. Otis hatte als Umzugsleiter
die Mappe mit den Papieren in der Hand und griff sich nur ein paar
Decken und eine Rolle Stretchfolie.

Den Ladehilfen reichte ich von der Ladefläche aus Material, wie
Packseide und Loftpolsterfolie, sowie die ersten Pakete leerer Kartons, bevor ich, während alle ins Haus latschten, hinter den Decken
nach Matratzenhüllen suchte und dann die Kleiderkisten von der
Stirnwand an die Kante zog. Sunny kam aus dem Haus zurück und

lächelte gemütlich. »Hier kann eigentlich nichts schiefgehen«, sagte er.

»Wieso?«

»Die Kundin hat gerade erzählt, ihr Vater hätte vierzig Jahre als Möbelpacker gearbeitet.«

»Dann wissen die ja, wie es geht«, sagte ich und freute mich schon aufs Frühstück.

Plötzlich stand ein junger Mann neben dem Lkw. »Sagt mal, was glaubt ihr, wie lange ihr braucht?«

Ich sah ihn fragend an.

»Entschuldigung«, sagte er. »Ich bin hier der Produktionsleiter, und wir wollen nachher noch mit dem Haus im Hintergrund drehen, aber ohne euren Lkw.«

»Tja«, machte ich. »Das kann hier auch den ganzen Tag dauern. Keine Ahnung.«

»Und wenn ihr ein bisschen schneller macht?«

Ich brauchte nicht zu antworten. Mein Blick reichte. Morgens um halb neun bin ich alles andere als in der Laune, mich von einem Produktionsleiter irgendeines Filmes zur Eile antreiben zu lassen. Mir reichen da meine Kunden. Mein Blick war nicht böse, er sagte nur, was zu sagen war.

»Hm«, machte der Produktionsleiter. »Wollt ihr vielleicht einen Kaffee?«

»Nee«, sagte ich. »Wir hatten gerade einen an der Tanke.«

»Aber wenn ihr mal noch einen braucht, dann gebt ruhig Bescheid«, sagte er gönnerhaft.

»Klar.« Der Produktionsleiter stand noch ein bisschen am Lkw und versuchte, etwas zu plaudern, aber als wir uns wenig gesprächig zeigten, verschwand er und Sunny und ich tauschten einen Blick.

»Wenn sie einen nicht verjagen können, dann sind sie auf einmal freundlich«, sagte Sunny.

»Was soll er machen?«, fragte ich. Aber Sunny hatte recht. Wenn man mal auf dem Weg zum Einkaufen von irgendeinem Wichtigtuer angeranzt wird, dass man »da« jetzt nicht durchkönne, weil »da« gedreht würde, dann entwickelt man nicht gerade ein positives Bild von Filmteams. Und wenn ich mir vorstelle, welche Schwierigkeiten wir hätten haben können, wenn da mit unserem Halteverbot irgendwas schiefgelaufen wäre, dann scheint mir das Kaffeeangebot nicht von Herzen zu kommen. Der Mann musste einfach Schönwetter machen und sich an uns rankumpeln, weil er uns nicht verjagen konnte. Aber vielleicht waren das auch wieder nur meine Vorurteile. Vielleicht war er ja wirklich ein netter Kerl, der bei Dreharbeiten zu allen freundlich ist, dann müsste ich meine Vorurteile revidieren.

Meine nächsten Vorurteile habe ich schon im Laufe des Tages revidiert. Das waren meine Vorurteile unserer Kundschaft gegenüber, die ich gehegt hatte, sobald ich erfuhr, dass der Vater der Kundin vierzig Jahre Möbelpacker gewesen war, was sie mir auch noch einmal erzählte, als ich das erste Mal die Wohnung betrat. Das konnte ja nur ein netter Tag werden, dachte ich. Als hätte ich es nicht besser wissen können. Schon als der Kunde mich kumpelhaft und jovial begrüßte und nach wenigen Minuten schon per du war, hätte bei mir der Alarm angehen müssen, denn in solchen Fällen bleibt die Freundlichkeit vielleicht den ganzen Tag über erhalten, aber meistens stellt sich schnell heraus, dass sie nur gespielt ist.

Aber ich falle immer wieder darauf rein, was in diesem Fall natürlich an dem Vater lag, der vierzig Jahre in den Möbeln gewesen war. Da musste doch etwas auf die Tochter abgefärbt haben, da musste sie doch etwas über den Umgang mit Möbelpackern gelernt haben!

Dass dem nicht so war, das bemerkten wir erst später. Am Anfang ließen wir uns alle auf die ausgelassene Atmosphäre ein und waren guter Laune. Sunny montierte den Schlafzimmerschrank, Otis packte in der Küche Geschirr, wir anderen verteilten uns auf die restlichen Zimmer. Wenn genug Kartons gepackt waren, schaffte ich die in einer Kette mit den Ladehilfen zum Lkw, dann packten wir weiter. Der Kollege, der im Wohnzimmer die Schallplatten verpackte, entdeckte nicht wenige, die er kannte und selber mochte, und es entwickelte sich ein nettes Gespräch über Musik zwischen ihm und dem Kunden. Gut gelaunt packte ich in der anderen Ecke des Wohnzimmers Bücher ein und freute mich auf Kaffee und Frühstück, das es bestimmt bald geben würde. Aber dann, nachdem die Kundin zur Arbeit gehen musste, weil sie dort noch einen letzten Tag zu tun hatte, zeigte der Kunde uns sein wahres Gesicht.

Während Otis in der Küche stand und Geschirr einpackte, was angesichts der Menge bestimmt die meiste Zeit des Aufladens dauern würde, tat der Kunde etwas, was ich für eine bodenlose Frechheit halte, und wenn das keine Frechheit ist, dann ein Benehmen weit entfernt von jeglicher weltläufigen Anständigkeit. Otis wickelte auf der Arbeitsfläche neben der Spüle Becher, Tassen und Teller in Packseide, und direkt neben ihm schmierte der Kunde auf einem großen Küchenbrett Schinkenbrote, von denen er immer wieder im Vorbeigehen naschte, ohne auch nur auf die Idee zu kommen, uns auch davon anzubieten. Am Nachmittag schob er eine Pizza in den Ofen, und dann lagen da duftende Pizzastückchen neben Otis, der natürlich nicht aufgefordert wurde, sich zu bedienen. Ein ungeheuerliches Verhalten. Ich meine das ganz ernst! Man bestellt sich nicht Leute ins Haus, um die für sich den ganzen Tag arbeiten zu lassen und denen dann was vorzukauen. Die meisten anderen Leute, die uns nichts anbieten wollen, gehen ja zum Essen dann wenigstens woandershin. Einige sind so mies, sich Pizza zu bestellen und dann bei geschlossener Tür in der Küche zu essen, aber so beschissen, einem Möbelpacker Essen direkt vor die Nase zu setzen, ohne ihm etwas anzubieten, so beschissen hatte ich noch keinen Kunden erlebt. Haha, der Schwiegervater war vierzig Jahre Möbelpacker! Ich glaub es fast. Zwei Sachen hat er uns aber doch angeboten: erstens Wasser. Leitungswasser.

»Hier«, erklärte er uns seinen blöden, scheiß-schweren amerikanischen Kühlschrank, aus dem wir später die Türen ausbauen mussten, um ihn aus der Wohnung zu bekommen. »Ihr müsst hier einfach ein Glas drunterstellen, dann kommt da das Wasser raus.«

Mann, was für ein toller Typ! Der konnte sich einen amerikanischen Kühlschrank leisten, der das Leitungswasser filtert. In Hamburg! Ich weiß ja nicht, wie amerikanisches Leitungswasser so ist, aber das Hamburger erhält immer wieder Bestnoten, wenn man nicht gerade in altem Haus mit Bleirohren lebt.

So wie er uns sein Kühlspielzeug erklärte, so erklärte er uns dann noch seine Kaffeemaschine, also gab es Kaffee. Immerhin. Aber das Kaffeetrinken war auch nur die Einleitung zu einer Geschichte, die noch mehr unterstreichen sollte, was für ein geiler Typ er war. Er hat nämlich seinerzeit acht Kilo Kaffee im Rucksack aus Costa Rica herausgeschmuggelt, weil man ja dieses Zeug, das sie in Deutschland Kaffee nennen, nicht trinken kann. Eine der Ladehilfen, die seit Ewigkeiten jedes Jahr für drei Monate in die verschiedensten Länder der Welt reist und die schon mehrere Male in Costa Rica war, hat später nur den Kopf geschüttelt. »Wie kann man denn so bescheuert sein, acht Kilo Kaffee aus Costa Rica zu schmuggeln?«

Er musste mir da nicht viel erklären. Ich war noch nie in Costa Rica. Aber wenn ich da mal hinfahre, dann bestimmt nicht wegen des Kaffees. Wenn mir jemand erzählt, in Indien gäbe es besseres Hasch als in Deutschland, dann glaube ich das gerne, auch wenn mir das egal ist. Aber Kaffee? Da gibt es keinen guten in Deutschland? Schrecklich, dieser Typ, mit seinem billigen »Guckt mal, was für ein toller Kerl ich bin«-Versuch, sich an uns ranzukumpeln, ohne die leiseste Ahnung davon zu haben, dass man sich nicht anbiedern, sondern respektvoll sein muss. Solche Kunden will ich nicht, denn die sind es, die mir unter anderem immer wieder den Job versauen.

Als ich später meinen Durst mit seinem Leitungswasser stillte, bekam ich mit, wie er sich frisch gepressten Orangensaft zubereitete, und bevor er erzählen konnte, aus welchem Land er diese »besonders leckeren« Früchte herausgeschmuggelt hätte, flüchtete ich aus der Wohnung.

Als wir am späten Nachmittag alles aufgeladen hatten und es zu dämmern begann, bekam ich mit, wie sich zwei Filmleute über Verzögerungen unterhielten, und dass der Dreh mit unserem Haus im Hintergrund auf den nächsten Tag verschoben worden war.

Klar, man weiß zwar noch nicht, ob man abends so weit sein wird, aber man kann ja schon einmal die Leute, die da im Weg stehen, freundlich fragen, ob sie sich nicht beeilen wollen. Kopfschüttelnd stieg ich in den Lkw. Immer wieder herrlich, mit was für Leuten man es zu tun hat.

KUMPELN SIE NICHT RUM! Wenn Sie von den Leuten, die Sie sich ins Haus bestellen, nichts halten, dann halten Sie wenigstens Abstand. Das zeigt dann immerhin Stil, wenn auch schlechten. Es gibt kaum eine Kundschaft, die vom Möbelpacker so verachtet wird, wie diejenige, die Freundlichkeit vorspielt, aber nicht lebt.

47

EIN KAPUTTER SCHRANK IST KEIN BEINBRUCH

Wissen Sie, wie Formaldehyd schmeckt? Ich auch nicht. Ich habe aber mal geglaubt, ich wüsste es. Das war in meiner Jugend, als ich das erste Mal von Formaldehyd hörte und mich erinnerte, wie ich als Kind zu Hause im Wohnzimmer am Sideboard geleckt hatte. Kinder machen so was. Eine Freundin von mir hat als Kind kleine Stückchen Tapete abgezogen und an der Wand geleckt. Später stellte sich heraus, dass sie unter Kalkmangel litt. Das fand ich erstaunlich. Hatte ich als Kind unter Formaldehydmangel gelitten? Ich glaube kaum. Wahrscheinlich war ich einfach nur neugierig. Das schmeckte so faszinierend schlimm. Ätzend irgendwie oder brenzlig. Vielleicht war das auch gar kein Formaldehyd, sondern etwas im Lack, oder gar Beize. Ich werde das wohl niemals herausfinden. Vergessen werde ich es aber auch nicht. Vor allem, weil ich viele Jahre später, im neuen Jahrtausend, mal einen Kunden hatte, der genau solch ein Konstrukt aus billigem Material und Giftmüll wie das Sideboard meiner Kindertage in seiner Wohnung stehen hatte. Das war ein junger Mann, der wohl ein Faible für »Retro« hatte. Alles aus den Sechzigern und den Siebzigern war toll.

Ich stand vor dem Sideboard und staunte, als hätte ich gerade ein lange verschollenes Fotoalbum wiederentdeckt, und erinnerte mich an die späten Sechziger. Manchmal sehe ich die Möbel von Freunden, die ich besuche, und habe sofort ein Gefühl für deren Gewicht. Ich weiß dann einfach, was die wiegen. Bei jenem Sideboard wusste ich, wie es schmeckt. »Ist das ein Nachbau, oder ist das so alt, wie ich denke?«, fragte ich den Kunden.

»Das habe ich günstig bei ebay geschossen«, sagte er. Ich schüttelte innerlich den Kopf. Ende der Siebziger war man froh, wenn man solchen Scheiß los war, und dieser Junge freute sich, dass er das günstig

»geschossen« hatte. Und dann musste ich als Profi das Ding fachgerecht verpacken, damit da nicht womöglich ein Kratzer rankommt. Völlig absurd! Das ist, als würde man sich Mühe geben, das Altglas nicht zu zerbrechen. Aber so sind die Menschen. Die denken immer, sie besäßen irgendwelche Werte, und an die klammern sie sich. Ich habe sogar den Eindruck, dass das schlimmer geworden ist, seit eine Finanzkrise auf die nächste folgt. Solange es wenigsten so aussieht, als ginge es uns gut, ist alles in Ordnung. Meistens kann ich über solches ja grinsen, aber manchmal schaue ich an den Dingen vorbei und sehe etwas ganz anderes. Dann habe ich keinen Spaß mehr dabei.

Es gab einmal einen Umzug, da haben zwei Kollegen beim Tragen eines alten Bauernschranks einen hinteren Fuß des Schranks abgebrochen. Das war nicht schön, aber solches passiert einfach manchmal, und es war ein sauberer Bruch an alter Leimstelle. Nichts Kompliziertes, nichts, was mein Kollege Sunny nicht in kurzer Zeit fachgerecht hätte reparieren können. Das hatte ich auch dem Kunden gesagt, aber er hat sofort gekontert:

»Nichts da! Da geht mir keiner von euch bei. Das macht ein Tischler. Der Schrank ist hundertfünfzig Jahre alt und hat zwölftausend Euro gekostet!«

Da war mir alles klar gewesen. Wir waren für ihn Deppen, die nichts konnten, schon gar nicht ein Stück Holz an ein anderes Stück Holz leimen. Dass ich einen Schrank für zwölftausend Euro für eine obszöne Idee halte, behielt ich für mich, und auch, dass er über den Wert des Schrankes mal früher etwas hätte verlauten lassen können, erzählte ich dem Kunden nicht. Ich ging nach draußen, um eine zu rauchen.

Auf dem Gehweg vor dem Haus entdeckte ich einen der sogenannten »Stolpersteine«. Stolpersteine sind auf die Initiative des Künstlers Gunter Demnig an verschiedenen Plätzen in den Weg eingelassene Pflastersteine mit einer Messingplatte drauf, auf der Name, Geburtsjahr, Todesjahr und Todesort von Opfern des Nationalsozialismus vermerkt sind, die einmal in dem Haus gewohnt haben, vor dem der Stein sich befindet. Kleine Mahnmale sozusagen. Auf dem Stolperstein an jenem Tag stand der Name eines jüdischen Ehepaares, das im Haus unseres Kunden gewohnt hatte, deportiert und in Auschwitz ermordet worden war.

Und dann drehte meine Fantasie durch.

Plötzlich sah ich den hundertfünfzig Jahre alten Schrank unseres Kunden zurückkehren. Er hatte schon einmal in seiner Wohnung gestanden. Dann waren seine Besitzer deportiert worden, bevor sie in die Gaskammer getrieben wurden. Ihre Wohnung wurde geplündert. Nazis rissen sich ihren Besitz unter den Nagel und eine Umzugsfirma, eine Spedition im Dritten Reich, die vielleicht heute noch im Geschäft ist, transportierte den Schrank in die Wohnung eines SS-Mannes, dessen Erben des Stückes vielleicht irgendwann überdrüssig wurden. Und dann sah ich die Odyssee des Möbelstückes von Flohmarkt zu Flohmarkt, von Antiquar zu Antiquar, bis unser blöder Kunde den Schrank schließlich irgendwo gekauft hat, wahrscheinlich, um mit seinem Wohlstand seine genauso blöde Frau zu beeindrucken.

Und während er oben in der Wohnung angesichts eines abgebrochenen Stück Holzes wahrscheinlich das Gefühl hatte, ein Stück seines Lebens sei gebrochen, übermannte mich unten auf der Straße der Blues. Fehlte nur noch, dass der Typ sagte: »Und seien Sie bitte besonders vorsichtig mit meiner Frau, die hat mir ein Geschäftspartner aus Dubai geschenkt.«

Manchmal geht meine Fantasie mit mir durch, und ich kann mich da gar nicht gegen wehren.

Ich will mich auch gar nicht dagegen wehren. Lieber hoffe ich, dass es immer so bleiben wird. Es ist schon anstrengend genug, wie sich manche Kunden verhalten, da will ich denen nicht auch noch glauben, dass deren Wohnkulisse wirklich so wertvoll ist, wie sie behaupten. Denn Kulisse ist es.

Der israelische Filmemacher Guy Ben-Ner hatte die geniale Idee, seinen Film *Steeling Beauty* mit versteckter Handkamera in Ikea-

Märkten zu drehen. Das erspart die eigenen Kulissen. Ich habe Teile davon auf YouTube gesehen. Das sah toll aus, wie da zum Beispiel die Darsteller einer Familie sich in ausgestelltem Wohnzimmer um den Tisch versammelten, während immer wieder Kunden durchs Bild liefen und Lautsprecherdurchsagen zu hören waren. Zwar wurden Guy Ben-Ner und sein Team immer wieder des Hauses verwiesen, aber man konnte ja im nächsten Markt weiterdrehen. Da stehen nämlich überall die gleichen Kulissen herum. Es sieht immer gleich aus. Überall. In allen Märkten und in allen Wohnungen.

WENN AN EINEM WERTVOLLEN BAUERNSCHRANK EIN FUSS ABBRICHT, dann ist das ärgerlich. Die Möbelpacker darum für Dilettanten zu halten muss aber nicht gerechtfertigt sein. Drehen Sie die Perspektive Ihrer Betrachtungsweise um, bevor Sie die Möbler herunterputzen! Schauen Sie sich an, wie Ihr Umzug sonst gelaufen ist. Sie haben zehn Möbelwagenmeter zu transportieren gehabt, und alles, wirklich alles außer dem Bauernschrank ist heil geblieben? Nicht einen Kratzer auf einem Möbelstück gab es sonst zu beklagen? Wenn Sie jetzt für einen Moment den Bauernschrank aus der Betrachtung rauslassen, dann sehen Sie, wie sorgfältig das Umzugsteam gearbeitet hat, wie professionell die bei der Sache waren. Aber: Shit happens! Trotz aller Sorgfalt.

Gucken Sie sich an, wie der Monteur gearbeitet hat. Der hat alle, auch die schwierigsten Montagen in aller Ruhe zu Ihrer Zufriedenheit erledigt? Sprechen Sie mit dem Mann! Fragen Sie Ihn, ob er den Schaden beheben kann. Wer Ihre restlichen Möbel perfekt montiert hat, der wird auch nicht daran scheitern, einen Schrankfuß wieder anzuleimen. Schäden lassen sich auch mal schnell und unproblematisch vor Ort regeln. Das erspart eine Menge Papierkram. Wenn Sie nichts dagegen haben, dass der Schrank noch am selben Tag repariert an seinem Platz steht, dann überdenken Sie noch einmal, ob Sie die Möbelpacker wirklich richtig einschätzen. Das kann sehr vorteilhaft sein!

48

IM SCHWEISSE
UNSERES ANGESICHTS

Am Anfang eines knallheißen, langen Arbeitstages hatte ich Glück, denn ich war vom Umzugsleiter dazu bestimmt worden, etwas zu tun, was ich sonst nur sehr ungern tue. Ich sollte das Vorschadensprotokoll ausfüllen.

Das ist eine nervige Aufgabe, denn entweder ich muss auf einem »Multiple-Choice-Zettel« pauschal verschiedene Sachen ankreuzen (»verschmutzt«, »fleckig«, »rissig«, »gebrochen«, etc.) oder ich muss mit einem peniblen Kunden detailliert beschreibende Texte formulieren. Ich denke ja immer, das könne man auch nebenbei erledigen, indem jeder, dem was auffällt, das auf dem Protokoll vermerkt. Aber heute hatte der Umzugsleiter gemeint, das ginge nicht, denn erstens traute er das heute nicht allen Kollegen zu, und zweitens war der Kunde wirklich pingelig. Der war so pingelig, dass uns der Disponent nicht nur gewarnt, sondern auch Anweisungen am Tag vorher gegeben hatte. Gepflegt sollten wir da erscheinen, ohne Restalkoholfahne, frisch rasiert und in sauberen, heilen Hosen. Das fand ich mal wieder lustig. Während der Kunde in modischem Dreitagebart und stylish kaputten Jeans mit beabsichtigten Löchern rumlaufen konnte, sollten wir da frisch rasiert und in Hosen ohne das kleinste Loch rumlaufen. Klar, eine Fahne ist scheiße, aber was gehen den Kunden meine Rasur und meine Hosenlöcher an?

Natürlich hatten wir auch alle unser T-Shirt an, auf dem auf Brust und Rücken das Logo beziehungsweise der Name unserer Firma zu sehen war. Das waren normale Baumwollshirts, auf die der Schriftzug aus irgendeinem Kunststoff im Nachhinein raufgebügelt worden war, oder so ähnlich. Total ohne Stil, aber immerhin »gepflegt« und uniform.

Während ich das Vorschadensprotokoll ausfüllte, hatte ich die ganze Zeit den Kunden an meiner Seite. Das nervte zwar, aber es war auch gut, denn so konnte ich die Details sofort mit ihm besprechen.

Irgendwann standen wir vor einem weißen Stoffsofa, und ich bemerkte zwei Schmutzflecken, die zugegebenermaßen sehr klein waren. Aber da wird das Protokoll gerne mal besonders wichtig.

»Wo ist da Schmutz?«, fragte der Kunde. »Ich sehe nichts.«

»Da«, sagte ich.

»Ach, das«, sagte er. »Das ist ja kaum zu sehen.«

»Ja, jetzt«, sagte ich. »Aber warten Sie mal, bis wir abgeladen haben. Da sehen Sie das sofort.« Und dann erklärte ich es ihm. Viele Kunden wiegeln ab, aber am Ende des Umzuges fangen sie an zu entdecken. »Ich habe da auch keine Lust zu«, sagte ich. »Aber das ist ja nicht meine Idee. Wenn ich das nicht mache, kriege ich Ärger im Büro.« Das hat er dann eingesehen, und dann haben wir zusammen einen Text für das Protokoll formuliert, in dem die beiden kleinen Flecken beschrieben wurden. Am Ende, nachdem wir auch noch durch das Treppenhaus gegangen waren, hat er mir dann das Protokoll unterschrieben, und ich konnte mich beim Schleppen nützlich machen.

Es wurde ein langes, ein kräftezehrendes Aufladen, und weil es ein heißer Sommertag war, waren wir alle innerhalb kurzer Zeit nassgeschwitzt. Der pingelige, aber nette Kunde hat uns großzügig mit nicht versiegenden Wasservorräten versorgt.

Irgendwann gingen uns die Matratzenhüllen und die Stretchfolie aus. Das wäre vielleicht gar nicht schlimm gewesen, weil so gut wie alles verpackt und eingehüllt war. Einzig das Sofa mit dem weißen Bezug war noch nackt. »Das kriegen wir schon hin«, war unsere Überzeugung. Und tatsächlich schafften wir das Teil vier Stockwerke runter, ohne auch nur ein einziges Mal die Wand zu berühren, was ja schon wieder Schmutz auf den Polstern hätte geben können. Auf dem Lkw war gerade »Packerstau«, das heißt, dass der Packer nicht schnell genug hinterherkam, also stellten wir das Sofa erst einmal vor der Ladekante ab, was aber auch nicht schlimm war, denn es war ein trockener und, wie gesagt, sehr sonniger Tag. Der Packer war sich sicher, dass er das Sofa auch ohne Hülle sauber verpackt kriegen würde, wobei er auch keine Umzugsdecken benutzen würde, denn die würden unzählige Fussel auf den Polstern hinterlassen.

Nach dem Sofa kamen nur noch ein paar Kleinteile aus der Wohnung, und so gönnten wir uns eine Pause. Das Aufladen war so gut wie geschafft. Ein Kollege ließ sich mit seiner Mineralwasserflasche in der Hand auf das Sofa fallen und trank gierig. Wir anderen standen rauchend herum und warteten, dass der Packer das Sofa haben wollte. Als es so weit war, stand der Kollege aus dem Sofa auf und dann lachten einige und die anderen schüttelten entsetzt den Kopf. Das durch und durch verschwitzte T-Shirt des Kollegen hatte einen breiten, dunklen Fleck auf der Rückenlehne des Sofas hinterlassen, in dessen Mitte an den Stellen, die auf dem T-Shirt schweißundurchlässig mit Kunststoff bebügelt waren, deutlich in polsterweißer Spiegelschrift der Name unserer Firma zu lesen war.

EGAL, WAS FÜR EINE VERSICHERUNG SIE IN DEM AUFTRAG für Ihren Umzug abgeschlossen haben: Wenn Fahrlässigkeit im Spiel ist, dann jagt sie und verklagt sie. Versicherungen reden sich gerne raus, und die haben ihre Tricks dafür. Egal. Bei Fahrlässigkeit sollte ein guter Anwalt die Wiederherstellung des ursprünglichen Zustandes durchsetzen können. Lassen Sie sich auf nichts ein, was darunter liegt. Niemand muss mit dem Schriftzug des Namens vom angeheuerten Spediteur auf dem Sofa aus seinem Umzug rausgehen.

49

AUGEN AUF!

Mit Kümmel zusammen hatte ich anderen Kollegen beim Beladen einer Tour geholfen, die die anderen Kollegen noch am gleichen Tag nach Stuttgart fahren würden. Wir waren in Finkenwerder, und eigentlich hätten wir es gut gefunden, wenn die Kollegen uns auf die andere Seite der Elbe zum Hof unserer Firma gebracht hätten, aber die Kollegen hatten am anderen Ufer gar nichts mehr zu tun und wollten sofort auf die Autobahn nach Süden.

Ich hatte keinen Bock auf öffentliche Verkehrsmittel. Ich hasse das Busfahren nicht gerade, aber ich vermeide es auch gerne, besonders auf der Arbeit.

»Wieso denn Bus, Alter?«, fragte Kümmel. »Wir nehmen die Fähre!«

Und so latschten wir zum Anleger und standen keine halbe Stunde später in herrlichster Herbstsonne an der Reling und blickten nach Blankenese rüber. Das war mal wieder etwas Schönes an meinem Job. Normalerweise würde ich an solch einem Nachmittag nicht auf die Idee kommen, über den Fluss zu fahren.

Plötzlich musste ich an einen Umzug in Blankenese denken, auf dem ein Kollege eine Waschmaschine alleine zum Lkw gebracht hatte.

»Kennst du noch Conan?«, fragte ich Kümmel.

»Diesen Zwei-Meter-Typen mit den irre breiten Schultern?« Ich nickte. »Nicht richtig«, sagte Kümmel. »Den habe ich nur ein oder zwei Mal getroffen.«

»Der hat mal 'ne Waschmaschine alleine ausm zweiten Stock gebracht.«

»Na und?«, fragte Kümmel.

»Vorm Bauch.«

»Nö.«

»Doch.«

Dass ein Möbelpacker mal eine Waschmaschine alleine trägt, ist nicht wirklich ungewöhnlich, aber Conan war der Einzige, den ich je gesehen habe, der solch ein Teil vor dem Bauch trug. Die anderen hatten die auf dem Rücken im Bereich der Schultern.

»Und dann stellt der die auf der Ladekante ab, und links und rechts waren Dellen im Gehäuse, von seinen Ellenbogen.«

Kümmel lachte und schüttelte den Kopf. Dann sahen wir schmunzelnd auf das Wasser.

»Hab ich dir eigentlich mal erzählt, wie ich von einem Konzertpublikum Applaus bekommen habe?«, fragte Kümmel nach einer Weile.

»Nö«, sagte ich.

»Das war da mal vor ein paar Jahren in Frankfurt, als ich da für so einen Klavierbauer gearbeitet habe.«

»In Frankfurt? Was machst du denn in Frankfurt?«

»Ach, ich hatte da mal 'ne Freundin. Is' 'ne andere Geschichte. Auf jeden Fall war das gerade in der Adventszeit, da war ich mit dem Chef unterwegs, und da hatten wir am späten Nachmittag nur noch ein Klavier auszuliefern, für irgendwelche Leute in einem piekfeinen reichen Viertel.«

»So, schickes Blankenese in Frankfurt?«, fragte ich.

»So ungefähr. Auf jeden Fall nur noch ein Klavier bis Feierabend, und wir sind auch fast schon bei den Kunden, da klingelt plötzlich das Handy vom Chef. Und er geht ran und hört so zu und wird blass und redet irgendwas von wegen ›Geht ganz schnell‹ und so, legt auf und guckt mich entgeistert an.« Kümmel grinste.

»Ja, und?«, fragte ich.

»Da hatte der Typ den ganzen Tag nicht daran gedacht, dass er noch ein Klavier verleihen musste, an eine Bank, für deren Weihnachtsfeier.«

»Was für eine Bank?«, fragte ich.

»Sag ich nicht«, sagte Kümmel. »Ich darf da eigentlich gar nicht drüber reden. Auf jeden Fall war das 'ne große Bank, und die hatten da einen Festsaal gemietet, und alle haben auf das Klavier gewartet.«

»Wieso?«

»Die haben da ein Konzert veranstaltet. Das war ein Saal voll mit Publikum in Sitzreihen, ich sach ma, die Honoratioren der Stadt. Mindestens zweihundert Leute, aber oberste Schublade. An der Seite ein riesiges Buffet, alles nur vom Feinsten.«

»Und die haben alle auf das Klavier gewartet?«

»Klar. Mein Chef ist total panisch geworden und hat erst mal die Käufer von dem Klavier angerufen und vertröstet, und dann sind wir da zur Weihnachtsfeier hin und haben da das Klavier erst mal abgeliefert. Das war voll geil. Das Publikum hat gewartet, das Orchester hat gewartet, und der Pianist saß vorne am Bühnenrand auf seinem Hocker und hat auch gewartet.«

»Nö«, sagte ich.

»Aber auf jeden Fall!« Kümmel lachte. »Der saß da so im Smoking, graue Künstlermatte bis über die Schultern und Nickelbrille. Den Ellenbogen auf dem Knie, hatte er den Kopf auf die Hand gestützt, wie so eine klassische Statue.«

»Und dann?«

»Dann haben wir das Klavier von hinten über die Bühne bis zu ihm hingerollt, vom Hunt gehoben und vor ihn hingestellt, dass er gleich anfangen könnte zu spielen. Aber erst einmal haben wir uns beide vor dem Publikum verbeugt.« Kümmel deutete eine elegante Verbeugung an.

»Und dann?«, fragte ich.

»Stehende Ovationen, Alter!«

»Ach, Quatsch.«

»Na gut, die Leute sind sitzen geblieben, aber auf einem Applausometer wäre das deutlich über sechs gewesen.«

»Und was habt ihr dann gemacht?«

»Ja nun«, sagte Kümmel. »Wir mussten ja warten, also haben wir uns anderthalb oder zwei Stunden am Buffet rumgedrückt, bis das Konzert vorbei war. Das war verdammt lecker. Ja, und dann haben wir das Klavier wieder aufgeladen und ausgeliefert.«

»Und die Kunden haben das nicht geschnallt?«

»Was sollen die denn da schnallen? Schnell noch mal die Tasten poliert und gut. Gestimmt werden muss das nach einem Transport sowieso, und wenn du zu Weihnachten ein Klavier auslieferst, kannst du meistens davon ausgehen, dass die Leute eh keine Ahnung haben.«

»Echt?«

»Ich denke mal. Die brauchen halt ein Geschenk, und schließlich gehört ein Klavier ja nun einmal dazu.«

Nachdem die Fähre im Museumshafen in Övelgönne angelegt hatte, spazierten wir durch den Donnerspark zur Elbchaussee hin, und immer blieb Kümmel stehen und verbeugte sich vor imaginärem Publikum. Ich wäre zu gerne dabei gewesen.

NATÜRLICH WIRD AUF EINEM UMZUG NIEMAND IHRE MÖBEL UNTERWEGS VERLEIHEN, aber trotzdem sollten Sie sich für jeden Transport eines merken: Schauen Sie sich Ihre Möbel an, bevor Sie den Frachtbrief unterschreiben! Alle offensichtlichen Schäden müssen Sie sofort anmelden. Es muss nicht einmal hinterhältige Böswilligkeit der Spedition sein, wenn Sie später Schwierigkeiten haben, noch einen offensichtlichen Schaden anzumelden. Sie werden es mit Versicherungen zu tun haben, und die wehren sich ja bekanntlich mit Händen und Füßen und allen rechtlichen Mitteln dagegen, auch nur einen Cent rauszutun. Schauen Sie sich alles an, was Ihnen geliefert wurde, und reklamieren Sie sofort.

Für alles, was nicht sofort offen zu sehen ist, haben Sie vierzehn Tage Zeit.

50

EINE FRAGE DER EHRE

Alles in allem war es ein recht erbärmlicher Haushalt, den wir zu transportieren hatten. »Erbärmlich« im Sinne von arm. Abgewetzte Bezüge auf alten Sesseln und Sofa, zerkratzte Siebzigerjahre-Schränke und hässliche Stühle bildeten das Mobiliar. Der Umzug wurde vom Amt bezahlt, das wussten wir schon auf dem Weg zum Kunden, und uns allen war klar, dass wir heute mit Frühstück, oder mit Trinkgeld gar, nicht zu rechnen bräuchten.

Als wir ankamen, wurden wir trotzdem mit Kaffee empfangen. Instantkaffee. So was verabscheue ich zwar normalerweise, aber auch an diesem Morgen brauchte ich Koffein. Für jeden von uns gab es eine Flasche Wasser, und das war nett. Überhaupt war der Kunde sehr nett. Er fasste hier und da bei seinem Umzug mit an, ohne dass er wie viele andere Kunden im Weg gestanden hätte. Im Gegenteil, er machte sich die ganze Zeit nützlich und ruhte sich nicht aus wie andere Leute, die ihren Umzug bezahlt kriegten, und damit meine ich nicht Hartz-IV-Empfänger, sondern jene, die von einem neuen Arbeitgeber alles erstattet kriegten und nun meinten, mal den Herrn heraushängen lassen zu müssen, und sich also, der eigenen Überlegenheit bewusst, von vorne bis hinten bedienen ließen.

Nichts davon war heute zu sehen. Der etwa fünfzig Jahre alte Kunde hatte offensichtlich sein Leben lang gearbeitet und wusste, wie man zupackt. Ich nehme an, irgendein Pech hat ihn in die Arbeitslosigkeit gebracht, und nun lebte er sein verarmtes Leben und versuchte, das Beste daraus zu machen.

Wir waren zu viert. Shorty, der Lehrling, ein unscheinbarer Zeitarbeiter, mein Kollege Otis und ich, und zu Mittag gab es billige Brötchen aus billigem Supermarkt und als einzigen »Aufstrich« dazu billigen Kartoffelsalat aus dem Plastikeimer. Der Kunde, der sich beim Arbeiten selbstbewusst gezeigt hatte, hatte uns das nicht »präsentiert«, er hatte nur mit beiläufiger Bemerkung darauf hingewiesen, dass wir uns bedienen könnten. Das Angebot war ihm augenscheinlich peinlich.

Ja, da verzieht man schon mal das Gesicht. Aber nicht dem Kunden gegenüber, von dem einem klar war, dass er sich einfach nicht mehr hatte leisten können. Da war nämlich einfach nicht genug zu holen in der »sozialen Hängematte«, in der sich auszuruhen ihm bestimmt zahllose Idioten vorwerfen würden. Dieser Mann hatte nichts, aber das hatte er noch mit uns teilen wollen, beziehungsweise hatte er sich uns gegenüber wie ein anständiger Mensch verhalten wollen und litt darunter, dass ihm das mit seinem eher miesen Fraß nur begrenzt gelingen konnte. Shorty und Otis hielten sich beim Kartoffelsalat zurück, der Zeitarbeiter und ich langten zu. Ich hatte einfach Hunger, und ich hatte selbst oft genug schon zu wenig Geld gehabt, um irgendeinem Produkt, das der deutschen Lebensmittelkontrolle unterlag, übermäßige Abneigung entgegenbringen zu können, wenn ich Hunger hatte.

Niemand von uns war sauer auf den Kunden, weil es nichts Leckeres gab. Alle haben seine Situation verstanden, und niemand machte ein Thema daraus, nicht einmal, wenn der Kunde nicht dabei war, wenn wir an der Ladekante eine rauchten. Wir erledigten den Umzug, luden auf, luden wieder ab und waren irgendwann fertig. Während Shorty und der Zeitarbeiter neben dem Lkw zusammen rumstanden und Otis die Ladefläche aufräumte, erledigte ich mit dem Kunden zusammen in der Wohnung den Papierkram. Zum Abschied reichten wir uns anschließend die Hand, und dann zog er einen Zehner aus der Tasche. »Eine kleine Aufmerksamkeit«, sagte er. »Mehr geht leider nicht.«

»Vielen Dank«, sagte ich. Dann ging ich nach draußen. Otis war auf der Ladefläche fertig. Wir stiegen alle in den Lkw. Shorty und der Zeitarbeiter setzten sich auf die Rückbank, Otis auf den Beifahrersitz, ich mich ans Steuer. Niemand stellte die Frage, die immer gestellt wird, denn niemand rechnete damit, dass es etwas gegeben hatte. Ich startete den Motor und machte mich daran, aus der Parklücke auf die Straße zu fahren. »Der hat sich entschuldigt«, sagte ich. »Weil er uns allen zusammen nur einen Zehner geben konnte.«

»Was?« Otis' Gesichtszüge erstarrten und Zorn blitzte in seinen Augen auf. »Halt an!«, rief er.

»Was ist denn jetzt los?«, fragte ich, während Otis aus dem Lkw sprang. Ich legte die Feststellbremse ein, sprang meinerseits aus dem Wagen und packte Otis, der gerade vorne um den Lkw herumkam, am Arm. »Was ist denn los?«, fragte ich wieder.

»Ich geh da noch mal rein«, sagte Otis. »Das gibt es ja wohl nicht! Der entschuldigt sich noch? Diese arme Sau, dem bring ich seinen Zehner zurück!«

»Jetzt warte mal, reg dich ab«, sagte ich, obwohl ich ihn verstand. »Du kannst dem doch nicht den Zehner wiedergeben. Das wäre ja wohl das Letzte. Den hat der sich vom Mund abgespart.«

Otis stierte mich erschöpft an. Nicht erschöpft von der Arbeit, sondern von der Welt, in der immer wieder die ärmsten Leute großzügiger sind als wohlhabende Säcke, die nichts begriffen haben und die sich in teurem Restaurant vor Freunden oder Geschäftspartnern mit Trinkgeldern für Kellner dicke tun, aber nicht in der Lage sind, einem Möbelpacker seine Arbeit mit einer Aufmerksamkeit extra zu honorieren, wenn der auch noch die üblichen Extrawünsche erfüllt hat.

»Hast ja recht«, sagte Otis. »Aber scheiße noch mal, irgendwas würde ich dem trotzdem gerne noch sagen.«

»Lass es lieber«, sagte ich. Auf der nächsten Tankstelle kaufte er sich zwei Bier, der Zeitarbeiter versorgte sich mit Erfrischungsgetränken, und Shorty und ich legten unsere Anteile vom Zehner zusammen, um eine Schachtel Zigaretten zu kaufen.

Am nächsten Tag hatten wir in gleicher Besetzung (nur der Zeitarbeiter war ein anderer) mit zwei zusätzlichen Kollegen einen sehr anstrengenden Umzug für ein sehr wohlhabendes Ehepaar in Harvestehude zu erledigen, und dieses Mal war ich es, der am liebsten noch mal in die Wohnung zurückgegangen wäre, um (na ja, ich hab das da nur so gesagt) dem Kunden was auf die Fresse zu hauen. Wir hatten nämlich zwölf Stunden für dieses Ehepaar geknechtet, hatten all deren teure und edle Möbel mit höchster Sorgfalt behandelt und alle Montagen fachmännischst ausgeführt, haben uns erdenklichste Mühe gegeben und haben perfekte Arbeit hingelegt. Dass es den ganzen Tag nicht einmal Wasser für uns gegeben hat, hat unsere Leistung nicht geschmälert, denn wir sind ja Profis.

Als dann aber, während Otis noch etwas länger für die Papiere brauchte, Shorty aus der Wohnung im vierten Stock zum Lkw herunterkam, da platzte mir doch fast der Kragen.

»Die Frau da oben hat den Mann gefragt, ob die uns denn nicht was geben wollten, und der Mann hat gefragt: ›Nö, wieso denn?‹«

»Das hast du gehört?«, fragte ich, und Shorty nickte.

»Was für ein Arschloch«, sagte ich. Da hatte seine Frau schon die Idee, womit den ganzen Tag über niemand von uns mehr gerechnet hatte, und dann bremst der blöde Sack die aus!

Man erlebt das immer wieder. Die Leute runden bei einer Taxifahrt zum Flughafen, die vielleicht siebzehn Euro und dreißig Cent kostet und vielleicht etwa eine halbe Stunde dauert, auf zwanzig Euro auf, ist ja klar, macht ja wohl jeder, der nicht jeden Cent umdrehen muss, aber bei Möbelpackern heißt es dann »Die werden ja bezahlt« oder »Die können sich ja auch einen anderen Job suchen«.

Man müsste mal einfach das Trinkgeld für eine Taxifahrt hochrechnen auf zwölf Stunden harter Maloche, aber das können wohl nicht alle.

»Eigentlich halte ich ja inzwischen überhaupt nichts mehr von der Idee des Trinkgeldes«, sagte ich, als wir alle auf der Rückfahrt zusammen im Lkw saßen.

»Wieso das denn?«, fragte Otis.

»Na, überleg doch mal. Wenn unsere Arbeit von der Gesellschaft wirklich gewertschätzt werden würde, dann würden wir ein anständiges Gehalt beziehen, und keine Sau wäre mehr auf Trinkgeld angewiesen. Die können sich doch alle ihre Umzüge nur leisten, weil wir so mies bezahlt werden.«

»Hm«, machte Otis, während die anderen lauschten.

»Der Typ gestern mit seinem Zehner für vier Leute, der hat sich doch total einen abgezwackt, weil er kapiert, wie es uns geht. Der hat das geschnallt. Das ist ja so, als würden die heute zehntausend Euro raustun. Und was tun die? Die geben nix.« Ich steckte mir eine Zigarette an. »Alter, ich bin es leid, dass mein gerechter Arbeitslohn davon abhängt, wie der Kunde drauf ist. Wieso lege ich einem einen perfekten Job hin und gehe mit fünfzig Euro extra nach Hause, und dem anderen lege ich den gleichen perfekten Job hin und gehe mit null extra nach Hause – weil der Kunde gerade aus irgendeinem Grund schlecht drauf ist? Kann ich nicht einfach anständig bezahlt werden? Ein Zahnarzt kriegt ja auch kein Trinkgeld. Ich will die richtige Kohle für meinen Job, dann können die ganzen Arsch-löcher ihr Trinkgeld behalten und sich das aufsparen für Hotel-pagen und Kellner in allen Ländern, in denen sie so gerne Mann von Welt spielen.«

»Das ist eine interessante Idee«, sagte Otis.

MÖBELPACKER, DIE EINEN GUTEN JOB HINLEGEN, bringen den ganzen Tag Extraleistungen, die von der Kundschaft oft nicht als solche erkannt werden. Diesen und jenen Karton lieber doch noch einmal in ein anderes Zimmer oder in den Keller, den Schrank noch mal in die andere Ecke, das Sofa noch mal drehen und so weiter und so fort. Lauter Kleinigkeiten, die nicht vorgesehen waren.

Wer einen sauberen Umzug geliefert bekommen hat, der braucht nach zehn Stunden Arbeit mit weniger als zehn Euro pro Nase gar nicht erst anzufangen, es sei denn, er kann sich das nicht leisten. Die Möbelpacker können das einschätzen, und niemand braucht sich zu schämen, außer jenen, die gestopft sind und zwanzig Euro für fünf Mann geben. Nach zwölf, vierzehn oder sechzehn Stunden darf man als Kunde die Möbelpacker eigentlich gar nicht wegfahren lassen, bevor man nicht jedem einen Zwanni in die Hand gedrückt hat. Vorausgesetzt natürlich, die haben korrekt gearbeitet. Aber wer Mist abgeliefert hat, erwartet sowieso nichts.

Vergessen Sie nie: Ihr Umzug war nur deshalb so preisgünstig, weil die Packer schlecht bezahlt werden.

51

DIE MÜCKE WIRD ZUM ELEFANTEN

Die folgende Geschichte hat mir mein Kollege Otis während einer langen Nachtfahrt erzählt. Wir hatten noch hundert Kilometer bis nach Hause, und ich war ein wenig erschöpft. Otis hatte keinen Führerschein und hätte eigentlich schlafen können, aber er war so nett, mich mit Geschichten und Anekdoten zu unterhalten, um mir die nächtliche Arbeit am Steuer kurzweilig zu gestalten.

Die Geschichte hatte er von einem Bekannten, dessen Bruder, der selbst Möbelpacker war, meinte, das wäre der Schwester einer Nachbarin passiert. Da denkt man natürlich gleich an eine urbane Legende. Der Bekannte eines Bekannten eines Bekannten …

Aber für eine urbane Legende war die Geschichte dann doch einen Tick zu kompliziert. Urbane Legenden sind stets sehr kurz und einfach gestrickt.

Marie und Klaus waren ein junges Paar, das seit einigen Jahren zusammen war und gerade den ersten gemeinsamen Umzug hinter sich gebracht hatte. Eine größere, schönere Wohnung mit besserer Verkehrsanbindung als die alte hatten sie bezogen, in einer schöneren Gegend.

Als am Abend die Möbelpacker verschwunden waren, waren die beiden bester Laune, besonders Klaus, der bereits zur Abrechnung mit dem Umzugsleiter die erste Sektflasche geköpft hatte. Als er einige Gläser intus hatte, wollte auch Marie etwas trinken und bald saßen die beiden kuschelig auf dem Sofa und erfreuten sich an der Gemütlichkeit des neuen Heims.

»Lass uns ein bisschen auspacken«, schlug Marie schließlich vor, und Klaus hatte erst keine Lust, aber Marie drängte ihn. Sie wollte das Nest schnell eingerichtet haben und die Umzugskartons loswerden. In der Küche begann sie, Geschirr auszupacken. Klaus zögerte einen Weile, dann machte er sich daran, Geschirr aus den Kartons im Wohnzimmer auszupacken und in die Vitrine zu sortieren. Gerade als er eine Teekanne aus der Packseide gewickelt hatte und sie in die Vitrine stellte, stand Marie in der Zimmertür.

»Sei bitte vorsichtig mit dem teuren Geschirr, du hast getrunken, pack doch lieber erst mal die Bücher aus«, sagte sie.

»Ich bin nicht betrunken«, entgegnete Klaus.

»Das meine ich auch gar nicht. Ich will doch nur, dass du vorsichtig bist.«

Klaus schüttelte den Kopf. Er griff in den Karton, der neben ihm auf dem Esstisch stand, nahm ein kleines Paket aus Packseide heraus und wickelte eine Zuckerdose aus und stellte sie in die Vitrine. »Siehst du?«, fragte er. »Ist doch ganz einfach.« Er machte eine schnelle Geste mit der Hand, und aus dem zerknitterten Bogen Packseide, den er noch darin hielt, flog in hohem Bogen der Deckel der Dose durch den Raum, krachte gegen die Wand und zerbrach auf dem Parkettboden.

»Scheiße!«, rief Marie, während Klaus bedropst guckte. Marie bückte sich und hob den zerbrochenen Deckel auf. »Und ich hab's dir noch gesagt!«, schimpfte sie.

»Vielleicht hättest du mir am besten einfach gar nichts gesagt«, meinte Klaus.

»Ach, jetzt bin ich wohl schuld, oder was?« Da traten die ersten Tränen in Maries Augen. Als Klaus seinen Arm um sie legen wollte, stieß sie ihn beiseite und der Haussegen hing erst einmal schief. »Was die Möbelpacker nicht kaputt kriegen, das schafft mein Mann«, sagte Marie noch, dann zog sie sich ins Schlafzimmer zurück.

Klaus seufzte und schenkte sich einen Sekt ein, bevor er sich auf das Sofa fallen ließ. »Frauen!«, murmelte er dabei. So ein Aufstand, wegen eines blöden Zuckerdosendeckels!

Die Zuckerdose gehörte zu einem Teeservice, das Marie von ihrer Mutter geerbt hatte, die vor einem Jahr verstorben war, was Marie noch nicht ganz verkraftet hatte. Ihre Mutter hatte das Service von ihrer Großmutter geerbt, die es aus China mitgebracht hatte. Ein Erbstück, das sozusagen die Chronologie der Familie aufzeichnete, die Marie an diesem Abend zu vermissen begann, und die nächsten Tage weiter vermisste. Marie vergrub sich und wühlte in Kartons mit Erinnerungsstücken. Klaus kam für ein paar Tage nicht an sie heran, da halfen auch die Blumen nicht, die er ihr mitbrachte. Auf seinen Vorschlag, ein neues Service zu besorgen, reagiert sie mit Verachtung.

»Du hast ja keine Ahnung!«, sagte sie. »Dafür gibt es keinen Ersatz. So was kriegst du nirgends mehr!« Und als sie noch meinte, dass es ja nicht verwunderlich sei, dass er ihren Verlust nicht verstehen würde, weil er ja ihre Mutter noch nie hatte leiden können, war es für Klaus genug. Er lief aus dem Haus und suchte Freunde auf, für einen gemeinsamen Herrenabend. Als er spätnachts nach Hause kam, war Marie verschwunden. Ihr war nämlich eingefallen, dass bei ihrer Schwester auf dem Dachboden noch ein paar Kartons mit Büchern ihrer Mutter lagerten, die aussortiert worden waren. Auf diese Bücher wollte Marie noch einen Blick werfen, bevor sie endgültig entsorgt wurden.

Bei ihrer Schwester fand sie Trost in der Nacht. Gemeinsam lästerten die beiden über Männer und trauerten der toten Mutter nach. Am nächsten Morgen wühlten sie auf dem Dachboden in den Bücherkisten. Aber nein, da war wirklich nur noch Mist zu finden, der es nicht wert war, aufbewahrt zu werden. Aber dann fiel Marie ein Büchlein in die Hände, das bis jetzt noch jeder übersehen hatte. Eine Art Kladde mit buntem Einband.

»Was ist das denn?«, fragte Maries Schwester, als Marie das Buch hochhielt. »Ein Tagebuch?«

Marie zuckte die Schultern und öffnete das Buch, aus dem ein Schlüssel herausfiel. Die Schwestern sahen sich an.

Ein paar Minuten später saßen sie bei Tee auf Schwesters Sofa und lasen in dem Buch. Bald waren die richtigen Hinweise gefunden und zwei Tage später öffneten die Schwestern das Bankschließfach der verstorbenen Mutter, von dem in der Familie nie jemand etwas geahnt hatte. Darin befanden sich Schmuck und Bargeld im Wert von achtzigtausend Euro.

»Und jetzt?«, fragte Maries Schwester nach dem ersten, freudigen Schock.

»Ich bräuchte mal ein bisschen Abstand«, sagte Marie. »Nur ein paar Tage, eine Woche vielleicht.«

Die Schwester nickte. »Ich auch.«

Ihrem Mann hinterließ Marie eine Notiz, laut derer sie ein paar Tage mit ihrer Schwester verbringen wolle. Die beiden Frauen stiegen abends ins Flugzeug und landeten am nächsten Tag auf den Seychellen. Am zweiten Abend knickte Marie auf der Straße vor einem Club mit dem Fuß um und brach sich den Absatz ab. Ein freundlicher Mann bot ihr seinen Arm, um sie zu einem Tisch eines nebenan gelegenen Cafés zu führen, wo man gemeinsam einen Drink nahm und ins Gespräch kam. Am nächsten Tag traf man sich wieder, am übernächsten auch. Marie verliebte sich in den freundlichen Mann, und der freundliche Mann verliebte sich in Marie. Klaus, der zu Hause sich wunderte, was mit seiner Frau denn los sein könnte, wusste noch nicht, dass seine Ehe ihrem Ende entgegenging.

»Die arme Sau«, sagte ich zu Otis, als wir von Hamburg-Heimfeld kommend an den Containerterminals vorbei zum Elbtunnel fuhren. »Und das alles wegen eines blöden Deckels von einer Zuckerdose!«

»Quatsch«, sagte Otis. »Da war doch schon vorher irgendwas nicht in Ordnung bei denen. Das erlebt man doch immer wieder, dass sich Paare gerade beim Umzug wegen irgendeiner Kleinigkeit in die Haare kriegen.«

Da hatte er natürlich recht.

NATÜRLICH FÜHRT NICHT JEDER KLEINE SCHADEN ZU EINER BEZIE-HUNGSKRISE, die Ihr Leben durcheinanderbringen wird, aber auf eines sollten Sie trotzdem achten: Wenn Sie Geschirr oder anderes Zerbrechliches auspacken, dann wickeln Sie immer über dem Karton aus, aus dem Sie die Sachen entnehmen. Wenn Sie dann etwas übersehen, fällt es weich und nicht so tief. Gehen Sie nie davon aus, dass das Knäuel Packseide, das Sie in den Händen halten, schon »leer« ist. Überprüfen Sie jeden Bogen, bevor Sie ihn an die Seite tun. Es kann immer etwas Kleines geben, das sich noch in dem zerknäulten Papier befindet. Das muss nicht jedes Mal ein teures Porzellanteil sein. Kann aber.

52

DAS ELEND DES KARTONFAHRERS

Als ich die Arztpraxis betrat, ging ich zum Empfang, lehnte mich auf den Tresen, stellte mich vor und sagte, dass ich die leeren Kartons vom Umzug vor einer Woche abholen wolle. Die Dame hinter dem Schreibtisch blickte kurz von ihrem PC auf, sah mich an und sagte: »Bitte nehmen Sie einen Moment Platz, es kümmert sich gleich jemand um Sie.«

Als ich mich auf einen Stuhl auf dem Gang zum Wartezimmer zwischen die Patienten setzte, merkte ich noch nicht, wie verblüfft ich war. Natürlich! Die hatten ja leidende Leute hier, vielleicht Notfälle sogar, da konnte das schon mal drei Minuten dauern. Schließlich war ich nicht der Klempner, der sich um den Bruch des Wasserrohres kümmern sollte.

Nachdem ich zehn Minuten die Gesichter der Kranken um mich herum studiert hatte, begann ich, Symptome zu entwickeln. »Herr Doktor, ich habe da ein akutes Gefühl von Ungeduld in der Bauchgegend.«

Ich ging wieder zum Tresen, versuchte, auf mich aufmerksam zu machen, und wurde mit einem »Es kommt sofort jemand« auf meinen Platz zurückgeschickt.

Als sie uns gebraucht hatten, vor einer Woche, zu ihrem Umzug, da hatten sie uns sogar Kaffee und Wasser hingestellt und waren sehr freundlich gewesen. Jetzt schien ich nur eine namenlose Anamnese auf ihrem Fließband zu sein. Als eine Praxishilfe den Gang entlangkam, hob ich vorsichtig die Hand.

»Entschuldigung …«

»Sicher«, lächelte sie wie eine Stewardess, »es geht gleich los.«

Wenn ich mein eigener Chef gewesen wäre, dann wäre ich nach zwanzig Minuten aufgestanden und hätte erklärt, dass es in meinem

Leben auch ganz gut ohne die leeren Kartons der Praxis funktionieren würde, und wäre gegangen. Aber so harrte ich noch einmal fünf Minuten aus, bis ich einen letzten Versuch startete. Und tatsächlich wurde ich nun auch zehn Meter weiter geführt, wo hinter einer Tür in einem zweiten Treppenhaus (mit Außentür zum Parkplatz direkt daneben) ein Stapel zusammengefalteter Umzugskartons lag.

Das wusste die ganz genau, die da hinter ihrem Empfangstresen saß! Das hätte die mir auch sofort sagen können. »Kartons? Ja, sicher. Dort durch die Tür, da kommen Sie auch gleich nach draußen.« Aber das konnte sie nicht, denn sie war programmiert. Sie konnte nicht wirklich kommunizieren, sie konnte nur fertige Sätze sagen, die nicht ihrem eigenen Vermögen entwuchsen. »Bitte nehmen Sie einen Moment Platz. Es kümmert sich gleich jemand um Sie.«

Es sind unter anderem solche Kleinigkeiten, die mir solche Arbeiten wie Kartontouren versauen können. Da habe ich vielleicht zwölf Kunden auf dem Zettel, und dann muss ich sinnlose zwanzig Minuten im Wartezimmer abhängen, für einen Job, der fünf Minuten dauert. Vielleicht trete ich einfach nicht aggressiv genug auf, obwohl mich Kartontouren sehr aggressiv machen können.

Manchmal machen mir diese Touren sogar Spaß. Wenn ich zum Beispiel im goldenen Herbst über Landstraßen zu irgendeinem kleinen Ort an der Eider fahre, um dort hundert Kartons und etwas Material abzuliefern, dann bin ich guter Laune, denn ich liebe den Herbst. Aber wenn man zehn oder zwölf Kunden auf dem Zettel hat und sich den ganzen Tag durch den Stadtverkehr quälen muss, dann kann das ganz schön an die Substanz gehen, und dann macht das überhaupt keinen Spaß. Haben Sie mal hundertfünfzig oder zweihundert Kilometer Stadtverkehr hinter sich gebracht? Von einer Ecke der Stadt zur nächsten und sinnlos hin und her, weil die Kunden die Termine so haben wollten? Von Wedel nach Bergedorf, nach Schnelsen, nach Rahlstedt und so weiter und so fort? Am besten ist das natürlich, wenn es den ganzen Tag regnet. Spätestens ab vierzehn Uhr werde ich aggressiv und somit gestresst. Dann hasse ich das Autofahren, habe aber noch einige Stunden vor mir.

Fußgänger und Fahrradfahrer leben ja auf ihre Weise ihren natürlichen Bewegungsdrang aus.

Autofahrer glauben nur, dass sie das tun. Die Freiheit der Bewegung, die der Autofahrer aufgrund seines gehirngewaschenen Bewusstseins zu befriedigen glaubt, findet nicht statt und ist eine rein virtuelle. Man hat ihm von Kindesbeinen an eingeredet, in einem Auto zu sitzen hieße, frei zu sein, aber am helllichten Tag im Stadtverkehr ist das nicht möglich. Fahrjunkies sind sie, die sich bei roter Ampel oder im Stau um ihren Stoff betrogen fühlen, und entsprechend ist die Stimmung auf der Straße. Und ich muss von einem Kunden zum nächsten hetzen.

Und wenn ich dann überall nur hohe Stockwerke und große Mengen habe, wenn ich das aus irgendwelchen blöden Gründen allein, ohne einen zweiten Mann, erledigen muss, dann kann ich auch immer wieder verzweifeln. Wie ich es dann noch schaffe, halbwegs freundlich mit doofen Kunden umzugehen, das ist mir immer wieder mal ein Rätsel.

Wann immer wir einen guten Umzug hingelegt haben, wann immer wir beste Arbeit abgeliefert haben, wann immer wir den Kunden durch ihren stressigen Tag geholfen haben, haben sie es uns am Ende gedankt. Mit Trinkgeld, oder, bei denen, denen der Gedanke an Trinkgeld wegen Bildungsferne gar nicht kam, mit einem ehrlichen Strahlen in den Augen und herzlichem Händedruck. Dass Möbelpacker tatsächlich so sorgsam mit ihren Sachen umgehen würden, das hätten sich viele Kunden vorher nicht gedacht. Und dann komme ich da ein oder zwei Wochen später an, um das verbrauchte Material und die leeren Kartons abzuholen, und die rotzen mir das vor die Füße, als hätten sie schon vergessen, wie sehr sie uns am Ende ihres Umzugs gedankt haben. Ich finde das immer wieder unbegreiflich. Wieso können die mit meinem

Arbeitsmaterial nicht genauso respektvoll umgehen, wie ich es mit ihren Habseligkeiten getan habe?

Wenn da einer in den zweiten Stock eingezogen ist und keinen Keller hat, seine leer geräumten Kartons also nach und nach auf den Dachboden im sechsten Stock schafft, geschenkt! Habe ich halt Pech gehabt und muss jetzt bis nach ganz da oben, um mir das Zeug greifen zu können. Aber warum wird mir das immer wieder so beschissen präsentiert?

Da wird so oft nicht halbwegs ordentlich auf dem Dachboden gestapelt, da werden nicht die Mülltüten mit dem Packpapier bis kurz unter die »Füllgrenze« bestopft, da wird wild in die Ecke geschmissen und aus jedem Sack quillt das alte Papier hervor, sodass ich immer wieder vom Fußboden einsammeln muss, und die Kleiderkisten sind dreifach und vierfach geknickt hinter den Schornstein geklemmt, sodass sie eigentlich nicht noch einmal zu gebrauchen sind. Das muss auch anders gehen!

Da war mal eine Kundin, die hatte nach dem Auspacken ihre leeren Kartons in der Garage gelagert. Es war Spätherbst, und es hatte seit Tagen geregnet. Wenn es nicht geregnet hatte, hatte dichter Nebel geherrscht.

Als ich die Kartons abholen kam, fand ich nur aufgequollene Pappen vor, für die es wohl kaum eine Pfanderstattung geben würde, wie ich der Kundin mitteilte.

»Die trocknen doch wieder«, sagte sie.

Ich konnte es nicht glauben. »Wenn ich die unserem Lagermeister übergebe, dann schmeißt er die gleich in die Tonne«, sagte ich.

»Na, dann will ich mal mit Ihrem Chef telefonieren«, sagte sie.

Mach das, dachte ich, während ich die Altpappe auflud, aus der irgendwer irgendwann immerhin wohl noch Papier für eine nutzlose Tageszeitung würde gewinnen können.

Auch nach dem Gespräch mit dem Chef wollte die Kundin nicht einsehen, dass sie für den Müll kein Geld bekommen würde, aber loswerden wollte sie das Zeug trotzdem.

Unglaublich, solche Leute! Wie ich später erfuhr, hatte sie unbedingt neue Kartons zu ihrem Umzug haben wollen, denn das könne ja eklig sein, seine Sachen in gebrauchten Kartons zu transportieren. Schön, das kann man so sehen. Aber dann später zu meinen, die nassen Pappen würden doch wieder trocknen und dann könne man die noch mal verwenden! Ich glaube, dazu muss man nix mehr sagen.

Als Nächstes musste ich zu einer Firma, deren Büro umgezogen war und wo ich vierhundert leere Kartons abzuholen hatte. Diese vierhundert Kartons waren an vier verschiedenen Plätzen im weitläufigen Gebäude gestapelt. Immerhin nur an vier Plätzen. Man kann es auch erleben, dass man durch drei, vier, oder fünf verschiedene Stockwerke laufen muss, um den ganzen Kram zusammenzusuchen. Ja, solch große Büros gibt es.

Ich hatte da also acht Stapel je circa fünfzig Kartons an vier verschiedenen Plätzen, und ich konnte wieder einmal einfach nur den Kopf schütteln ob der Dämlichkeit der Kunden.

An jedem Platz waren zwei Stapel. Alles sauber aufeinandergeschichtet. Nun ist das allerdings so, dass es im Allgemeinen zwei Größen von Kartons gibt. Zuerst den normalen Umzugskarton und dann den Bücherkarton, der etwas kleiner ist, weil ja Bücher so schwer sein können. Und diese Leute aus dem Büro, das übrigens ein Ingenieursbüro war, die haben nicht an den vier Plätzen jeweils zwei Stapel mit verschiedenen Kartons gebaut, die haben beide Kartonarten in allen Stapeln vermischt. Irgendwann musste das sortiert werden, also habe ich es gleich gemacht, vor allem, weil der Transport von leeren Kartons wesentlich einfacher ist, wenn die alle die gleiche Größe haben. Unsortiert kann man keine anständige Menge Kartons auf der Schulter tragen.

Bei normalen Kunden mit kleinen Mengen nervt so was zwar auch immer, aber da ist das nicht so schlimm, denn meistens geht es schneller, als ich im ersten Moment denke. Aber dieses waren keine normalen Kunden. Das war ein Ingenieursbüro! Eine Einrichtung also, bei der man davon ausgehen sollen dürfte, dass das Abitur bei der Erlangung des Berufes eine gewisse Rolle gespielt hat. Ein Ingenieur ist einer, der technische Geräte entwickelt oder zumindest damit arbeitet. Und die hier, in diesem Büro, die hatten noch nicht einmal eine Sortieraufgabe auf Sesamstraßenniveau hinbekommen! Aber das war natürlich keine Dummheit, das war respektlose Gedankenlosigkeit.

Über eine Stunde ist mir einfach nur für das Sortieren draufgegangen, an einem Arbeitstag, an dem sowieso noch genug anderes anstand. Wenn die gleich sortiert hätten, dann hätte das für die keinerlei zusätzliche Anstrengung bedeutet, aber für alles, was gerade nicht ins eigene Weltbild passt, bringen einfach zu viele Leute keinen Furz an Überlegung auf.

Bei der nächsten Kundschaft standen die leeren Kartons im Keller und in der Garage. Ich erinnerte mich an den Einzug der Leute in ihr neues Haus, das noch gar nicht richtig fertig gewesen war, wo also während des Abladens die ganze Zeit Handwerker zwischen den Möbelpackern herumrannten, und wo wir die Ladung nur in bestimmten Zimmern abstellen durften, weil eben noch nicht alle Räume fertig waren. Als ich auf meiner Kartontour zwei Wochen später dort ankam, waren die Handwerker noch immer nicht fertig, und ich fand den Hausherrn in einem sehr ernsthaften Gespräch mit einem der Handwerker, die in seinen Augen die ganze Zeit nichts anderes als Pfusch abgeliefert hatten. Die Dame des Hauses führte mich in den Keller, wo etwa vierzig leere Kartons auf mich warteten, und in die Garage, wo noch einmal circa sechzig standen. Überall standen Maurerbütten und Eimer herum, in denen irgendwelcher Matsch und Patsch angerührt worden war, und überall verliefen Kabel und Werkzeug lag herum. Die Umzugskartons waren sämtlich mit Baustaub oder Putz oder was auch immer eingesaut.

»Ich quittiere Ihnen die Menge«, sagte ich. »Aber Geld gibt es für die wohl eher nicht mehr.«

Die Kundin guckte mich fragend an.

»Na ja, so wie die eingestaubt sind, will die bestimmt niemand mehr benutzen.« Während sie einen Moment nachdachte, hoffte ich, sie würde mir jetzt nicht erklären, dass man die ja auch waschen könne, da sagte sie: »Na, dann nehmen Sie die einfach mal mit und dann ist gut.« Klar, die war auch froh, wieder etwas Chaos los zu sein, da konnte sie auch gut auf eine Pfandrückerstattung verzichten. Nach dem Verladen der Kartons sah ich selbst dann aber aus wie ein Bauarbeiter, und wie die nächste Kundschaft, der ich ins Haus käme, das finden würde, das könnte man sich fragen. Allerdings war mir das an dem Tag dann genauso egal wie der Dame, in deren Keller ich mich eingesaut habe.

Die nächsten Kunden waren nette Leute, die in Winterhude in einer riesigen Wohnung wohnten. Auch bei denen sollte ich leere Kartons abholen, und die hatten es tatsächlich geschafft, die Kartons sauber und nach Größe getrennt wegzustapeln.

Allerdings in der letzten Ecke ihrer Wohnung. Nach einem endlos langen, inzwischen natürlich fertig eingerichteten Flur erreichte man das Wohnzimmer, von dem ein kleinerer Gang zu einer Küche abging, hinter der sich ein Hauswirtschaftsraum befand, hinter dem sich eine Kammer befand, in der die Kartons auf mich warteten.

Wenn ich leere Kartons abhole, dann binde ich einen Stapel von zwanzig gleich großen mit einem Binder stramm zusammen und schleppe den Stapel auf der Schulter zum Lkw. Das ging hier nicht, denn die Wohnungstür befand sich einen etwa fünfundzwanzig Meter langen Weg von mir entfernt, auf dem ich mich mit einem Kartonstapel auf der Schulter gerne mal in einem Vorhang verfangen oder damit teure Vasen von Flurkommoden räumen konnte. Ich musste also in kleinen Portionen nach draußen schaffen und bekam langsam das Gefühl, dass ich mich an diesem Tag im Zeitplan recht weit hinten befand.

Natürlich kann man das mit dem Zeitdruck auch gelassen sehen, aber wenn man dreizehn Stunden unterwegs ist, wo zehn gereicht hätten, dann kann man nach Feierabend auch gerne mal die Gedankenlosigkeit der Kundschaft verfluchen.

ES KÖNNTE DOCH SO EINFACH SEIN: Die leeren Kartons so dicht am Ausgang stapeln wie möglich. Natürlich nur so weit es niemanden behindert. Sie brauchen die Kartons dabei nicht zu bündeln. Auf keinen Fall! Das Klebeband oder die Paketschnur, die Sie dazu benutzen, müssen später wieder umständlich entfernt werden. Machen Sie sich da keine Extramühe, denn die ist sowieso sinnlos. Wenn ich Kartons abhole, dann schnüre ich die meistens mit einem Binder zusammen. Auf dem Lkw ziehe ich einmal am Knoten, dann ist das Bündel wieder offen und die ganze Angelegenheit erledigt.

Ach, und dass Plastikmüll und Papier nicht zusammengehören, das weiß doch nun langsam jeder. Die verbrauchte Packseide können Sie beim Auspacken des Geschirrs in der Küche gleich direkt in einen leeren Karton werfen. Wenn er voll ist, kurz nachstampfen und weiterwerfen, dann den Karton schließen und wegstellen. Plastikmüll in Extrakartons. Ist doch total simpel!

Und wenn Sie gar nicht mit einer Firma umgezogen sind, sondern mit Freunden und nur die Kartons bei der Firma gekauft haben, dann können Sie die da nicht nur wieder abgeben, sondern meistens sogar abholen lassen, wobei das Abholen allerdings wahrscheinlich mit einer Pfandrückerstattung verrechnet wird. Auf jeden Fall gilt: Nur für Kartons, die noch brauchbar sind, gibt es Geld zurück. Sie gehen ja auch nicht mit zerbrochenen Pfandflaschen zum Gertränkemarkt.

53

ZEIT ZU FEIERN – ODER AUCH NICHT

Abends am Tresen kam ich mit einem jungen Mann ins Gespräch. Ich hatte ziemlich schnell den Eindruck, er wäre neu im Viertel und würde das Terrain sondieren. Einer jener, die noch herausfinden mussten, welches die geeignete Stammkneipe in der neuen Umgebung sein könnte. Es dauerte auch nicht lange, bis er mir erzählte, dass er erst vor wenigen Tagen mit seiner Freundin zusammengezogen sei. »Hier um die Ecke«, wie er sagte.

Wir plauderten ein wenig über dieses und jenes, bis mein alter Bekannter Matthias den Laden enterte, mich fragte »Na, spielst du wieder Bukowski?« und dann den jungen Typen mit »Hallo Dirk!« begrüßte. Die beiden kannten sich.

»Bukowski?«, fragte Dirk. Tja, so war das eben.

»Karsten schreibt«, sagte Matthias. Wenn man schreibt und sonst malocht und dann am Abend am Tresen dem Alkohol zuspricht, dann ist Bukowski nicht weit, selbst wenn man mit Bukowski gar nicht so viel am Hut hat. Aber Schreiben und Trinken weckt halt Assoziationen. Manchmal mischt sich noch Hemingway dazu. Erstaunlich, wie wenig Schriftsteller die Leute so parat haben.

»Und sonst bist du Möbelpacker?«, fragte Dirk, und ich nickte. Er brachte diesen erstaunt anerkennenden Gesichtsausdruck jener Leute, die sich nicht vorstellen können, dass ein Möbelpacker schreibt. Anstatt einfach zu merken, dass ein Autor Möbel schleppt.

»Und was machst du?«, fragte ich.

»Bin in der Werbung«, sagte Dirk. Oha!, dachte ich. Einer der jungen Erfolgreichen. Ich ahnte schon, wie es bei ihm zu Hause aussehen würde, als Matthias sich nach zwei Bieren bereits wieder verabschiedete und Dirk ihn zur Einweihungsparty »am Samstag ab acht« einlud.

Wir tranken noch ein paar Biere und Schnäpse zusammen, bevor gegen zwei Uhr nachts Dirk mich fragte, ob ich nicht auch zur Party am Samstag kommen wolle. »Gerne«, sagte oder lallte ich, und am nächsten Morgen war ich mir nicht mehr so sicher. Aber dann fiel mir ein, dass ja auch mein alter Bekannter Matthias da sein würde, und ich fragte mich: Warum eigentlich nicht?

Renovierter Altbau im In-Viertel Ottensen. War ja klar.

Als ich zur Party kam, waren noch nicht viele Gäste da, und Dirk nahm mich nicht mit der Herzlichkeit in Empfang, mit der wir uns in der Nacht am Tresen voneinander verabschiedet hatten. Mir war klar, dass er mich nüchtern nicht eingeladen hätte, aber er hatte Stil genug, sich das nicht anmerken zu lassen. Er führte mich durch die Wohnung und erklärte, welch tolle Mühe sich meine Kollegen, die Möbelpacker, gegeben hätten, und wie sie alles sehr sorgfältig mit Fußbodenschoner ausgelegt hätten, und dass er ihnen diese ganze Mühe auch mit ordentlich Trinkgeld honoriert hätte. Und langsam ging mir seine anbiedernde Kumpelhaftigkeit auf die Nerven.

Nur an einer kleinen Stelle im edlen Parkett war ein winziger Kratzer entstanden, aber das würde ja die Versicherung regeln. »Noch einen Wein, oder lieber Bier?«

Allmählich erschienen immer mehr Gäste, und mit »Hach!« und »Huch!« und »Toll!« wurde die neue Wohnung bestaunt und beheuchelt. Ich stellte mir angesichts der mit edlen Schleiflackmöbeln vollgestellten etwa hundert Quadratmeter großen Wohnung nur den Arbeitstag der Kollegen vor und war froh, dass ich nicht dabei gewesen war.

Das nächste Bier kombinierte ich mit Schnaps, das übernächste auch. Und dann beobachtete ich, wie die Party langsam Fahrt aufnahm. Wo am Anfang noch repräsentativ Acid-Jazz aus der Anlage dudelte, sank mit dem Anstieg des Alkohol- und Drogenspiegels das musikalische Niveau stetig bergab, bis es sich mit Rums-Bums-Rhythmen auf jedem Schützenfest hätte behaupten können. Eine ausgelassene Menge hottete im zur Tanzfläche umgebauten Essbereich ab, zu einer Musik, die so sehr unter aller Sau war, dass es dafür auf jeder Möbelpackerparty, die ich erlebt habe, ordentlich Streit gegeben hätte. Aber was sollte es! Wir lebten im beginnenden 21. Jahrhundert, da durfte der gewöhnliche erfolgreiche Deutsche auch schon gerne mal seiner deutschen Rhythmusfähigkeit frönen. Rums, rums, rums! So ging das über Stunden, und ich machte mir meinen Spaß daraus, das zu beobachten.

Als ich irgendwann mit dem völlig blassen, aber total aufgekratzten Gastgeber Dirk noch einmal ins Gespräch kam, fragte er mich, ob ich auch eine Nase wolle. Ich zögerte. Das war ein verführerisches Angebot. Innerhalb von Sekunden könnte ich mich in den tollsten Typen verwandeln, den es gibt, und könnte im Gespräch mit anderen tollsten Typen, die es gibt, die tollsten Sachen sagen, die je ein toller Typ gesagt hatte. Und außerdem könnte ich zur tollsten Rums-rums-rums-Musik, die es gibt, die tollsten Tanzeinlagen hinlegen, die je von einem tollen Typen hingelegt worden waren. Ich lehnte trotzdem ab. Ich hatte das hinter mir.

Lieber beobachtete ich, wie die tanzende Meute in ihren Schuhen mit teilweise spitzen Absätzen auf dem nackten Edelparkett herumstampfte, auf dem vor wenigen Tagen noch Möbelpacker Fußbodenschoner ausgelegt hatten, um auch ja nicht den leisesten Kratzer dort zu verursachen, der auf dem Frachtbrief hätte vermerkt werden müssen, weil das ja ein Schaden und ein »Versicherungsfall« wäre. Lieber beobachtete ich, wie ein völlig bedröppter Typ einen Rotweinfleck auf einem weißen, edlen Stoffsofa hinterließ, das die Möbelpacker beim Umzug in aller Sorgfalt ordentlich in Stretchfolie verpackt hatten, und außerdem beobachtete ich sehr gerne, wie eine Frau einen Teller mit Resten vom kalten Buffet auf ein Schleiflacksideboard knallte, und zwar in einer Art, die einen der Möbelpacker von vor einigen Tagen vielleicht seinen Job gekostet hätte. Als ich dann noch mitkriegte, wie die Dame des Hauses sich bei ihrem Gatten besoffen und lautstark darüber beschwerte, dass einer von seinen »blöden alten Kumpels« gerade im Schlafzimmer auf den Fußboden gekotzt hätte, ahnte ich mal wieder, dass es mit der heilen Welt der erfolgreichen jungen Leute vielleicht doch nicht so weit her war, und machte mich auf den Heimweg.

Unauffällig suchte ich meine Jacke aus der Garderobe, zog leise die Wohnungstür hinter mir zu und schlenderte die Treppen hinab. Schmunzelnd. Das ist etwas besonders Schönes. Eine Party zu verlassen, auf der man sich fehl am Platze fühlte, und das aber nicht schlecht gelaunt, sondern schmunzelnd zu tun, das hat etwas.

DER VORTEIL EINER EINWEIHUNGSPARTY BESTEHT AUF JEDEN FALL DARIN, dass man all seinen Freunden, Bekannten und Verwandten auf einmal das neue Heim zeigen kann. Man hat das dann nach der Party ein für alle Mal hinter sich und kann sich einfach dem neuen Alltag widmen.

Der Nachteil kann sein, dass man plötzlich Dutzende von Leuten im Haus hat, die sich ab einem bestimmten Pegel von Alkohol oder anderem schlimmer benehmen als das übelste Klischee von Möbelpackern. Das kann einem schon einmal die Laune verderben. Wägen Sie ab!

54

DAS RECHT AM EIGENEN BILD

Der bitterböse Großwesir Isnogud, der nichts anderes im Kopf hat, als Kalif anstelle des Kalifen zu werden, hat eine Idee, wie er sich endgültig des verhassten Herrschers entledigen kann. Er wird ihn zu einem Ausflug in die Wüste einladen, auf dass der Kalif dort verdurste. Natürlich funktioniert der Plan nicht, denn plötzlich ist die Wüste ziemlich bevölkert. Irgendwann treffen die beiden auf einen Gemüsehändler, der weinend neben seinem Karren voller Melonen sitzt.

Was denn los sei, fragt Isnogud, und der Gemüschändler erklärt sein Unglück, das daher rührt, dass seine Melonen wässrig seien.

»Das trifft sich aber gut, mein lieber Isnogud«, sagt der ewig naive Kalif Harun Al Pussah. »Mir war gerade ein wenig durstig.«

An diese Szene aus einem Lieblingscomic meiner Kindheit musste ich denken, als ich vor vielen Jahren mit meiner Reisegefährtin Steffi eine zehntägige Kameltour durch die Thar, die große Wüste von Rajasthan, unternommen habe. Von Jaisalmer aus sollte er losgehen, unser abenteuerlicher und entbehrungsreicher Trip durch das Nichts, und mehr als einmal hat unser Führer Sanjay uns darauf hingewiesen, dass wir uns reichhaltig eindecken müssten, wenn wir da draußen einmal feiern, also Bier trinken wollten, denn da draußen, da gebe es *nichts*. Aber das war ja genau das, was wir suchten, nichts. Und weil wir auch gerne mal auf allen Luxus verzichteten, um das nackte, das reine Abenteuer zu finden, haben wir nicht auf Sanjays Rat gehört, den er uns auch nur gegeben hat, weil er selber mal gerne einen über den Durst trinkt, aber das sollten wir erst später herausfinden.

Der erste Tag unserer Tour verging mir wie im Flug, denn ich verbrachte ihn damit, mich an mein Kamel zu gewöhnen, das übrigens King Kong hieß, jedenfalls hatte das Dinesh behauptet, einer der beiden Helfer von Sanjay. Als wir am Nachmittag zur ersten längeren Rast von unseren Kamelen stiegen, wollte ich mich auch schon wie Lawrence von Arabien fühlen. Ich blickte zum Horizont und meinte, den Ruf der Wüste, der unbarmherzigen Thar, zu vernehmen. Was wirst du mir zeigen?, fragte ich sie in Gedanken. Wirst du mich an meine Grenzen führen?

Und während wir auf Decken unter dem einzigen Baum weit und breit saßen, tauchte plötzlich wie aus dem Nichts von irgendwoher ein älterer, ärmlich gekleideter Mann auf und setzte sich zu Sanjay, worauf zwischen den beiden ein Dialog entstand, dem ich zwar nicht wirklich folgen konnte, dessen Melodie aber derartig das Lied vom alltäglichen Small Talk sang, dass ich ihn sofort begriff.

»Na, Sanjay, wie geht's?«

»Ach, ja, muss ja …«

»Wieder ein paar Touristen dabei?«

»Was denn sonst? Irgendwo muss die Kohle ja herkommen.«

»Wem sagst du das! Und zu Hause?«

»Na ja, ein bisschen Stress mit der Alten, aber sonst …«

Und so weiter und so fort. Als Sanjay mich nach einer Zigarette für seinen Kumpel fragte, als ich sie ihm gab und der Kumpel sie sich ansteckte, da fragte ich mich, was hier eigentlich nicht stimmte, und plötzlich musste ich an den bitterbösen Großwesir denken.

Am nächsten Tag, als ich den alten Mann schon vergessen hatte, als ich wieder das Gefühl für all die Gefahren entwickelte, die noch auf uns lauern mochten, tauchten plötzlich auf einem alten Trampelpfad zwei halbwüchsige Jungen auf einem Fahrrad auf, die eine Kühlbox dabeihatten und etwas riefen wie: »Getränke, frisch gekühlte Getränke!« Ich verstehe zwar weder Hindi noch Rajasthani, aber ich wusste sofort, was die beiden uns da anpreisen wollten, und richtig: Cola, Sprite und Bier hatten sie in ihrer Box.

Während wir ein mäßig gekühltes Kingfisher genossen und die beiden Jungen aus reiner Neugier noch ein bisschen bei uns abhingen, drehte sich meine Wahrnehmung der Situation um hundertachtzig Grad. Andere würden jetzt von Ernüchterung reden. Ich fand es spannend, denn dies, was ich hier erlebte, das war das echte Leben in Indien, im Gegensatz zu dem, was mir eine Werbung oder meine eigenen Illusionen vorgegaukelt hatten. Ein Museumsführer mit zwei Gehilfen und Kamelen und zwei kleine Getränkeverkäufer, die alle auf ihren Schnitt kommen wollten. Und schon fühlte ich mich nicht mehr wie ein geneppter Tourist, dem gerade eine Illusion geraubt wurde. Und dann wurde es gemütlich, wir tranken noch ein zweites Bier, und die Jungs interessierten sich für unseren Fotoapparat, und dann haben wir sie gebeten, ein Foto von mir und Steffi zu machen, und jeder wollte mal, und dann habe ich ein Foto von den beiden Jungs gemacht, und dann haben die mir ihre Adresse diktiert, damit ich ihnen Abzüge schicken kann, und dann war auch diese kleine Episode vorbei, und am nächsten Tag waren wir schon weiter.

Und wenn Sie sich jetzt fragen, warum ich das erzähle, dann bleiben Sie noch einen Moment dran, legen Sie noch nicht auf!

Ich hatte mal auf einem Umzug einen Achtzehntonner zu packen und als der etwa zur Hälfte voll war, merkte ich, dass die Angelegenheit ganz schön eng werden könnte, bei all dem, was da noch oben in der Wohnung war, und bei dem Platz der mir auf dem Lkw noch verblieb. Wir luden in Hamburg auf und sollten nach Cuxhaven fahren. Es war also ausgeschlossen, dass wir am gleichen Tag zweimal fahren könnten, falls wir beim ersten Mal nicht alles mitbekommen sollten. Ich rief also im Büro an und erklärte dem Disponenten die Situation.

»Da hast du wohl nicht eng genug gepackt«, sagte er, und ich erklärte ihm, dass er ein Idiot sei und ja gerne vorbeikommen könne, um sich das anzugucken. Er hat dann noch einen Siebeneinhalbtonner vorbeigeschickt, dessen Fahrer gerne in den Feierabend wollte, anstatt den Samstagabend in Cuxhaven zu verbringen.

Ich packe nicht gerne den Lkw, und ich bin nicht der Beste dabei. Außerdem lobe ich mich nicht gerne selbst. Aber an dem Tag habe ich gezaubert, und zwar schon bevor ich mit dem Disponenten tele-foniert hatte. Und ich habe es geschafft. Ich weiß nicht wie, aber am Ende habe ich alles auf den einen Lkw gekriegt, und die ganze Fahrt nach Cuxhaven hat mich der blöde Spruch des Disponenten genervt. Als dann beim Anfang des Abladens die Kundin an der Ladekante stand, um mal ein Foto zu machen, habe ich sie gebeten, doch immer wenn wieder ein paar Kubik abgeladen waren, ein neu-es Foto zu machen, damit ich dem Disponenten später mal zeigen könnte, wie »nicht eng genug« ich da gepackt hatte. Das war so was von geil gewesen, da haben sogar die Kollegen mal vorbehaltlos ge-staunt. Ich *musste* die Kundin einfach bequatschen und ihr meine E-Mail-Adresse geben. Und sie hat ja auch, als der Umzug vorbei und sie sehr zufrieden war, versprochen, mir die Fotos zu schicken.

Bei einem anderen Umzug kamen wir morgens zum Aufladen an, und die Situation in der Straße, wo ich den Lkw um eine ext-rem enge Kurve herumbringen musste, war so unmöglich, dass ich an einem anderem Tag vielleicht etwas weiter weg geparkt hätte, weil ich es mir nicht zugetraut hätte, den Lkw vor die Haustür zu bringen. Aber an jenem Tag hatte ich eben all meine Fähigkeiten und vor allem all mein Selbstvertrauen als Fahrer dabei. Also habe ich da zwanzig Minuten lang das Lenkrad gerührt und mich in zäher Kleinarbeit in die Parkposition hineingearbeitet. Die ganze Zeit über stand der Kunde auf dem Balkon und hat Fotos gemacht. Auch ihm habe ich am Ende des Umzugs meine E-Mail-Adresse gegeben, weil ich die Fotos haben wollte.

Irgendwann zurück in Delhi, habe ich die Adresse der beiden halbwüchsigen Getränkehändler aus der Wüste Thar aussortiert. Das war schon wieder so weit weg und eigentlich ja auch gar nicht so wichtig, als ob man zu irgendeinem unwichtigen Bekannten sagt »Ja, ja, wir gehen mal zusammen einen trinken«, oder so.

Zurück in Hamburg, blätterte ich irgendwann in einem Reise-führer und stieß auf den Hinweis, man solle unbedingt, wenn man es versprochen hat, Fotos verschicken. Ich weiß die Begründung nicht mehr, die da stand. Brauch ich auch nicht, denn noch in der Erinnerung, noch nach zehn Jahren spüre ich das schlechte Gewissen, das mich befallen hat, als ich das gelesen habe.

Unzufriedene Kunden fragt man ja erst gar nicht. Aber selbst von den zufriedenen, deren Umzug absolut vorbildlich erledigt wurde, schicken am Ende höchstens fünf Prozent mal die versprochenen Fotos, dabei ist das heutzutage so einfach und mit wenigen Klicks erledigt. Aus den Augen, aus dem Sinn eben.

WENN SIE VERSPROCHEN HABEN, FOTOS ZU SCHICKEN, ja wenn Sie sogar eine E-Mail-Adresse entgegengenommen haben, dann schicken Sie sie! So wie kleine indische Jungs vielleicht nicht denken, dass alle Touristen nur blöde Typen sind, die leere Versprechungen machen, so mag sich auch der Möbelpacker, dem Fotos gesendet wurden, daran erinnern, dass es auch nette Kundschaft gibt. Und wenn er das tut, dann geht er wieder ein bisschen besser gelaunt zum nächsten Umzug. Und das könnte auch Ihrer sein.

55

WIR HÖREN VONEINANDER!

Lieber Sven!

Hamburg ist toll. In unserer Straße wohnen viele Kinder und die neue Schule ist gar nicht weit weg. Unsere Lehrerin heißt Frau Bergmann und ist sehr nett. Ein Junge aus unserer Klasse nennt sie manchmal Frau Zwergmann, aber nur, wenn sie nicht dabei ist.

Schreiben kann ich noch nicht richtig. Darum hilft Mama mir bei diesem Brief. Am letzten Wochenende haben wir eine Hafenrundfahrt gemacht. Da haben wir ganz viele riesengroße Schiffe gesehen und Kräne, die Container auf die Schiffe geladen haben. Ich habe Dir ein Bild gemalt. Ich hoffe, es gefällt Dir.

Nächstes Wochenende wollen wir ins Planetarium gehen. Da kann man alle Sterne sehen, die es gibt, und ein Mann erklärt die und erzählt vom Weltall.

Zu Ostern fahren wir an die Nordsee. Da freue ich mich schon drauf. Ich war noch nie am Meer.

Mama hat gesagt, dass Du mich in den großen Ferien besuchen kannst. Dann können wir zusammen ans Meer fahren und in den Zoo gehen.

Jetzt muss ich ins Bett. Mama hat gesagt, ich darf noch ein bisschen lesen.

Ich hoffe, es geht Dir gut.

Dein Marcus

KLAR, SIE UND ICH UND DIE MEISTEN ANDEREN SCHREIBEN KEINE BRIEFE MEHR. Und ein »Wir hören voneinander!« ist oft kaum mehr als eine Floskel. Bei Kindern sieht das ganz anders aus. Einen Brief zu schreiben ist eine Tätigkeit, die Konzentration erfordert. Ein erbärmliches Schriftbild, wie es viele E-Mails bieten, darf man sich da auch als Kind nicht erlauben. Aber was viel wichtiger ist: Im konzentrierten Prozess des Schreibens verbessert ein Kind das eigene Schreiben nicht nur, es setzt sich auch intensiver mit den zurückgelassenen Freunden und der Trennung auseinander, und zwar in positiver Weise.

Ein selbst geschriebener Brief ist wie ein Geschenk, vor allem, wenn ihm noch ein gemaltes Bild beiliegt. Das Konzept der E-Mail kapieren kleine Kinder noch nicht, und ein Telefongespräch ist irgendwann wieder vorbei. Der zurückgelassene Freund aber, der einen Brief erhält, kann diesen noch in der Hand halten und im Bett noch einmal lesen, wenn Papas und Mamas Rechner schon runtergefahren sind.

Helfen Sie Ihren Kleinen beim Briefeschreiben. Das lohnt sich in vielerlei Hinsicht.